UNTERSUCHUNGEN ZUR MITTELALTERLICHEN VOGTGERICHTSBARKEIT

Von

Dr. jur. H. Glitsch

Bonn 1912
A. MARCUS & E. WEBERS VERLAG
Dr. jur. Albert Ahn

Druck: Otto Wigand m.b.H., Leipzig.

Herrn Prof. Dr. **Hans Fehr**
in Dankbarkeit und Verehrung.

Inhaltsverzeichnis.

Literatur.

(Vgl. auch noch die am Anfang der einzelnen Kapitel aufgeführte Spezialliteratur.)

Arnold, W., Verfassungsgeschichte der deutschen Freistädte. 2 Bde. Hamburg und Gotha 1854.

Baumann, F. L., Die Gaugrafschaften im württemberg. Schwaben. Stuttgart 1879.

Below, G. v., Die Entstehung der deutschen Stadtgemeinde. Düsseldorf 1889.

Below, G. v., Der Ursprung der deutschen Stadtverfassung. Düsseldorf 1892.

Binding, K., Die Entstehung der öffentlichen Strafe im germanisch-deutschen Recht. Rektoratsrede. Leipzig 1908.

Blumer, J. J., Staats- und Rechtsgeschichte der schweiz. Demokratien. 1848 (zit. Blumer, Demokratien).

Blumer, Paul, Das Landgericht und die gräfliche Hochgerichtsbarkeit der Landgrafschaft im Thurgau während des späteren Mittelalters. Dissertation. Winterthur 1908.

Bluntschli, J. C., Staats- und Rechtsgeschichte der Stadt und Landschaft Zürich. 2. Aufl. Zürich 1856.

Brunner, H., Grundzüge der deutschen Rechtsgeschichte. 2. Aufl. 1905.

Brunner, H., Deutsche Rechtsgeschichte. 1. Bd. 2. Aufl. 1906. II. Bd. 1892; in K. Bindings „Handbuch der deutschen Rechtswissenschaft". 2. Abt. 1. Tl. Bd. 1.

Brunner, H., Das gerichtliche Exemtionsrecht der Babenberger. Sitzungsberichte der philos.-histor. Klasse der kaiserl. Akademie der Wissenschaften. Bd. 47. Wien 1864.

Brunner, H., Zeugen- und Inquisitionsbeweis, Forschungen zur Geschichte des deutschen und französischen Rechts. 1894.

Caro, G., Beiträge zur älteren deutschen Wirtschafts- und Verf.-Geschichte. Leipzig 1905.

Caro, G., Neue Beiträge zur deutschen Wirtschafts- und Verf.-Geschichte. Leipzig 1911.

Cramer, J., Geschichte der Alemannen als Gaugeschichte. Untersuchungen z. deutschen Staats- u. Rechtsgeschichte, herausgeg. v. Otto Gierke. Heft 57. 1899.

Dierauer, J., Geschichte der schweiz. Eidgenossenschaft. 1. Bd. Gotha 1887.

Dümgé, C. F., Regesta Badensia, Urkunden des Großherzogl. Badischen Generallandesarchivs. Karlsruhe 1836.

Eggers, A., Der Königl. Grundbesitz im 10. und beginnenden 11. Jahrhundert in Zeumers Quellen und Studien. Bd. 3. Heft 2. Weimar 1909.

Fehr, H., Die Entstehung der Landeshoheit im Breisgau. Leipzig 1904.

Fehr, H., Fürst und Graf im Sachsenspiegel, in Verhandlungen der königl. sächs. Gesellschaft d. Wissenschaften zu Leipzig, philol.-hist. Klasse. 58. Bd. 1906.

Ficker, J., Über das Eigentum des Reichs am Reichskirchengut. Wiener Sitzungsberichte. Wien 1872.

Fickler, C. B. A., Quellen und Forschungen zur Geschichte Schwabens und der Ostschweiz. Mannheim 1859.

Franck, W., Die Landgrafschaften des heiligen römischen Reichs. Braunschweig 1873.

Frey, C., Die Schicksale des königl. Gutes unter den letzten Staufern. 1881.

Genealog. Handbuch zur Schweizer Geschichte, herausgeg. von der Schweiz. Herald. Gesellsch. 1. Bd. Zürich 1900 bis 1908.

Gerbert, M., Historia Nigrae Silvae. I—III. St. Blasien 1783 ff.

Gothein, E., Wirtschaftsgeschichte des Schwarzwaldes und der angrenzenden Landschaften. Bd. I. Straßburg 1891.

Heilmann, A., Die Klostervogtei im rechtsrheinischen Teil der Diözese Konstanz bis zur Mitte des 13. Jahrhunderts. Köln 1908.

Herrgott, R. P. M., Genealogia Diplomatica augustae gentis Habsburgicae. I—III. Wien 1737.

Heusler, A., Verf.-Geschichte der Stadt Basel im Mittelalter. Basel 1860.

Heusler, A., Der Ursprung der deutschen Stadtverfassung. Weimar 1872.

Hirsch, Studien über die Privilegien süddeutscher Klöster des 11. und 12. Jahrhunderts in M. I. Ö. G. 7. Erg.-Bd. 471 ff.

Keutgen, F., Untersuchungen über den Ursprung der deutschen Stadtverfassung. Leipzig 1895.

Kopp, J. E., Geschichte der eidgenössischen Bünde, 1845 ff., mit urkundlichen Beilagen und 2 Bändchen Urkunden.

Kröll, M., L'immunité franque. Paris 1910.

Küster, W., Das Reichsgut in den Jahren 1273—1313. 1883.

Lamprecht, K., Deutsches Wirtschaftsleben im Mittelalter. I. 2. Leipzig 1886.

Löning, E., Geschichte des deutschen Kirchenrechts. Straßburg 1878.

Maurer, G. L. v., Geschichte der Fronhöfe, der Bauernhöfe und der Hofverfassung in Deutschland. I—III. Erlangen 1862 f.

Mayer, E., Deutsche und französische Verf.-Geschichte vom 9. bis 14. Jahrhundert. Leipzig 1899.

Meyer, G., Die Gerichtsbarkeit über Unfreie und Hintersassen in Ztschr. d. Sav.-Stift. Germ. Abt. Bd. 2 u. 3.

Meyer, G., Die Verleihung des Königsbannes und das Dingen bei markgräfl. Huld. Jena 1881.

Niese, H., Die Verwaltung des Reichsgutes im 13. Jahrhundert. Innsbruck 1905.

Oechsli, W., Die Anfänge der Schweiz. Eidgenossenschaft. Zürich 1891.

Osenbrüggen, E., Das alamannische Strafrecht im Mittelalter. Schaffhausen 1872.

Osenbrüggen, E., Studien zur deutschen und schweizerischen Rechtsgeschichte. Basel 1881.

Pischek, A., Die Vogtsgerichtsbarkeit süddeutscher Klöster in ihrer sachl. Abgrenzung während des früheren Mittelalters. Diss. Stuttgart 1907.

Pupikofer, J. A., Geschichte des Thurgaus. 2 Bde. 2. Aufl. Frauenfeld 1886/89.

Rietschel, S., Markt und Stadt in ihrem rechtl. Verhältnis. Ein Beitrag zur Geschichte der deutschen Stadtverfassung. Leipzig 1897.

Rietschel, S., Artikel „Immunität", Herzog-Hauck, Realenzyklopädie für prot. Theologie und Kirche IX. 3. Aufl. (1901.) S. 69 ff.

Rietschel, S., Das Burggrafenamt und die hohe Gerichtsbarkeit in den deutschen Bischofsstädten während des früheren Mittelalters. Leipzig 1905.

Rietschel, S., Landleihen, Hofrecht und Immunität, Mitteilungen des Instituts für österreichische Geschichtsforschung XXVII. (1906) S. 385 ff.

Schmidlin, J., Ursprung und Entfaltung der Habsburgischen Rechte im Oberelsaß. Freiburg i. Br. 1902.

Schröder, R., Lehrbuch der deutschen Rechtsgeschichte. 5. Aufl. 1907.

Schulte, A., Geschichte der Habsburger in den ersten drei Jahrhunderten. Innsbruck 1887.

Schultze, W., Die Abgrenzungen der Gaugrafschaften des alamannischen Badens. Heidelberger Diss. Sigmaringen 1895.

Schweizer, P., Beschreibung, Geschichte und Bedeutung der habsburgischen Urbar-Aufzeichnungen. Quellen zur Schweizer Gesch. XV. 2. Tl. Basel 1904.

Schweizer, P., Geschichte der habsburgischen Vogtsteuern. Jahrbuch f. schw. Gesch. VIII. (1883) S. 135 ff.

Seeliger, G., Die soziale und politische Bedeutung der Grundherrschaft im früheren Mittelalter. Untersuchungen über Hofrecht, Immunität und Landleihen. Abhandl. d. kgl. Sächs. Gesellsch. d. Wissensch. Bd. XX. 4. Leipzig 1903.

Seeliger, G., Landleihen, Hofrecht und Immunität. Eine Entgegnung. Histor. Vierteljahrsschrift 1906 S. 569 ff.

Sickel, Th., Beiträge zur Diplomatik. I—VIII. Sitzungsber. d. Akademie d. Wissensch. Wien 1861—82.

Sohm, R., Die Altdeutsche Reichs- und Gerichtsverfassung. Bd. 1: Die fränkische Reichs- und Gerichtsverfassung. Weimar 1871.

Stälin, Chr. v., Württembergische Geschichte. Bde. I—III. 1841 ff.

Stengel, E., Grundherrschaft und Immunität. Zeitschr. d. Savigny-Stiftung für Rechtsgeschichte. Germ. Abt. XXV (1904) S. 286 ff.

Stengel, E., Die Immunität in Deutschland bis zum Ende des 11. Jahrhunderts. 1. Teil. Innsbruck 1910.

Stutz, U., Das habsburgische Urbar und die Anfänge der Landeshoheit. Zeitschr. d. Savigny-Stiftung f. Rechtsgeschichte. Germ. Abt. XXV (1904) S. 192 ff.

Teusch, J., Die Reichslandvogteien in Schwaben und Elsaß zu Ausgang des 13. Jahrhunderts. Bonn 1880.

Waitz, G., Deutsche Verfassungsgeschichte. Bd. I, II, III. 3. Aufl. 1880 ff.; Bd. IV. 2. Aufl. 1885; Bd. V. 2. Aufl., bearb. v. Zeumer, 1893; Bd. VI. 2. Aufl., bearb. v. G. Seeliger, 1896; Bd. VII. 1876; Bd. VIII. 1878.

Werminghoff, Alb., Geschichte der Kirchenverfassung Deutschlands im Mittelalter. Bd. I. Hannover-Leipzig 1905.

Werminghoff, Alb., Verfassungsgesch. d. deutschen Kirche im Mittelalter. Grundriß der Geschichtswissenschaft, herausgeg. v. A. Meister. Bd. II. Abteilung 6. Leipzig 1907.

Weitzel, K., Diebstahl und Frevel und ihre Beziehungen zu Hoch- und Niedergerichtsbarkeit in den alamannischen Rechtsquellen des Mittelalters. Diss. Leipzig 1909.

v. Wickede, Die Vogtei in den geistlichen Stiftern von ihrem Entstehen bis zum Aussterben der Karolinger in Deutschland. Diss. Leipzig 1886.

v. Wyss, F., Beiträge zur schweizerischen Rechtsgesch. I. Tl. Zeitschr. f. schweiz. Recht XVII. (1872) S. 3 ff.; II. Tl. Ebenda XVIII. (1873) S. 19 ff.

v. Wyss, F., Abhandlungen zur Geschichte des schweiz. öffentl. Rechts. 1892.

Zallinger, O. v., Über den Königsbann. Mitteil. d. Instituts f. österr. Geschichtsforschung III. (1882) S. 539 ff.

Zallinger, O. v., Kleine Beiträge zur deutschen Verfassungsgeschichte des 13. Jahrhunderts. II. Zur Geschichte der Bannleihe. Mitteilung d. Instituts f. österr. Geschichtsforschung X. (1889) S. 224 ff.

Quellen.

Baumann, F. L., Das Kloster Allerheiligen in Schaffhausen, in Quellen zur Schweizer Geschichte Bd. 3. I. Abt. Basel 1883 (zit. Quellen 3).

Boos, H., Urkundenbuch der Landschaft Basel. 2 Bde. Basel 1881/3.

Burckhardt, L. A., Die Hofrödel von Dinghöfen baselischer Gotteshäuser und anderer am Oberrhein. Basel 1860.

Gerbert, M., Historia nigrae silvae. Bd. 3. St. Blasien 1788.

Gmür, M., Die Rechtsquellen des Kantons St. Gallen. 1. Teil: Offnungen und Hofrechte. Bd. 1: Alte Landschaft. Bd. 2: Toggenburg. Arau 1903 und 1906 (zit. Gmür 1 und 2).

Grimm, J., Weistümer. 7 Bde. Göttingen 1840 ff.

Das Habsburgische Urbar, hrsg. v. R. Maag in Quellen zur Schweizer Geschichte. Bd. 14. 1894 (zit. HU. 1) und Bd. 15, 1. 1899 (zit. HU. 2).

Hoppeler, R., Die Rechtsquellen des Kantons Zürich. 1. Teil: Offnungen und Hofrechte. Bd. 1. Arau 1910 (zit. Hoppeler).

Meyer von Knonau, G., Das Cartular von Rheinau, in Quellen zur Schweizer Geschichte Bd. 3, 2 (zit. Quellen 3).

Neugart, T., Codex diplomaticus Alemanniae. St. Blasien 1791 ff.

Trouillat, J., Monuments de l'histoire de l'ancien évêché de Bâle. 1852 ff.

Urkundenbuch der Stadt Basel, hrsg. von Wackernagel u. a. Basel 1890 ff. (zit. UB. Basel).

Urkundenbuch der Stadt und Landschaft Zürich. Zürich 1888 ff. (zit. UB. Zürich).

Wartmann, H., Urkundenbuch der Abtei St. Gallen. Zürich 1863 ff. (zit. Wartmann).

Wirtembergisches Urkundenbuch. Stuttgart 1848 ff. (zit. Wirt. UB.).

§ 1. Einleitung.

Es gehört heute zu den Gemeinplätzen der deutschen Rechtsgeschichte, daß die Immunitätsgerichtsbarkeit im Laufe des 9. und namentlich des 10. Jahrhunderts zur Hochgerichtsbarkeit gesteigert wurde. Man nimmt allgemein an, daß zu Ende des 10. Jahrhunderts in den meisten deutschen Immunitäten der Vogt als Inhaber der Immunitätsgerichtsbarkeit hochgerichtliche Funktionen ausgeübt und namentlich die Jurisdiktion über schwere Kriminalfälle besessen habe. Der Vogt wird in diesen Immunitäten dem Grafen gleichgestellt und seine Gerichtsbarkeit als gräfliche bezeichnet; kurz, man nimmt an, es seien die Immunitäten gänzlich aus dem Grafschaftsverbande ausgeschieden und dies sei die Regel gewesen [1]).

Angriffe, welche Seeliger [2]) auf diese Auffassung gemacht hat, vermochten in der Literatur keinen Anklang zu finden. Für die bischöflichen Immunitäten leistete Rietschel [3]) anscheinend den endgültigen Beweis dafür, daß hier überall dem Vogte als solchem die Hochgerichtsbarkeit zustehe, und was die klösterlichen Immunitäten betrifft, so schien dieser Beweis,

---

[1]) Als Vertreter dieser herrschenden Meinung zitiere ich nur Schröder, RG. 580: „Schon im 9. Jahrhundert kam es vor, daß einzelnen Reichskirchen für ihre Besitzungen auch die hohe Gerichtsbarkeit bewilligt wurde. Seit den Ottonen war dies durchaus die Regel.“ Weitere Stellen bei Heilmann, Die Klostervogtei im rechtsrheinischen Teil der Diözese Konstanz 93 Anm. 1.

[2]) Grundherrschaft S. 108 und passim. Vgl. hierzu v. Below, MIOeG. 25, 462 Anm. 2; Rietschel, ibid. 27, 412; ders., Burggrafenamt 306 Anm. 3 u. öfters. Ernst Mayer, Deutsche und französ. Verf.-Gesch. 2, 77 ff. Zusammenstellung der Äußerungen über Seeliger siehe bei v. Below in Hist. Zeitschrift 3. Folge Bd. 3, 345. Auch Pischek, Vogtgerichtsbark. 10 verhält sich Seeliger gegenüber durchaus ablehnend.

[3]) Burggrafenamt passim.

wenn auch nur für ein engeres, so doch wichtiges Gebiet durch die Tübinger Preisarbeit Heilmanns über die „Klostervogtei im rechtsrheinischen Teil der Diözese Konstanz“ erbracht. Wobei gleich zu bemerken ist, daß Heilmann seinen Satz nicht, wie das z. B. Schröder tut, auf die alten, vor dem Jahre 1000 gegründeten Reichskirchen beschränkt, sondern ihn auch für die im späteren Mittelalter angelegten Klöster, soweit sie Vögte besaßen, gelten läßt [4]).

Es ließ sich vor allen Dingen nicht leugnen, und Seeliger mußte dies selber zugestehen, daß der Wortlaut einer Reihe von Immunitätsprivilegien aus karolingischer und dann auch aus sächsischer Zeit entschieden für eine Emanzipation des Immunitätsgebietes von der Grafengewalt spricht. Es sei hier nur auf folgende Urkunden hingewiesen:

Reichenau von 892 (Dümgé S. 82; Mühlb. 1817): „sed iura regiminis super eos (solus abbas) illius loci secure exerceat.“

St. Gallen von 901 (Wartmann II, Nr. 720; Mühlb. 1941): „ut in omnibus locis atque hominibus .... nullus comes ..... aliquam potestatem habeat placita habere .... nec etiam in ullo placito distringantur, nisi apud .... advocatos, per quos, quicquid de eisdem hominibus ad emanandum sit, diffiniatur.“

Einsiedeln von 947 (M. G. Dipl. I. 177): „ut nullus ex iudiciaria potestate constitutus aliquam super eos (sc. monachos) exerceat potestatem vel super eorum causas seu super familias intus vel foris concessas.“

Der Wortlaut dieser eben zitierten Urkunden scheint in der Tat zu besagen, daß dem Immunitätsrichter die gesamte Jurisdiktion über das Immunitätsgebiet und seine Leute eingeräumt werde. Davon, daß etwa dem Grafen das Blutgericht, das Gericht über Leben und Tod vorbehalten sein solle, steht in diesen Urkunden nichts.

Und doch ist die Behauptung Seeligers so unbegründet nicht. Betrachten wir nämlich die Urkunden des ausgehenden

---

[4]) Dies tut auch Pischek. Die Kritik stimmte den Resultaten Heilmanns im allgemeinen zu. Vgl. z. B. Stutz in Ztschr. d. Sav. Stift. 20, 449 f. Stengel in Zschr. f. Soz.- u. Wirtschaftsgesch. 10, 120 ff.

Mittelalters, etwa vom 13. Jahrhundert an, so springt uns die Tatsache in die Augen, daß die von jenen Immunitätsprivilegien angeordnete Eximierung vom Grafschaftsverbande gar nicht oder doch nicht in dem von uns angenommenen Umfange stattgefunden hat. Als Beispiel führe ich nur die alte, reiche und mächtige Reichsabtei St. Gallen an. Noch zu Anfang des 15. Jahrhunderts reichte die Landgrafschaft im Thurgau mit ihrem Blutgericht bis an die Kreuze der Stadt St. Gallen [5]), sodaß also das ganze übrige alte Immunitätsgebiet St. Gallens, nicht nur das in weiterer Entfernung gelegene, sondern auch das alte Kernland um St. Gallen selbst herum, in dem die alten Vogtgerichtsstätten Gossau und Zuzwil lagen, zur Landgrafschaft gehörte. Nur das Stadtgebiet selbst unterstand der Blutgerichtsbarkeit des St. Galler Vogtes. Und so ist es, wie uns die folgenden Untersuchungen zeigen werden, an den meisten Orten gewesen [6]). Unter solchen Umständen erscheint es angebracht, einmal ohne Rücksicht auf die Immunitätsprivilegien, nur gestützt auf die übrige urkundliche Überlieferung nachzuprüfen, ob überhaupt eine solche vollständige Exemption des Immunitätsgebietes, wie sie aus den Diplomen hervorzugehen scheint, wirklich stattgefunden hat. Wir wissen von anderen Fällen her, daß der Inhalt der königlichen Privilegien sich nicht immer mit den tatsächlichen Verhältnissen deckt, aus Gründen, die verschiedener Natur sein können. Häufig hat der vom König mit dem Privileg Ausgestattete nicht die Macht besessen, sein Recht gegenüber dem Inhaber der öffentlichen Gewalt durchzusetzen. Häufig haben wir es auch mit durchaus formelhaften Wendungen der Urkunden zu tun, die, für andere Gegenden und andere Verhältnisse geschaffen, in dem Gebiet, für das

---

[5]) J. v. Watt (Vadianus) in seiner Chronik der Äbte von St. Gallen (herausg. von Götzinger) 2, 242: „Und aber die anfaltigen lüt vermainend, das gotzhus sie von jewelten her in sölicher gewer der hochen gerichten und landschaften halb, die es jetz hat, verharrlichen bestanden. Das doch gar nit ist. Die hochen Gericht in allem gotzhus biss an unsere 4 Krütz hand noch inderhalb 80 jar gen Frowenfeld (also zur Landgrafschaft Thurgau) ghört." Vgl. Paul Blumer, Landgrafschaft Thurgau 64.

[6]) Mit gewissem Recht sagt daher Seeliger, Grundherrschaft 162: „Die meisten Vogteien der späteren Jahrhunderte sind Niedervogteien, die nicht die Rechte des ehemaligen Grafenamtes besaßen."

sie nun verliehen wurden, nur beschränkte Anwendung fanden.

Die Schwierigkeit liegt nur darin, daß wir im Gegensatz zur Merowinger- und Karolingerzeit für die Zeit, in der jene Steigerung der Immunität erfolgt sein soll, fast keine gleichzeitigen Quellen besitzen, aus denen wir den Inhalt der Privilegien ergänzen oder berichtigen können. Wir sind daher fast gänzlich auf Rückschlüsse aus Urkunden einer Zeit angewiesen, die jener Entwicklung schon ziemlich fern liegt.

Die Gefahr, welche in der Benutzung solcher Urkunden liegt, ist aber deshalb nicht so groß, als man annehmen könnte, weil wir es mit einer verfassungsgeschichtlichen Entwicklung zu tun haben. Wir wollen ja nicht gleichsam rechtsantiquarisch den Zustand der Immunitäten im 10. oder 11. Jahrhundert feststellen, sondern wir wollen erforschen, welche Entwicklung die Immunitätsgerichtsbarkeit unter dem Einflusse jener Privilegien von den letzten Karolingern bis ins spätere Mittelalter genommen hat. Und wenn wir bei dieser Untersuchung finden, daß sowohl zu Anfang dieser Periode wie an ihrem Ende der Inhaber der öffentlichen Gewalt oder dessen Rechtsnachfolger im Besitz der Hochgerichtsbarkeit sich befindet, so können wir daraus wohl den Schluß ziehen, daß auch im Verlaufe dieser Entwicklung die Hochgerichtsbarkeit ihrem ersten Inhaber nicht entfremdet worden ist. Eine gegenteilige Ansicht, die nur in den Immunitätsprivilegien eine Unterlage fände, müßte als den Tatsachen widersprechend zurückzuweisen sein. Denn, so wenig direkte Nachrichten wir sonst über die Zeit von 950 bis 1150 haben, davon kann keine Rede sein, daß etwa in dieser Zeit die Grafen verloren gegangene Rechte wieder an sich hätten bringen können. Nichts würde dem Geiste des damals andringenden Lehnrechtes mehr widersprochen haben.

Zwei Wege stehen uns für die Untersuchung, wie wir sie uns vorgenommen haben, offen. Entweder können wir an der Geschichte der einzelnen Grafschaften zeigen, daß dem Grafen das Hochgericht noch bis ins spätere Mittelalter zustand, daß also bis in diese Zeit hinein die Vögte der Kirchen das Hochgericht nicht besessen haben können. Diese Methode wird uns aber überall da im Stich lassen, wo wir in der Tat den Vogt eines Bischofs oder Abtes im späteren Mittelalter mit der Ausübung der Hochgerichtsbarkeit betraut sehen. Hier sind wir überall vor die Notwendigkeit gestellt, die Vogteiverhältnisse der einzelnen Immunität gesondert zu prüfen, durch Einzeluntersuchungen den Umfang jener Hochgerichtsbarkeit festzustellen und nachzuforschen, welchen Ursprung diese, vom Vogte ausgeübte Gerichtsbarkeit gehabt haben kann. Wir werden daher gut tun, diese beiden Methoden miteinander zu verbinden, dabei aber von der Untersuchung der Verhältnisse in den einzelnen Immunitäten auszugehen. Denn nur so werden wir alle diejenigen Momente berücksichtigen können, die auf die Entwicklung der einzelnen Vogteien eingewirkt haben, wie z. B. das persönliche Verhältnis des Vogtes zum Inhaber der Grafschaft (Personalunion), Veräußerungen einzelner Teile der Vogtei usw.

Ich beschränke mich bei meiner Untersuchung auf das Gebiet alamannischen Rechtes und zwar auf einen Ausschnitt aus diesem, auf das Gebiet der alamannischen Ostschweiz und einiger angrenzender Territorien. Der Grund für diese räumliche Begrenzung liegt lediglich darin, daß wir für dieses Gebiet umfassende Quelleneditionen z. B. in den Urkundenbüchern von St. Gallen [7], Zürich [8] und Basel [9], sowie der im Erscheinen begriffenen Monumentalausgabe der schweizerischen Rechtsquellen [10] besitzen. Namentlich aber stehen uns für dieses Gebiet die unschätzbaren Angaben des aus dem Anfang des 14. Jahrhunderts stammenden habsburgischen Urbars [11] zur

[7]) Urkundenbuch der Abtei St. Gallen, herausg. v. H. Wartmann. 4 Bde. Zürich 1863 ff. (Zit. W.) Dazu 5. Teil, herausg. v. Bütler u. Schiess 1904 ff. (Zit. UStG. 5.)

[8]) Urkundenbuch der Stadt und Landschaft Zürich. Bis jetzt 7 Bde. Zürich 1888 ff. (Zit. UB. Zürich.)

[9]) Urkundenbuch der Stadt Basel, herausg. v. Wackernagel u. a. Basel 1890 ff. (Zit. UB. Basel.)

[10]) Es kommen hier für uns namentlich die von Max Gmür herausgegebenen „Rechtsquellen des Kantons St. Gallen 1. Bd.: Alte Landschaft; 2. Bd.: Toggenburg. Aarau 1903 ff.“ (zit. Gmür 1 u. 2) in Betracht.

[11]) Herausg. v. R. Maag in den Quellen zur Schweizer Geschichte Bd. 14 (zit. HU. 1). Bd. 15, 1 enthält verschiedene ergänzende Rödel und Einkünfteverzeichnisse (zit. HU. 2) und Bd. 15, 2 ein Inhaltsver-

Verfügung, einer Quelle, der wir die wichtigsten Aufschlüsse über die Gerichtsverfassungsgeschichte des späteren Mittelalters verdanken. Durch diese und andere Editionen sind wir in den Stand gesetzt, auf Grund eines denkbar vollständigen Quellenmaterials an unsere Aufgabe heranzutreten und sind einer, im vorliegenden Falle äußerst zeitraubenden Benutzung ungedruckten Materials so gut wie enthoben.

Als Objekte meiner Untersuchung kommen dann aber nicht alle in dem oben genannten Gebiete gelegenen Gotteshäuser in Betracht, sondern nur diejenigen, die der Immunität wirklich teilhaftig gewesen sind, nicht also diejenigen, welche in einer Zeit gegründet wurden, wo den Klöstern überhaupt keine Immunität mehr verliehen wurde. Das älteste dieser Art Klöster in der Ostschweiz ist das in der ersten Hälfte des 11. Jahrhunderts gegründete Kloster Muri [12]).

Statt der auf deutschem Boden gelegenen bischöflich konstanzerischen Immunität wollen wir die Verhältnisse des Hochstifts Basel in unsere Untersuchung einbeziehen. Wir genießen dabei den Vorzug, daß uns hier neben einem reichlichen gedruckten Urkundenmaterial auch die klassischen Untersuchungen Heuslers über die Verfassungsgeschichte der Stadt Basel die Arbeit erleichtern.

---

zeichnis, Glossar und eine textkritische und historische Würdigung des Urbars durch P. Schweizer (zit. HU. 3).

[12]) Wir besitzen für Muri trotz großem Reichtum der Überlieferung kein Immunitätsprivileg und keinen Hinweis auf die einstige Existenz eines solchen. Die vom Vogte ausgeübte Gerichtsbarkeit kann also nicht aus der Immunität stammen, sondern hatte ihre Grundlage in Ortsvogteien, welche dem Kloster geschenkt oder von ihm erworben worden waren. In der Verkennung dieser Tatsache liegt auch der fundamentale Fehler der Arbeit Heilmanns, der Klöster mit und solche ohne Immunität wahllos zusammenwirft. — Unberücksichtigt bleibt auch Luzern. Dieses alte murbachische Eigenkloster besaß ursprünglich keine eigene Immunität. Die Immunität Murbachs erstreckte sich vielmehr auch auf Luzern und seine Besitzungen. Eine Untersuchung der luzernischen Vogteiverhältnisse setzte also ein Eingehen auf die Vogteiverhältnisse Murbachs voraus. Das läge aber außerhalb des Rahmens dieser Arbeit.

I. Allgemeiner Teil.

§ 2. Die Immunitätsgerichtsbarkeit.

Die fränkischen Immunitätsprivilegien [1]) enthielten im allgemeinen die drei Verbote des introitus, der exactiones und der districtio. Es war dem öffentlichen Beamten verboten, in Amtsfunktion, das Immunitätsgebiet zu betreten, fiskalische Gelder zu erheben und die Amtsgewalt unmittelbar gegen Immunitätsleute anzuwenden. Er mußte sich zu diesem Zweck der Vermittelung des Immunitätsherrn oder vielmehr dessen weltlichen Vertreters (des Vogtes) bedienen. Aber schon frühe umfaßte die Immunität neben dieser negativen Berechtigung das aktive Recht auf Bezug aller dem Fiskus aus dem Bereiche der Immunität zufließenden Gelder, also namentlich der Bannbußen und Friedensgelder. Frühe schon ist aber auch eine gewisse Gerichtsbarkeit in den Rahmen der Immunität eingefügt worden. Im Anfang des 10. Jahrhunderts kann diese Entwicklung als abgeschlossen gelten, so daß von diesem Zeitpunkt an sämtliche mit Immunität begabten Kirchen auf Grund der Immunität auch eine gewisse Gerichtsbarkeit besitzen [2])

---

[1]) Aus unserer Gegend kommen hier nur folgende Urkunden in Betracht:

Urkunde v. 815 für Reichenau (Grandidier 2, Nr. 89).
Urkunde v. 818 für St. Gallen (Wartmann 1, Nr. 234).
Urkunde v. 833 für St. Gallen (Wartmann 1, 3/8).
Urkunde v. 853 für Zürich (UB. Zürich 1, Nr. 68).

Die Reichenauer Urkunden von Karl Martell (Mühlb. 1, Nr. 37) und von Karl d. Gr. von 811 und 813 (Wirt. UB. 1, Nr. 66 u. 67) sind spätere Fälschungen. Für die Bischofssitze Basel und Konstanz und für die Klöster Säckingen und Allerheiligen besitzen wir überhaupt keine Immunitätsprivilegien.

[2]) Reichenau erscheint 892 im Besitze der Immunitätsgerichtsbarkeit (Dümgé S. 82), St. Gallen 901 (Wartmann 2, 323).

und nunmehr die Gerichtsbarkeit als wesentlicher Bestandteil der Immunität gilt [3]).

Aber diese Vogtgerichtsbarkeit ist, wie auch von der herrschenden Meinung angenommen wird, ursprünglich nur Niedergerichtsbarkeit. Die Immunität räumte dem Immunitätsherrn bzw. seinem Richter nur die Gerichtsbarkeit über causae minores ein. Die Gerichtsbarkeit des Vogtes entsprach derjenigen des Zentenars. Er hatte Streitigkeiten der Immunitätsleute untereinander zu entscheiden und besaß außerdem die niedere Kriminaljustiz.

Klagen um freies Eigen, welches ein Hintersasse außerhalb des Immunitätsgebietes besaß, waren vor dem Grafengericht anzubringen, wogegen für Streitigkeiten aus dem Gutsrechtsverhältnisse wie auch für Forderungs- und Mobiliarklagen Dritter gegen Immunitätsleute das Vogtgericht zuständig war.

Dingpflichtig beim Vogtgericht waren sämtliche Angehörige der Immunität, d. h. die zur eigentlichen „familia" gehörigen, mit der Bewirtschaftung der Hofländereien betrauten, unfreien Knechte, sowie die Zinsleute, freie wie unfreie. Den Vorsitz führte der Vogt.

Was die räumliche Zuständigkeit des Vogtgerichtes betrifft, so fielen hier die Grenzen der vogtgerichtlichen Kompetenz mit den Grenzen der Immunität zusammen [4]). Nur insoweit ein Grundstück zur Immunität gehörte, waren Klagen, die mit ihm in Zusammenhang standen, vor dem Vogtgericht anzubringen [5]). Da aber die Immunität in den seltensten Fällen ein ganzes Dorf, sondern meist nur einzelne Bestandteile desselben umfaßte, etwa einen Hof mit den zugehörigen Zinsgütern, so besaß der Vogt in der Regel auch nicht die Gerichtsbarkeit über eine ganze Dorfschaft. Es pflegten vielmehr neben ihm noch konkurrierende Gerichtsbarkeiten anderer Immunitäten

---

[3]) So erhielt z. B. Einsiedeln bei seiner Gründung um 910 mit der Immunität auch gleich ein gewisses Maß von Gerichtsbarkeit.

[4]) Es ist wohl nicht nötig, zu betonen, daß hier nur von der Abgrenzung gegen das Grafschaftsgericht und Gerichte fremder Immunitäten die Rede ist, nicht aber von den Grenzen mehrerer zur selben Immunität gehörigen Vogtgerichte untereinander.

[5]) Sickel, Beiträge 5, 334. Vgl. auch Waitz, VG. 4^2, 305 und 308 Anm. 1. G. Seeliger, Grundherrschaft 124. Stengel, Immunität 1, 578.

oder der Grafschaft zu bestehen. So war es auch nicht Usus, für das in jeder einzelnen Dorfniederlassung befindliche Immunitätsland und die darauf angesiedelten Leute ein besonderes Vogtgericht abzuhalten, sondern das Immunitätsland einer Mehrzahl von Dörfern wurde zu einem Vogtgerichtssprengel vereinigt. Das Vogtgericht pflegte für eine größere oder kleinere Anzahl von Dörfern zuständig zu sein [6]).

Dies tritt uns namentlich in Urkunden von Reichenau und Allerheiligen in Schaffhausen entgegen. Es handelt sich zwar in beiden Fällen um Urkunden des 12. Jahrhunderts, also einer Zeit, in der die alte Immunitätsgerichtsbarkeit wohl nicht mehr überall in der alten Form bestand. Doch zeigen die betreffenden Urkunden deutlich, daß wenigstens in der räumlichen Zuständigkeit des Vogtgerichts noch keine Änderung eingetreten ist.

Das Reichenauer Abteigebiet umfaßte noch im 12. Jahrhundert, wie aus der um die Mitte des 12. Jahrhunderts auf den Namen Karls des Großen gefälschten und vom 6. April 811 datierten Urkunde [7]) hervorgeht, (abgesehen von der Stadt Ulm) zwei Vogtbezirke, einen am Bodensee und einen zweiten in der Donaugegend. In einem jeden dieser Vogtbezirke waren mehrere Vogtgerichtsstätten gelegen. Im Donaugebiet hielt der Vogt sein Ding in den Dörfern Dürmentingen, Offingen, Unlingen, Altheim und Gröningen ab, in der Bodenseegegend in Göggingen, Wollmadingen und Ermatingen. Wir können nun aber mit Sicherheit behaupten, daß sich die Besitzungen Reichenaus, wenn es auch im 12. Jahrhundert bei weitem nicht mehr so begütert war, wie im früheren Mittelalter, nicht auf Güter in jenen Dörfern, in welchen das Vogtgericht abgehalten zu werden pflegte, beschränkten. Was speziell das Schweizer Gebiet betrifft, in dem Ermatingen lag, so wissen wir, daß auch in Mühlheim, Eschikofen, Lustorf u. a. a. O. alte Reichenauer Höfe waren. Diese alle werden also ursprünglich nach Ermatingen dingpflichtig gewesen sein.

Noch deutlicher zeigt den interlokalen Charakter des Vogtgerichtes die Schaffhauser Urkunde vom 30. V. 1122 [8]). Es

---

[6]) Vgl. auch Pischek 71 f.

[7]) Wirt UB. 1, Nr. 66.

[8]) Quellen z. Schweiz. Gesch. 3, 100 f. Siehe auch unten S. 152.

werden darin dem Vogte drei Dingstätten zugewiesen: „Tria autem sunt loca suis placitis designata"; diese drei placita aber sind jeweilen für eine Mehrzahl von Dörfern zuständig, nämlich

Büsingen für 9 andere, namentlich aufgeführte Dörfer,

Hemmenthal für 6 andere, im Randengebiet gelegene Dörfer und

Hallau für 5 weitere Dörfer.

So wird es auch in den übrigen Immunitäten gewesen sein, und wenn uns in den älteren Quellen ländliche Vogtgerichte entgegentreten, so werden wir in ihnen nicht Dorfgerichte, sondern Gerichte, die über einen in mehreren Dorfschaften zerstreuten Komplex von Immunitätsgütern gesetzt sind [9]), zu erblicken haben.

Dieses, ursprünglich nur auf die Niedergerichtsbarkeit beschränkte Vogtgericht soll also, wie die herrschende Meinung annimmt, spätestens im Laufe des 10. Jahrhunderts auch noch die Hochgerichtsbarkeit für sich erworben haben. Als Belege hierfür werden der Hauptsache nach drei Tatsachen angeführt.

Bereits oben erwähnten wir den Wortlaut einiger Immunitätsprivilegien, der in der Tat für den Erwerb der Hochgerichtsbarkeit durch den Immunitätsrichter zu sprechen scheint.

Des weiteren wird auf den Umstand hingewiesen, daß sich der Vogt im Besitze des Königsbannes befunden, dieser aber in den süddeutschen Quellen die Bedeutung des Blutbannes besessen habe. Aus der Verleihung des Bannes an den

---

[9]) Solcher Vogtgerichte älteren Stils werden uns außer jenen eben erwähnten in St. Galler und Züricher Quellen mehrere überliefert.

Für St. Gallen:

947/948: Eine Schenkung wird in Zuzwil „in publico mallo Notkeri advocati" vollzogen (Wartmann 3, 17).

971: Ebenso in Gossau „in publico mallo Witonis advocati" (Wartmann 3, 28).

976: Besitzverleihung in Gossau „in publico mallo advocati Witonis" (Wartmann 3, 30). Vgl. auch Urk. v. 957 (ibid. 24) und v. 962/3 (ibid. 25).

Für Zürich:

876/880: „judicium advocati" (UB. Zürich 1, Nr. 140).

924/931: „concilium advocati" (ibid. Nr. 189).

924/931: „in publico mallo Kerharti advocati" (ibid. Nr. 190).

Vgl. ferner UB. Zürich 1, Nr. 199.

Vogt gehe also die Ausübung des Blutgerichtes durch letzteren hervor [10]). Dieser Argumentation gegenüber ist zu bemerken, daß für die erste Hälfte des Mittelalters der Vogt als Inhaber des Bannes nicht nachgewiesen ist. In unserem Quellenkreise tritt uns die Bannleihe an den Vogt erst im 12. Jahrhundert entgegen [11]). Die klassischen Stellen, die sich mit ihm befassen, das Stadtrecht von Straßburg und der Schwabenspiegel [12]), gehören dem Ende des 12. und dem ausgehenden 13. Jahrhundert an. Besitzt der Vogt den Bann im 12. Jahrhundert, so beweist dies noch lange nicht, daß er ihn auch im 11. oder gar schon im 10. Jahrhundert besessen habe.

Im Anschluß hieran möchte ich auf die Tatsache aufmerksam machen, daß noch im 12. Jahrhundert die Verleihung des Bannes nicht gleichbedeutend zu sein braucht mit der Verleihung der Blutgerichtsbarkeit. Dies geht für unser Gebiet deutlich aus einer Urkunde vom Jahre 1124 [13]) hervor.

Damals übertrug Graf Adalbert von Mörsburg Güter zu Dietlikon (Kt. Zürich) mit der Vogtei über den Ort an das Kloster Allerheiligen. Diese Vogtei war bisher vom Grafen an Heinrich von Wittlisberg verliehen gewesen. Nun wird sie ihm

---

[10]) So z. B. Rietschel, Burggrafenamt 16 u. a. a. O.; ferner Pischek 45 und 49, Heilmann 98.

[11]) In einer Urkunde aus den Jahren 964—968 (UB. Zürich 1, 99) befiehlt der Zürcher Vogt Burchard „regali banno" Vollziehung eines Urteils. Aber Burchard ist gleichzeitig Zürichgaugraf und das Ding, dem er vorsitzt, wird als „concilium legitimum", also als echtes Ding bezeichnet. Der Bann, unter dem wir hier übrigens nicht den Blutbann, sondern die Sechzigschillingbuße zu verstehen haben, stand ihm also als Graf und nicht als Vogt zu.

Am frühesten tritt uns die Bannleihe an den Vogt in einer Urkunde für Alpirsbach vom Jahre 1101 (Wirt. UB. 1, 327) entgegen. In Muri wird sie 1114 erwähnt (Quellen z. Schweiz. Gesch. III, 3, 42), in Schaffhausen 1120 (a. a. O. 1, 95), in St. Blasien 1123 (Wirt. UB. 1, 356), in Straßburg 1180 (Keutgen, Urkunden 94), in Basel 1190 (Trouillat 1, 420). Die Rheinauer Urkunde von 852 (UB. Zürich 1, Nr. 64), die ebenfalls die Bannleihe an den Vogt erwähnt, ist eine Fälschung aus dem Anfang des 12. Jahrhunderts. Auch noch dem 12. Jahrhundert entstammt die gefälschte Engelberger Urkunde von 1122 (UB. Zürich 1, Nr. 263).

[12]) Keutgen, Urkunden 94. Schwsp. ed. Lassberg Art. 92.

[13]) S. unten S. 162.

vom Abt aufs neue übertragen. Durch die Vermittlung und in Gegenwart des Grafen Adalbert erhält sodann Heinrich von Wittlisberg den Bann vom Könige (regale bannum a rege suscepit).

Es kann nun der ganzen Sachlage nach als gänzlich ausgeschlossen gelten, daß diese Vogtei auch das Blutgericht umfaßte. In keiner späteren Quelle ist davon die Rede, daß in Dietlikon der Inhaber der Ortsvogtei je das Blutgericht ausgeübt habe. Dieses ist vielmehr stets mit der Grafschaft verbunden geblieben und wurde, als der nördliche Zürichgau an Österreich kam, vom Landvogt von Kyburg, dem Verwalter der gräflichen Gerichtsbarkeit in diesem Teile der Landgrafschaft, ausgeübt.

Dagegen ist es sehr wahrscheinlich, daß diese Vogtei sonstige Hochgerichtsbarkeit enthalten habe, nämlich diejenige, welche wir weiter unten als Sühnehochgerichtsbarkeit bezeichnen werden und die eine Art Bußengerichtsbarkeit über einen Teil der Hochgerichtsfälle (in der Regel Diebstahl und Frevel) darstellte. Es ergibt sich also aus dieser Stelle, daß die Erteilung des Königsbannes nicht die Blutgerichtsbarkeit verleiht, sondern daß sie schlechthin die Autorisation zur Ausübung einer über die Niedergerichtsbarkeit hinausgehenden Jurisdiktion ist, gleichgültig, ob diese auch das Blutgericht umfaßt oder auf die sühnerichterliche Entscheidung von Hochgerichtsfällen beschränkt ist.

Soviel an dieser Stelle über die Verleihung des Königsbannes an den Vogt. Ich werde weiter unten noch Gelegenheit finden, auf die Bannleihe zurückzukommen und näher auf ihr Wesen und ihre Bedeutung einzugehen.

Ähnlich verhält es sich mit dem dritten Argument, dem Bezug des von Rechts wegen dem Grafen zufallenden B u ß e n d r i t t e l s durch den Vogt. Auch aus dieser Tatsache hat man geschlossen, der Vogt müsse eine dem Grafen ebenbürtige Stellung eingenommen haben; denn bezieht er die Gerichtseinkünfte des Grafen, so muß er auch die Gerichtsbarkeit des Grafen verwaltet [14]) haben. Die Schlüssigkeit dieses Beweises scheitert

---

[14]) Rietschel, Burggrafenamt 17, 190 und anderwärts. Vgl. namentlich Heilmann 23 Anm. 1 und die dort Zitierten.

aber ebenfalls an der Tatsache, daß dieser Bezug des Bußendrittels im alamannischen Gebiet erst vom 12. Jahrhundert an auftritt [15]). Ausnahmen, die anderwärts vorkommen, beziehen sich nicht auf die Verleihung des Grafendrittels an den Vogt, sondern an den Immunitätsherrn. Aber auch diesem wird das Grafendrittel nicht schlechthin für alle seine Besitzungen, sondern nur für einen bestimmten Ort, genauer gesagt, eine bestimmte Stadt eingeräumt [16]). Angesichts der Tatsache, daß uns in den Urkunden nirgends eine Verleihung des Grafendrittels an einen Vogt begegnet, während doch im späteren Mittelalter der Vogt überall das Bußendrittel bezieht, liegt es nahe, diesen Umstand geradezu als Beweis dafür aufzufassen, daß die Vogtei des späteren Mittelalters mit der Grafschaft in Zusammenhang steht.

Wir sehen also, daß von drei Argumenten: Wortlaut der Privilegien, Verleihung des Bannes an den Vogt und Übergang des Grafendrittels an ihn höchstens das zuerst angeführte als Beweis dafür betrachtet werden kann, daß in unserer Gegend bis zum Ende des 10. Jahrhunderts die Vogtgerichtsbarkeit zur Hochgerichtsbarkeit gesteigert worden sei.

---

[15]) Für unsere Gegend enthalten hierüber folgende Urkunden die frühesten Nachrichten:

Die wohl um 1100 gefälschte Hirsauer Urkunde von 1075 (Wirt. UB. 1, 276) und die damit zusammenhängenden Fälschungen (Kloster Usenhoven 1107, Gottesaue 1110, Muri 1114, Odenheim 1122 und 1124 und St. Blasien 1125). S. Pischek, Vogtgerichtsbarkeit S. 56. —

Die Urkunde für Reichenau von 811 (Wirt. UB. 1, 72; Fälschung aus der Mitte des 12. Jahrhunderts).

Die Urkunde für Kempten von 774 (Mon. Boica XXX. P. II. p. 377 Nr. 2; Fälschung aus der Mitte des 12. Jahrhunderts).

Die Urkunde für Engelberg von 1122 (UB. Zürich 1, Nr. 263; Fälschung aus den Jahren 1142/1184).

Die Urkunde für Petershausen von 983 (Gerbert, Nigr. Silv. III, 12, Nr. 11; Fälschung aus dem 12. Jahrhundert).

Die um 1135 geschriebene Zwiefaltener Chronik Ortliebs (Württ. Geschichtsquellen 3, 33 ff.).

Die Belege, die Brunner, RG. II, 309 dafür anführt, daß der Vogt schon in fränkischer Zeit das Grafendrittel erhalten habe, entstammen alle nachfränkischer Zeit.

[16]) Der einzige mir bekannte Fall ist der von Worms, wo 979 der Bischof auch das letzte Drittel der Fiskaleinkünfte in der Stadt erhielt (Keutgen, Urkunden Nr. 2).

Wir haben aber bereits oben darauf hingewiesen, daß es uns hier darauf ankommt, zu untersuchen, inwieweit jener Wortlaut der Immunitätsurkunden den Tatsachen entsprochen habe. Wir werden sie also hier als Beweis für die Steigerung der Vogtgerichtsbarkeit auszuschalten haben.

Man könnte nun aber sagen, jene für das 12. Jahrhundert nachgewiesene Bannleihe an den Vogt und jener Bezug des Bußendrittels durch ihn lassen darauf schließen, daß auch schon das Vogtgericht des 9. und 10. Jahrhunderts die Hochgerichtsbarkeit ausgeübt hat. Dieser Beweis wäre schwer zu erschüttern, wenn es feststünde, daß das Vogtgericht des 12. Jahrhunderts, für welches der Vogt mit dem Banne beliehen wird und in welchem er den dritten Teil der Bußen bezieht, identisch sei mit dem aus der Immunität hervorgegangenen Vogtgericht, ja, wenn nur ein Zusammenhang zwischen diesem alten Immunitätsgericht und dem Vogtgericht des 12. und der folgenden Jahrhunderte nachgewiesen werden kann. Altes und neues Vogtgericht müssen ihrem Ursprung nach identisch sein und sich höchstens dem sachlichen Umfange der von ihnen ausgeübten Gerichtsbarkeit nach voneinander unterscheiden, wenn die Verleihung des Bannes an den Vogt und der Besitz des Grafendrittels Belege für das Aufsteigen des Vogtgerichts zum Hochgerichte sein sollen.

Diese Kontinuität in der Entwicklung, die auf der Identität von altem und neuem Vogtgericht beruhen müßte, ist nun aber, wie die Ausführungen Pischeks [17]) dargetan haben, nicht vorhanden. Pischek hat gezeigt, daß das neue, vom 11. Jahrhundert an zu beobachtende Vogtgericht seiner Zusammensetzung und seiner räumlichen Geltung nach vom alten Vogtgericht, wie es uns noch in den Urkunden des 10. Jahrhunderts entgegentritt, verschieden ist.

Bevor wir jedoch des näheren auf die Resultate der Pischekschen Untersuchungen eingehen, wollen wir zunächst versuchen, uns ein Bild von der großen Umwälzung zu machen, die im Laufe des 11. Jahrhunderts in der Gerichtsverfassung des Landes stattgefunden hat.

---

[17]) Vogtgerichtsbarkeit 55 ff.

§ 3. Zwing und Bann. Die Ortsvogtei.

Bereits Waitz [1]) hat auf jene große Veränderung in der Gerichtsverfassung Deutschlands hingewiesen, welche sich vom 10. Jahrhundert an vollzog und deren wesentliches Merkmal die Entstehung von sog. Bannbezirken ist [2]). Wir verstehen darunter die Ausscheidung territorial bestimmter Bezirke aus dem Verbande des öffentlichen Gerichtes. Diese Ausscheidung erstreckte sich zunächst nur auf die niedere Gerichtsbarkeit.

Vom 10. Jahrhundert an beginnt die Auflösung der Hundertschaften und der Niedergang des Centgerichtes. Das Hundertschaftsgericht verliert seine Bedeutung als ordentliches Niedergericht der Grafschaft. An seine Stelle treten neue, weniger umfassende Organisationen: es bilden sich die Ortsniederlassungen zu Bezirken des öffentlichen Gerichtes aus. In der zweiten Hälfte des Mittelalters erscheint die Niedergerichtsbarkeit an die Ortsniederlassung geknüpft. Sie unterscheidet sich dadurch deutlich sowohl vom Centgericht als auch vom alten Immunitätsgericht, dem Vogtgericht. Vom letzteren namentlich scheidet sie sich dadurch aufs schärfste, daß ihr Geltungsbereich auf ein Dorf beschränkt ist, daß sie aber dafür dieses Dorf ganz umfaßt.

Den Ursprung dieser neuen Niedergerichtsbezirke hat man in der Verleihung des Bannes an einen Grundherrn oder den Inhaber der öffentlichen Gewalt erblickt [3]). Über das Wesen dieses territorialen Bannes besteht zwar im großen und ganzen noch Unklarheit. Doch herrscht darüber Einigkeit, daß die Verleihung des Bannes seinem Inhaber öffentliche Gewalt in einem bestimmten Bezirk verschafft, daß sie ihm namentlich öffentliche Gerichtsbarkeit übertrug. Dabei wird mit Recht betont, daß irgendwelches Maß an Gerichtsbarkeit mit

---

[1]) VG. 7, 237—306.

[2]) Vgl. A. Heusler, Stadtverf. 34 ff. G. Seeliger, Grundherrschaft 117. F. v. Wyss, Abh. 33 ff. E. Mayer, Deutsche und französische VG. 1, 519 Anm. 165. Stutz, Ztschr. d. Sav. St. 25, 206 ff. Siehe ferner die Zitate bei Stengel, Immunität 590 Anm. 2 und Pischek 43 Anm. 1.

[3]) Vgl. namentlich Seeliger a. a. O. 111 ff. und die in Anm. 2 zitierten Schriftsteller.

dem Banne an sich nicht übertragen werde. Namentlich brauche die Verleihung des Bannes in dem hier gebrauchten Sinne nicht mit der Verleihung von Hochgerichtsbarkeit identisch zu sein [4]). An einer Untersuchung aber, wie das Wort „Bann", das in fränkischer Zeit nie im Sinn von Gerichtsbarkeit gebraucht wird, nunmehr diese Bedeutung erlangt hat, gebricht es noch, wie uns überhaupt eine allgemeine Geschichte des Bannes fehlt. Wir wollen im folgenden versuchen, dem Ursprung des Bannes als Gerichtsbarkeit auf den Grund zu gehen.

Die Bedeutung des Wortes „Bann" ist sehr mannigfaltig. Bann kann zunächst die Gewalt des Königs oder desjenigen, dem er sie verliehen hat, Gebote und Verbote zu erlassen, bedeuten. Unter Bann verstehen die Quellen aber auch die Strafsumme, die diejenigen zu entrichten haben, die diese Gebote übertreten (Hauptbeispiel die Sechzigschillingbuße des Königsbannes). Dem späteren Mittelalter gehören die Bedeutungen des Bannes als Blutbann und als Bannbezirk an [5]). Mit dieser Aufzählung erschöpfen sich aber die Bedeutungen des Wortes Bann noch nicht.

Schon im 9. Jahrhundert beginnt das Wort Bann in der Rechtssprache diejenige Stelle einzunehmen, die bisher dem Worte „fredus" zukam. So verwenden zwei, dem 9. und 10. Jahrhundert angehörende Handschriften der Leges Alamannorum [6]) in der Lex 37 das Wort bannus, wo die übrigen Handschriften und namentlich die älteren, wie z. B. der dem Jahre 793 entstammende Codex Sangallensis, ein „fredus" haben. Diese Bedeutung des bannus tritt uns ferner in der Wormser Urkunde von 979, in der dem Bischof neben den von ihm bisher besessenen $^2/_3$ der Friedensgelder auch noch das Grafendrittel verliehen wird, entgegen [7]). An der betreffenden

---

[4]) Vgl. Seeliger a. a. O.

[5]) In der letzteren Bedeutung begegnet uns der Bann namentlich bei den Städten. Vgl. z. B. das aus dem 12. oder 13. Jahrhundert stammende Stadtrecht von Soest Art. 24: „infra bannum nostrum" (sc. civium) bei Keutgen, Urkunden 141. Waitz, VG. 7, 305 f.

[6]) Die Handschriften 30 und 31 der Textklasse B. Vgl. die Einleitung Lehmanns zur Textausgabe in den Monumenta S. 16.

[7]) Keutgen, Urkunden 2.

Stelle heißt es: „. . . eadem ecclesia tam in toletis quam in bannis duos tantum totius utilitatis partes tenuit". Auch hier wird also der fredus mit bannus bezeichnet.

Ebenfalls im Sinne von fredus begegnet uns das Wort bannus in jener gefälschten Reichenauer Urkunde von 887, deren Herstellung in das 10. Jahrhundert zu versetzen ist, wo bestimmt wird, es sollen die Leute des Klosters „coram nullo comite . . . bannum persolvere" [8]). Die gleiche Bedeutung hat ferner das Wort bannus in jener Hirsauer Urkunde von 1075 und den von ihr abgeleiteten Fälschungen, die den Anteil des Vogtes an den Gerichtsfällen als „tertius bannus" bezeichnen [9]).

So ist also im 10. Jahrhundert der bannus durchaus an die Stelle des fredus getreten. Dem Worte fredus selbst begegnen wir in den Quellen nur noch selten, es muß damals schon veraltet gewesen sein [10]).

Der fredus als solcher, insofern er die an den öffentlichen Richter zu zahlenden Strafgelder bedeutet, ist natürlich nicht untergegangen. Aber während er in der fränkischen Zeit zu einem Drittel an den öffentlichen Richter, zu zwei Dritteln aber an den Fiskus fiel, machen wir im späteren Mittelalter die allgemeine Beobachtung, daß dem Könige nirgends mehr ein Anspruch auf einen Teil der verhängten Bußen zusteht. Die fiskalischen zwei Drittel befinden sich vielmehr in der zweiten Hälfte des Mittelalters fast durchweg in den Händen der Inhaber der Niedergerichtsbarkeit. Man hat diese Tatsache aus der Immunität erklären wollen und auf die zahlreichen Urkunden hingewiesen, in denen die Kaiser den Kirchen für ihre Grundherrschaft alle fiskalischen Einkünfte („quidquid

---

[8]) Wirt, UB. 4, 327. Vgl. auch den nach dem Reichenauer Muster hergestellten Zusatz aus dem 10. Jahrhundert zu der Rheinauer Urkunde von 858 IV. 12. (UB. Zürich 1, 32).

[9]) Die Hirsauer Urkunde ist abgedruckt in Wirt. UB. 1, 278. Den gleichen Wortlaut wie die Hirsauer Urkunde haben die Privilegien für Usenhofen v. 1107, Gottesaue v. 1110, Muri v. 1114, Odenheim v. 1122, Scheiern v. 1124, Engelberg v. 1122 u. 1134 und St. Blasien v. 1125.

[10]) Vgl. Osenbrüggen, Alam. Strafr. 73. Die St. Galler Rhetorik aus dem 10. Jahrhundert führt das Wort fredus unter den „barbara et antiquata in legibus Alamannorum" auf.

exinde fiscus sperare poterit"), also auch die ursprünglich dem Fiskus zufließenden Gerichtsgefälle überlassen. Es ist aber zu beachten, daß später auch zahlreiche Gerichtsherren, die der Immunität nicht teilhaftig waren, diese $^2/_3$ der Gerichtsbußen beziehen. Und dann: während jene Königsurkunden doch nur die Strafgelder, die im Immunitätsgericht verhängt wurden, verliehen, bezieht der Inhaber der niederen Gerichtsbarkeit im späteren Mittelalter seine $^2/_3$ im Ortsgericht, das, wie wir weiter unten zeigen werden, keinen ursprünglichen Zusammenhang mit dem auf der Immunität beruhenden Vogtgericht hatte. Wir müssen also eine andere Erklärung für den Erwerb der fiskalischen $^2/_3$ durch den Niedergerichtsherrn suchen.

Wir finden diese in jenen Bannverleihungen, wie sie uns in den Urkunden namentlich des 10. Jahrhunderts so häufig entgegentreten. Allerdings handelt es sich hier meistens um die Verleihung des Bannes in Märkten und Marktansiedelungen. Aber ein grundsätzlicher Unterschied bestand zwischen diesem fälschlich sog. Marktbann [11]) und dem Banne, wie er für die Landgemeinden verliehen wurde, nicht. Überall gelten da, wo vom König der Bann in einem Markte oder Dorf verliehen wurde, die Gerichtsgefälle, die eigentlich dem Könige hätten zukommen sollen, als verliehen. Ein Unterschied bestand nur in der Höhe dieser Gefälle. Während die Marktfriedensbrüche mit dem Sechzigschillingbann bestraft wurden, gelten auf dem Lande niedrigere Bußsätze.

Wir haben also in all jenen zahlreichen Urkunden, wo der König neben dem Zoll, dem Markt und der Münze auch den Bann verleiht, unter dem Bann meist jene eigentlich dem Könige gebührenden $^2/_3$ der Friedensgelder zu verstehen [12]).

[11]) Ich bin dem Ausdruck „bannus mercati" nur einmal in den Quellen begegnet, nämlich in der Urkunde von 1061 für Wels (Keutgen, Urkunden Nr. 60).

[12]) Ich übersehe natürlich nicht, daß verschiedene Urkunden dem Marktrichter auch das Recht verleihen, unter Königsbann zu dingen (z. B. Keutgen, Urkunden Nr. 8, 51, 52, 54, 57, 99) und stehe auch mit Rietschel, Markt und Stadt 195 ff., auf dem Standpunkt, daß es zum Wesen des Marktfriedens gehörte, daß sein Bruch mit der Strafe des Königsbannes belegt war. Aber gerade diejenigen Urkunden, die den

Während uns Bannverleihungen für Märkte in großer Zahl begegnen, sind solche für Dörfer nur wenige vorhanden [13]). Immerhin fehlen sie nicht ganz. Das hängt wohl in erster Linie damit zusammen, daß ein großer Teil derjenigen Personen, welche in den Besitz der Ortsgerichte gelangten, bereits vorher als Immunitätsherren in ihren Besitzungen die zwei Bußendrittel bezogen und nun einfach ihr Recht auch auf die neue Gerichtsbarkeit ausdehnten. Daß aber solche Verleihungen auch für Dörfer vorgenommen wurden, daran kann kein Zweifel bestehen.

Aber die Verleihung der fiskalischen Gerichtsgefälle für einen bestimmten Ort schließt noch nicht die Gerichtsherrschaft über diesen Ort in sich. Damit dies der Fall sei, müssen das ganze Gebiet der betreffenden Ortschaft und ihre Bewohner dem Gericht desjenigen unterworfen sein, dem die Gerichtsgefälle verliehen sind. Dieser muß verlangen und eventuell seinem Verlangen durch rechtlichen Zwang Nachdruck verleihen können, daß Streitigkeiten um alle innerhalb des betreffenden Bezirkes gelegenen Grundstücke vor sein Gericht gebracht werden, und daß auch die Einwohner des Dorfes, die nicht zur Grundherrschaft des betreffenden Herrn gehören, gezwungen sind, vor seinem Gerichte zu erscheinen, wenn sie verklagt werden. Diese prozessuale Zwangsgewalt, die erst den mit dem Banne Ausgestatteten zum Gerichtsherrn des Dorfes machte, erblicke ich in der „districtio“ oder dem „districtus“ der Quellen.

Königsbann als Sechzigschillingbuße erwähnen, unterscheiden ihn deutlich von dem bannus im Sinne von allgemeinen Strafgeldern. Vgl. z. B. Urk. v. 999 für Villingen (Keutgen a. a. O. Nr. 51). Hier verleiht der König dem Grafen Berchtold „potestatem . . . publicum faciendi et construendi mercatum cum . . . totius publicae rei banno“. Von diesen Banngeldern wird der eigentliche Königsbann deutlich unterschieden. Der König fährt namentlich fort, wer den Frieden dieses Marktes zu brechen wage, „se sciat compositurum talem nostrae rei publicae bannum“, wie der, der den Frieden des Marktes zu Konstanz oder Zürich breche, und diesen „bannus imperialis“ solle er dem Grafen Berchtold zahlen. Ebenso die Urkunden Keutgen a. a. O. Nr. 50, 52, 54, 57, 99 u. a. m.

[13]) Vgl. Seeliger, Grundherrschaft 113 ff.

Bereits in den Immunitätsprivilegien der Merowingerzeit begegnet uns das Wort „distringere". Es bedeutet dort die gegen die Immunitätsleute geltend gemachte Zwangsgewalt. Das Verbot der districtio schloß den öffentlichen Richter von jeder unmittelbaren Vorladung, der Zwangsvollstreckung und dem richterlichen Einlager aus [14]). An seiner Stelle übte der Immunitätsbeamte die districtio aus. Als sich dann eine eigene Immunitätsgerichtsbarkeit herausgebildet hatte, gab diese districtio dem Immunitätsrichter nunmehr auch die Handhabe, das Erscheinen der Immunitätsleute vor seinem Gerichte zu erzwingen und gegen Säumige mit Bußen vorzugehen. Und so bezeichnen denn auch mehrere Urkunden der sächsischen Kaiser diese Zwangsgewalt als „districtio placiti" [15]), als „placitum vel districtus" [16]) oder als „districtus vel placitum" [17]).

Aber auch die Verbindung des bannus mit der districtio kommt bereits in sächsischer Zeit vor. So verleiht Otto I. dem Bischof von Chur das Tal Bergell „cum omni districtione placiti et banni hactenus ad comitatum pertinentis". Und eine Urkunde Ottos III. führt einen „publicus bannus sive districtus" an [18]). Mit Recht sagt da schon Pischek, daß diese Bezeichnung zu deutlich den späteren Ausdrücken districtus et bannus, Zwing und Bann entsprechen, als daß man nicht aus ihrer Gleichheit auch auf die Gleichheit des rechtlichen Wesens beider schließen möchte [19]). Und so ergäbe sich uns folgendes als Erklärung für den Ausdruck „Zwing und Bann":

Wer im Besitze von Zwing und Bann für einen bestimmten Bezirk ist, der hat das Recht, die Insassen dieses Gerichtsbezirkes vor sein Gericht zu laden und im Falle ihres unentschuldigten Ausbleibens sie in eine Buße zu nehmen. Er hat sodann das Recht, von denjenigen Strafgeldern, die in seinem Gerichte verhängt werden, den Teil für sich zu beanspruchen,

---

[14]) Brunner, RG. II, 294.
[15]) M. G. DD. 1, Nr. 209 (Otto I.).
[16]) Ibid. 2, 267 (Otto II).
[17]) Mon. Bo. XXXIII (1), Nr. 264.
[18]) M. G. DD. 1, Nr. 209, 2, Nr. 312.
[19]) Pischek, Vogtgerichtsbarkeit 51.

der eigentlich dem Könige zufallen würde, wenn die Sache vor dem Grafschaftsgerichte zur Aburteilung käme.

Mit anderen Worten: durch die Verleihung von Zwing und Bann wird der damit Ausgestattete zum Gerichtsherrn des betreffenden Bezirkes. Eine bestimmte Gerichtsbarkeit erhält er dadurch nicht. Es liegt aber auf der Hand, daß diese Dorfgerichtsherrn danach trachten mußten, auch die Ausübung der Gerichtsbarkeit in ihre Hand zu bekommen. Und so ist wohl anzunehmen, daß von Anfang an mit dem Zwing und Bann auch eine gewisse Gerichtsbarkeit an die Zwingherren überging. Der Umfang dieser Gerichtsbarkeit deckte sich im allgemeinen mit demjenigen, den die Gerichtsbarkeit des Zentenars vorher besessen hatte. Aber diese Gerichtsbarkeit war an sich kein wesentlicher Bestandteil von Zwing und Bann, wie uns die zahlreichen Urkunden des späteren Mittelalters beweisen, die Zwing und Bann und die Gerichtsbarkeit deutlich scheiden [20]).

Wenn wir im folgenden trotzdem die Formel Zwing und Bann zur Bezeichnung der Niedergerichtsbarkeit schlechthin verwenden, so können wir dies um so unbedenklicher tun, als schon die Quellen selbst die aus dem Zwing und Bann resultierende Gerichtsbarkeit häufig als Zwing und Bann bezeichnen.

Es erhebt sich nun noch die Frage, wer denn in der Regel mit der Ausübung von Zwing und Bann betraut gewesen sei. Da zeigt uns namentlich das habsburgische Urbar, daß es in

---

[20]) Vgl. z. B. Urk. v. 1270 (Neugart 2, 272) betr. Verkauf der curia Tegervelt und in dem Gerüte „cum . . . juribus, quae vulgariter Twinc et Ban dicuntur, judiciis totoque dominio“. Offnung von Kloten (Schauberg, Zeitschrift 1, 188) Art. 11: „es gehörend alle gericht, zwing und bänn gen Kyburg“. Offnung von Rümlang (Grimm, Weist. 4, 332): „twing und bann über lüt und über gut und über alles, das das gotzhus hat ze Rümlang, und alle gericht sind sin, ane tübin und frefin, die einem vogt angehören“. Die Beobachtung, daß Zwing und Bann keine Gerichtsbarkeit bedeutet haben können, ist bereits von F. v. Wyß, Abh. 33 ff. gemacht worden. Wenn er aber dann und mit ihm Stutz, Ztschr. d. Sav. Stift. 25, 206 ff., den Zwing und Bann als das Recht auffaßt, die für die landwirtschaftliche Ordnung erforderlichen Gebote und Verbote zu erlassen und deren Übertretung mit geringfügigen Bußen zu bestrafen, so hat Schmidlin (Habsburgische Rechte im Oberelsaß 90) gezeigt, daß im Elsaß die Allmend- und Wirtschaftssachen

der überwiegenden Mehrzahl der Fälle der Grundherr gewesen ist, der, gestützt auf die ihm im Dorfe zustehende politische und soziale Macht, es verstanden hat, auch die nicht seiner Grundherrschaft unterworfenen Leute und Güter vor sein Forum oder das seines grundherrlichen Beamten (villicus) zu zwingen [21]). In anderen Fällen ist es dem Grafen gelungen, Zwing und Bann an sich zu ziehen, namentlich dann, wenn an dem betreffenden Ort sich keine größere Grundherrschaft befand [22]). Oft allerdings ist es nicht zur Entstehung einer einheitlichen Dorfherrschaft gekommen, und es hat dann, wie das habsburgische Urbar sagt, ein jeder Zwing und Bann über die Seinen [23]).

Der sachliche Umfang der vom Ortsgericht ausgeübten Gerichtsbarkeit entsprach, wie wir oben sagten, im großen und ganzen der Gerichtsbarkeit des Zentenars, beschränkte sich also auf die causae minores. So gehörten einerseits die Klagen um Geldschuld vor das Forum des Ortsgerichtes, andererseits war es zuständig für die mit Strafen an Haut und Haar oder mit Geldbußen zu bestrafenden Delikte. Aber über diese eigentliche Niedergerichtsbarkeit hinaus ward nun das Ortsniedergericht auch zum Forum für eine Reihe von Delikten, die ihrem Charakter nach eigentlich vor das Hochgericht gehört hätten. Die Erklärung für diese ganz allgemein zu beobachtende Tatsache hat Pischek in seiner scharfsinnigen Untersuchung über die Vogtgerichtsbarkeit süddeutscher Klöster, der wir außerordentlich wichtige Aufschlüsse über die Entwicklung der Gerichtsverfassung vom 10. bis 13. Jahrhundert verdanken, gegeben [24]).

---

nicht zum Zwing und Bann gehörten, und daß auch das habsburgische Urbar sie nicht dazu rechnete, hat Pischek a. a. O. 52 nachgewiesen.

[21]) Vgl. Pischek a. a. O. 46.

[22]) Schmidlin a. a. O. 90 ff.

[23]) P. Schweizer, HU. III, 548. Häufig kommt es vor, daß Zwing und Bann unter verschiedene Herren nach Bruchteilen verteilt sind, so daß der eine die Hälfte oder ein Drittel usw. von Zwing und Bann besitzt. Diese Zerstückelung beruht offenbar auf Teilung durch Rechtsgeschäft oder durch Erbgang, ist also nichts Ursprüngliches.

[24]) S. 55 ff. S. auch die zustimmende Besprechung von U. Stutz in Ztschr. d. Sav. St. 28, 557 ff. Ferner E. Stengel in Ztschr. f. Sozial- u. Wirtschaftsgeschichte 10, 120 ff.

Pischek geht von der Beobachtung aus, daß seit dem Anfange des 12. Jahrhunderts in zahlreichen Urkunden, die von der Gerichtsbarkeit des Vogtes reden, diesem namentlich zwei Delikte zur Aburteilung zugewiesen werden: Diebstahl und Frevel. Gestützt auf eine Salemer Urkunde von 1238, die einen Schiedsspruch zwischen dem Kloster Salem und dem Ritter Rüdeger von Bernhausen enthält[25]), stellt er fest, daß der Ausdruck „Dieb und Frevel" insofern wörtlich zu nehmen ist, als er wirklich die Gerichtsbarkeit über das Delikt des Diebstahls und des Frevels, des letzteren in den drei Tatbeständen der Verwundung, der Schläge und des Messerzückens, enthält.

Dürfen wir nun den Vogt als Hochrichter betrachten oder dürfen wir wenigstens seine Gerichtsbarkeit aus der Hochgerichtsbarkeit ableiten, so ist es nicht wahrscheinlich, daß sich seine Gerichtsbarkeit ursprünglich auf diese zwei Delikte beschränkt habe. Es erhebt sich also die Frage, welche Gründe dazu geführt haben, gerade Diebstahl und Frevel aus dem Komplex der gesamten Hochgerichtsfälle hervorzuheben. Pischek gibt hiefür folgende Erklärung:

Auch das spätere Mittelalter kennt die Einteilung der Delikte in causae criminales (Ungerichte), die mit Leib- und Lebensstrafen bedroht waren und solche, die nur an Haut und Haar gingen oder mit Geldbußen belegt waren.

Aber auch die causae criminales konnten unter Umständen durch Geldzahlung ans Gericht abgelöst werden[26]). Dies gilt nicht nur für den zur Hochgerichtsbarkeit gehörenden Frevelfall der blutenden Verwundung, sondern neben den übrigen Kriminalfällen[27]) namentlich auch für den Diebstahl[28]).

---

[25]) Wirt. UB. 3, 425.

[26]) Pischek 64. Osenbrüggen, Alam. Strafr. 79, 308.

[27]) Zahlreiche mittelalterliche Rechtsquellen zeigen, daß Delikte, die unzweifelhaft zu den causae criminales gehörten, mit Geld ablösbar waren. Als Beispiel führe ich hier nur die Offnung von Rorschach vom Jahre 1469 (Gmür 1, 13 ff.) an, wo dies besonders schön hervortritt. Im Art. 7 heißt es da:

Item was fretflinen und bussen in dem Gericht zu Rorschach verfallend, gehörent alle einem Herrn und dem gotzhus Sant. G. zu usgenommen die vier ungericht nachttschach, nottzog, haymsuch

Die Entscheidung darüber, ob die Sache kriminell behandelt oder durch Bußzahlung ans Gericht erledigt werden sollte, stand dem Verletzten zu.

Wenn nun ein solches Ungericht auf Wunsch des Verletzten nicht kriminell beurteilt wurde, sondern auf dem Wege der Strafablösung seine Erledigung fand, so hätte an sich auch dieses auf Strafablösung gerichtete Verfahren vor das Hochgericht gehört. Wenn dies nicht strikte durchgeführt wurde, so hat das folgenden Grund.

Indem das Niedergericht unbeschränkte Kompetenz für Zivilklagen erlangte, wurde es auch für Klagen auf Schadenersatz für eine strafbare Handlung zuständig, gleichgültig, ob über diese strafbare Handlung im Falle der Durchführung eines peinlichen Verfahrens vom Hochgerichte hätte erkannt werden müssen. Diese Kompetenz der Niedergerichte zur Erkenntnis über die zivilrechtlichen Folgen eines Deliktes begründete auch seine Kompetenz dazu, über die Ablösbarkeit und die Ablösung einer Strafe zu erkennen, die im Falle der Durchführung eines peinlichen Verfahrens vom Hochgerichte auszusprechen gewesen wäre. Dies war dann möglich, wenn vor dem Hochgerichte Zivilklage und Kriminalklage als gemischte Klage verbunden werden konnten[29]. Diese Vermischung des Zivil- und Strafverfahrens war nun ursprünglich in hochgerichtlichen Fällen nur bei Diebstahl und Frevel gebräuchlich; nur für diese beiden zur Hochgerichtsbarkeit gehörigen Fälle erlangte gewöhnlich das Niedergericht ein Recht, sie im Sühnegerichtsverfahren zu erledigen.

An sich wäre dem Niederrichter nichts im Wege gestanden, diese Sühnegerichtsbarkeit auch ohne Mitwirkung des Hochrichters auszuüben, vor dessen Forum die Sache gehört hätte, wenn sie zur peinlichen Aburteilung gekommen wäre.

---

und fridbrech wunden (blutende wunden). Davon gehörend zwen teil einem herrn und der drytteil einem vogt.

[28]) Schwsp. L. 41: „. . . die diupheit und rechten strazroup vergolten hant . . . . die sint alle rehtlos". Vgl. auch Schwsp. L. 174. Augsburg. Stadtr. v. 1276, S. 108.

Vgl. ferner die Urk. v. 1069, die die Rechte eines bischöfl. Grafen durch den Bischof von Toul festsetzt (Altmann u. Bernheim, Ausgewählte Urkk. zur Verf.-Gesch. Nr. 148).

[29]) Schröder, RG. 784.

Da dies aber den Ausschluß des Hochrichters vom Mitgenuß an der erkannten Ablösungssumme bedeutet hätte, so ließ er sich meist seine Mitwirkung am Niedergericht wenigstens in den Fällen, die zur Hochgerichtsbarkeit gehörten, nicht entgehen. Wenn also in den Quellen bei Abgrenzung der Jurisdiktionsrechte zwischen Hoch- und Niederrichter dem ersteren die Gerichtsbarkeit z. B. über Dieb und Frevel zugeschrieben wird, so soll damit nicht die eventuell im eigentlichen Hochgericht auszuübende Kriminalgerichtsbarkeit des Hochrichters bezeichnet werden, sondern es sollte damit ausgedrückt werden, inwieweit der Hochrichter sich an der im Niedergericht geübten Sühnejustiz beteiligen durfte.

Wie betont, war es anfänglich wohl nur bei Diebstahl und Frevel möglich, eine Sache vor dem Niedergericht im Wege des Ablösungsverfahrens zur Erledigung zu bringen. Und nur in diesen Fällen wird der Hochrichter den Vorsitz im Niedergericht übernommen haben. Noch zu Anfang des 14. Jahrhunderts scheint dies die Regel gewesen zu sein. Das habsburgische Urbar allein erwähnt über 500 Fälle, wo die Herrschaft Österreich über Dieb und Frevel zu urteilen hat [30]).

Doch ist es bei dieser Ausscheidung der Tatbestände nicht immer und nicht überall geblieben. Um seine Einnahmen aus den Bußen zu vergrößern, trachtete der Niederrichter danach, die Zahl der vor seinem Gerichte im Wege des Ablösungsverfahrens zur Entscheidung gelangenden Fälle zu erweitern und Delikte vor sein Forum zu bringen, deren sühnerichterliche Beurteilung bisher dem Hochgerichte vorbehalten war. So erklärt es Pischek, und wie mir scheint mit Recht, daß an manchen Orten schon frühe auch die tödliche Verwundung und der Totschlag in die vor dem Niedergericht zu handhabende Sühnegerichtsbarkeit einbezogen wurde [31]). Dabei blieb man jedoch nicht stehen. In Offnungen des 15. Jahrhunderts werden häufig noch andere Hochgerichtsfälle, wie

---

[30]) U. Stutz in Ztschr. d. Sav. Stift. 25, 199 ff.

[31]) Über Totschlag wurde z. B. in Bielbenken (Burckhardt, Hofrödel 58 ff.), Istein (ibid. 112 ff.), in einzelnen Orten, wo das Kloster St. Blasien die niedere Gerichtsbarkeit besaß (Stutz a. a. O. 200) und in Beromünster (HU. 1, 227) im Niedergericht geurteilt.

Nachtschach, Heimsuchung, Notzucht usw.[32]), zur Bußgerichtsbarkeit des Niedergerichts gerechnet.

Parallel zu dieser Entwicklung ging eine andere, die den Hochrichter von der Mitwirkung bei der sühnerichterlichen Erledigung wenigstens der geringfügigeren Delikte auszuschließen suchte. So erwähnt schon das habsburgische Urbar Fälle, wo dem Hochrichter, in diesem Falle dem Gerichtsbeamten der Herrschaft Österreich, die ganze Frevelgerichtsbarkeit entzogen und er auf Dieb und Totschlag beschränkt war[33]).

Am häufigsten gelang es dem Niederrichter, die Frevelgerichtsbarkeit, soweit sie nicht zur Hochgerichtsbarkeit gehörte, an sich zu bringen, so daß dem Vogt nur die Gerichtsbarkeit über den schwersten Frevelfall, die Verwundung blieb. Beispiele aus dem 13. Jahrhundert bringt Pischek S. 61 f. bei. Es heißt da, der Abt solle Recht sprechen über alles „exceptis capitalibus sentenciis, effusione sanguinis et super fures“ oder „exceptis tribus excessibus pogentz blut, noutzogen et furtis“. Aber auch in den Offnungen des 14. und 15. Jahrhunderts kehrt diese Beschränkung des Vogtes auf den e i n e n Frevelfall, den der blutenden Wunde äußerst häufig wieder.

Zahlreiche alamannische Weistümer enthalten die Bestimmung, der Abt, Meier oder wer sonst im Dorf die niedere Gerichtsbarkeit ausübt, solle mit dem Vogte zu Gerichte sitzen; wenn es aber an Sachen gehe, „die das Blut betreffen“, dann solle der Niederrichter aufstehen, dem Vogte den Stab geben und dieser solle nun richten. Man hat bisher diese Wendungen wie „Sachen, die das Blut betreffen“, oder „wenn es an die blutige Hand geht“ usw. stets dahin aufgefaßt, daß hier von der B l u t gerichtsbarkeit des Vogtes die Rede sei[34]).

---

[32]) Vgl. oben Anm. 27. In Rotmonten wurde 1383 im Niedergericht auch über Nachtschach und Heimsuchung gerichtet (Gmür 1, 338 ff.). Die Beispiele ließen sich leicht vermehren.

[33]) HU. 1, 81 ff., 227. Vgl. Pischek 68.

[34]) F. v. Wyß, Abh. 321 Anm. 2. Heusler, Verf.-Gesch. v. Basel 44. Rietschel, Burggrafenamt 45 u. a. m. Es sei hier noch bemerkt, daß ich im folgenden stets die Hochgerichtsbarkeit von der eigentlichen Blutgerichtsbarkeit, die in jener enthalten sein konnte, unterscheide. Die Hochgerichtsbarkeit konnte auch Sühnehochgerichtsbarkeit sein. Auch die Quellen bezeichnen die letztere häufig als „hohe Gerichte“

Durch den Vorsitz des Vogtes sei in diesen Fällen das Ortsgericht zum Blutgericht geworden.

Diese Auffassung würde nun allerdings in diametralem Gegensatz zu der von Pischek vertretenen und von mir akzeptierten stehen. Die Voraussetzung, von der Pischek und ich ausgehen, ist die, daß das eigentliche Blutgericht ursprünglich durchaus vom Ortsgericht getrennt war und daß die vom Vogte im Ortsgericht ausgeübte Hochgerichtsbarkeit keinen kriminellen Charakter besaß. Wenn wir nun annehmen müßten, daß diese Trennung von Nieder- und Blutgericht gar nicht bestanden hat, daß vielmehr der Vogt von Anfang an seine Blutgerichtsbarkeit im Niedergericht ausübte, dann fiele allerdings die ganze Pischeksche Hypothese in sich zusammen.

Es ist nun von vornherein zuzugeben, daß vom 14. Jahrhundert an in einzelnen Dorfgerichten auch das Blutgericht ausgeübt wurde [35]). Aber die ältesten Nachrichten über solche Dorfblutgerichte reichen nicht über das 14. Jahrhundert hinaus [36]). Bei verschiedenen Dörfern können wir sogar nachweisen, daß in ihnen erst im 14. Jahrhundert Stock und Galgen, die Kennzeichen der Blutgerichtsbarkeit, errichtet wurden [37]). Es geht also nicht an, diese Fälle als Beispiele dafür zu anzuführen, daß der Vogt von jeher das Blutgericht im Ortsgericht ausgeübt habe.

Und dann handelt es sich bei diesen Dörfern auch stets nur um Ausnahmen. Die bei weitem überwiegende Mehrzahl

---

oder „große Gerichte". Vgl. z. B. die Offn. v. Dübendorf v. 1483/87 (Schauberg, Ztschr. 1, 98 ff.) Art. 1: Der Niederrichter hat um alles zu richten, ausgenommen die hohen Gerichte, „das ist umb tüpp und umb frefnen die das bluet anruerend". Daß hier nicht das Blutgericht gemeint ist, darüber unten.

[35]) So z. B. in den Dörfern Fluntern, Meilen (Archiv f. Schw. Gesch. 1, 122, 129), Wigoltingen (Blumer, Landgr. Thurgau 88), Mülheim (Grimm, Weist. 1, 264).

[36]) Das älteste mir bekannte Beispiel ist das Privileg Karls IV. von 1367 (Arch. f. Schw. G. 1, 122), in dem er dem Großmünster in Zürich das Recht erteilt, in den Dörfern Fluntern, Albisrieden, Rüschlikon und Rüfers Stock und Galgen zu haben und das Blutgericht auszuüben. Vgl. jedoch unten S. 111 Anm. 84.

[37]) So für die in Anm. 36 genannten Dörfer. Im Jahre 1384 erneuerte König Wenzel das Privileg seines Vorgängers und erstreckte das Blutgericht des Probstes noch auf das Dorf Meilen.

der Dörfer besaß noch im spätesten Mittelalter kein Blutgericht. Kam es zur kriminellen Bestrafung eines Verbrechers, so mußte dieser an das eigentliche Blutgericht (des Grafen oder Vogtes) ausgeliefert werden [38]).

Wenn dann aber auf der anderen Seite doch in so zahlreichen Dörfern im Ortsgerichte über Sachen gerichtet wird, die „das Blut oder die blutige Hand" antreffen, so erklärt sich das daraus, daß wir hier unter dem „Richten über das Blut" usw. nicht die Blutgerichtsbarkeit im Sinne von Richten über Leben und Tod zu verstehen haben.

Die Bedeutung jener Wendungen ist vielmehr entweder die, es solle der Vogt die Sühnegerichtsbarkeit über alle diejenigen Delikte haben, die, wenn sie kriminell bestraft würden, an Hals und Hand gingen. Es wird ihm also schlechthin die Sühnegerichtsbarkeit im Gebiete der gesamten Hochgerichtsbarkeit zugeschrieben. So heißt es z. B. in dem Habsb. Lehenverzeichnis von 1361:

Jakob und Johann von Trostberg haben von der Herrschaft Österreich empfangen den Dinghof zu Dagmersellen, der dem Kloster Einsiedeln zu eigen gehört, „und hant ôch alle frävele und uber das blut ze richten, ân daz an den Tot gât" [39]).

Hier ist ganz deutlich das Richten über das Blut von der eigentlichen Blutgerichtsbarkeit, dem Malefizgericht der späteren Quellen, geschieden. Die einzig mögliche Erklärung liegt darin, daß hier die Hochgerichtsfälle (das Richten über das Blut) den Trostbergern nur insoweit übertragen werden sollten, als sie mit Geldzahlungen abgelöst werden konnten.

Hierher gehört wohl auch jene Nachricht über die angebliche Ausübung des Blutgerichtes in den Dörfern Rümlang und Seebach, die uns G. v. Wyß überliefert hat. In einem Einkünfteverzeichnis der Fraumünsterabtei aus dem 14. Jahrhundert heißt es:

---

[38]) Bluntschli, RG. v. Zürich 1, 231. Für den Thurgau hat Paul Blumer in seiner gediegenen Arbeit über die Landgrafschaft im Thurgau den Nachweis geliefert, daß im 13. Jahrhundert der Blutgerichtsbezirk des Landgrafen im großen und ganzen noch intakt war.

[39]) HU. 2, 560 f.

„Aber hat der Herzog von Oesterreich zu Lechen von unserm Gotshus empfangen über das Blut zu richten ze Rümlang und ze Seebach." [40])

Es bestehen nicht die geringsten Anzeichen dafür, daß in diesen Dörfern je die Blutgerichtsbarkeit im Ortsgericht ausgeübt worden wäre. Wir haben vielmehr auch hier anzunehmen, daß mit den Worten „über das Blut" nur der Umfang der vom Vogte auszuübenden Sühnegerichtsbarkeit umschrieben werden wollte.

Das gleiche werden wir für die Dörfer Niederspeckbach und Niederranspach im Elsaß anzunehmen haben. Die Offnung von Niederspeckbach bestimmt in Art. 30, wenn Vogt und Probst zu Gerichte sitzen und es „an das Gericht des Blutes komme", dann solle der Probst aufstehen und der Vogt weiter richten [41]). Und in Niederranspach, wo dem Habsb. Urbar zufolge um 1300 Österreich Dieb und Frevel richtet, hat nach der Offnung von 1457 das Kloster St. Alban alle Gerichte, ausgenommen die hohen Gerichte über das Blut zu richten, die gen Landser (also Österreich) gehören [42]).

Viel häufiger aber liegt jenen Wendungen eine andere Bedeutung zugrunde.

In einer wohl noch dem 14. Jahrhundert entstammenden Offnung des Dorfes Breitenbach, wo das Kloster Beinwil begütert war, heißt es: der Abt von Beinwil solle richten um alle Sachen „on allein umb tübig und blutig hende", darüber solle der Vogt von Tierstein richten. Diese Stelle zeigt m. E. zur Evidenz, daß, wenn die Quellen von „Sachen, die an die blutige Hand gehen", reden, unter dieser blutigen Hand nicht etwa die dem Verbrecher nach durchgeführtem Kriminalverfahren abzuschlagende Hand zu verstehen ist. Sondern aus der Zusammenstellung der „diebischen" mit der „blutigen" Hand wird deutlich, daß mit der blutigen Hand die vom Blute des Verletzten gerötete Hand gemeint ist, die Hand, die Blutschuld auf sich geladen hat. Sachen, die an die blutige Hand gehen, sind

---

[40]) G. v. Wyß, Gesch. d. Abtei Zürich Urk. Nr. 439.

[41]) Die Offnung stammt aus dem 15. Jahrhundert. Abgedr. bei Burckhardt, Rödel von Dinghöfen 86 ff.

[42]) Burckhardt a. a. O. 166.

[43]) Burckhardt a. a. O. 185 ff.

im Sinne dieser Offnung nicht Delikte, die an Hals und Hand zu strafen wären, also Ungerichte schlechthin, sondern es sind diejenigen Delikte, bei deren Begehung Blut vergossen wird, also in erster Linie die blutende Verwundung (effusio sanguinis, Blutruns, Blutwunden), dann aber wohl auch noch die tödliche Verwundung und der Totschlag.

Natürlich umfaßte die Gerichtsbarkeit des Vogtes nicht nur diese Blutdelikte i. e. S., sondern erstreckte sich auch da, wo dies nicht ausdrücklich gesagt ist, wie in jener Offnung von Breitenbach, in der Regel noch auf Diebstahl. Es wird eben in der Mehrzahl der Fälle nur die untere Grenze der Vogtgerichtsbarkeit angegeben. So heißt es auch in den Quellen in der Regel nicht, der Vogt richte über Sachen, die die blutige Hand betreffen, sondern der stereotype Ausdruck ist, der Probst solle aufstehen, wenn es an die blutige Hand gehe, und den Vogt richten lassen.

In anderen Offnungen werden die Frevel, die das Blut betreffen, sehr deutlich von den übrigen Hochgerichtsfällen geschieden. So heißt es in der Offnung von Rotmonten vom Jahre 1383 in Art. 2:

„Item wenne ein portner riht, wer denn klegt umb ein fräffli, die das blut antrifft oder einen notzog usw.“ Der Maier als Inhaber der Vogtei soll richten „über das Blut, Nachtschach und den Notzog“ [44]).

Müßten wir das „Richten über das Blut“ als eine Bezeichnung der Blutgerichtsbarkeit schlechthin betrachten, so ließe sich nicht erklären, weshalb dann der Nachtschach und die Notzucht, die doch unzweifelhaft auch Blutgerichtsfälle sind, noch besonders erwähnt werden. In unserer Auffassung heißt diese Stelle nichts anderes, als der Inhaber der Vogtei solle neben der Bußengerichtsbarkeit über Nachtschach und Notzucht auch noch diejenige über jene Blutdelikte i. e. S. haben.

Als Resultat dieser Erwägungen ergibt sich uns folgendes. Wo es in den Offnungen heißt, es habe der Vogt „die hohen Gericht, das ist umb tüpp und um frefnen, die das bluet anruerend“ [45]) oder „bei Sachen, die das Blut betreffen, solle der

---

[44]) Gmür 1, 338 ff.

[45]) Dübendorf (1483/87; Schauberg, Ztschr. 1, 98 ff.).

Vogt den Stab ergreifen nud richten"[46]) oder „er solle um die hohen Frevel und Bußen richten, die die blutige Hand antreffen"[47]) oder wie die Wendungen alle lauten[48]), da soll überall damit ausgedrückt sein, es fange die Bußengerichtsbarkeit des Vogtes erst bei der höchsten Frevelart, der Zufügung einer blutenden Wunde an.

Über die event. im Hochgerichte auszuübende Blutgerichtsbarkeit des Vogtes soll damit also nichts gesagt sein[49]). Aber es bestand natürlich ursprünglich die Voraussetzung, daß, wer im Niedergericht hochgerichtliche Funktionen ausübte, auch

---

[46]) Bubendorf (15. Jahrh.?; Burckhardt a. a. O. 43).

[47]) Oberhagenthal (15. Jahrh.; ibid. 77); diese Stelle zeigt übrigens besonders deutlich, daß wir es hier nicht mit der eigentlichen Blutgerichtsbarkeit zu tun haben.

[48]) Z. B. Maur (Grimm 1, 44): Der Herr von Greifensee hat als Vogt zu richten „umb all frevin usgenommen über das Blut". Offnung von Einsiedeln, Pfäffikon, Neuheim, Erlenbach und Kaltenbrunnen (Gesch. fr. 45, 129): Des Gotteshauses sind Twing und Bann, Einung und Ursätze und alle Gerichte, ausgenommen „Tübi und freveni (spät. Zusatz: ad sanguinem)". — Offn. v. Hippetsweiler und Höhreute (UB. Fürstenberg 6, 215 ff.): Der Abt soll einen Keller einsetzen, der alle Gerichte richten soll „dann diepp und frevelen, die das bluet antreffent" die gehören dem Vogt. — Offn. v. Lörrach (Burckhardt, Dingrödel 128 ff.) Art. 27: „Und was Gebot oder Verbot die Notdurft da erheischen würde — Frevel oder blutige Hand berührend — die gebührt des Markgrafen Vogt". Die Beispiele ließen sich leicht vermehren.

[49]) Gegen dieses m. E. unumstößliche Ergebnis Pischeks hat sich Weitzel in seiner Abhandlung „Diebstahl und Frevel" gewandt und folgende Theorie aufgestellt: In Wiederaufnahme einer Behauptung von F. v. Wyß (Abh. 321) sieht er im Diebstahl in der Formel „Dieb und Frevel" gewissermaßen den Typus der mit Leibes- und Lebensstrafen bedrohten Delikte. „Wer über Diebstahl zu richten hatte, besaß auch die Gerichtsbarkeit über die übrigen zur Hochgerichtsbarkeit gehörigen Delikte" (S. 26 ff., 62 ff.). Aber auch Frevel sei (wenigstens im habsb. Urbar) als großer Frevel, der neben der Verwundung auch den trockenen Schlag und das Messerzücken umfaßt habe, zur Hochgerichtsbarkeit gehörig gewesen. Dieb und Frevel bedeute also in der Regel die gesamte Hochgerichtsbarkeit, sei sie nun wie die schwereren Fälle mit Kriminalstrafen oder wie die Frevel nur mit Geldbußen belegt gewesen. Causae maiores seien nicht nur Kriminalsachen, sondern auch Bußsachen gewesen. Diebstahl sei immer kriminell bestraft worden (abgesehen natürlich vom kleinen Diebstahl). Weitzel 29.

Verwalter des zuständigen Hochgerichtes sein mußte und man wird daher im allgemeinen annehmen dürfen, daß, wer im Ortsgericht über Dieb und Frevel oder andere Hochgerichtsfälle richtete, auch das für den betreffenden Ort zuständige Hochgericht zu verwalten hatte. Wenn wir uns also der Frage zuwenden, wer denn vom 11. Jahrhundert ab in den einzelnen Immunitäten die Hochgerichtsbarkeit ausgeübt habe, so werden wir im allgemeinen sagen können, daß, wer im Ortsgericht hochrichterliche Kompetenzen hat, auch das zugehörige Blutgericht besitzt. Übt also irgendein Klostervogt im Dorfgericht die Dieb- und Frevelgerichtsbarkeit aus, so ist a priori zu sagen, daß er auch das hier zuständige Blutgericht besessen haben muß. Dieser Satz ist aber nur bedingt richtig. Denn je mehr die Veräußerung einzelner Ortsvogteien [50]) überhand

---

Diese Einwendungen haben bereits in den bisherigen Ausführungen ihre abweisende Erledigung gefunden. Es sprechen aber noch folgende Gründe gegen die Auffassung Weitzels:

1. Die Annahme, daß der Diebstahl als Repräsentant der mit kriminellen Strafen bedrohten Verbrechen gewesen sei, ist durchaus willkürlich und schon aus dem Grunde abzuweisen, weil sowohl das Habsb. Urbar wie auch namentlich die Offnungen häufig noch andere Hochgerichtsfälle neben dem Diebstahl als in die Kompetenz des Vogtes fallend aufführen.

2. Häufig fällt der Inhaber der Dieb- und Frevelgerichtsbarkeit mit dem Inhaber der Blutgerichtsbarkeit nicht zusammen.

3. Daß auch der Diebstahl abgelöst werden konnte, sahen wir bereits oben. Hier sei noch auf die von Pischek S. 64 Anm. 2 zitierte Stelle bei Neugart 2, 148 hingewiesen, die lautet: „nisi in illis criminibus, quae judicio sanguinis puniuntur, sicut f u r t a et huiusmodi maiora ausu temerario perpetrata, q u a e t a m e n s i p o e n a p e c u n i a r i a r e d i m a n t u r, duae partes praeposito provenient, tertia cedat advocato".

4. Auch Weitzel zitiert jene Stelle bei P. Schweizer, HU. 3, 550, in der dieser sich über den Charakter des Habsb. Urbars treffend folgendermaßen ausspricht: „Überhaupt ist bei allen diesen Urbarstellen über Twing und Bann, Dieb und Frevel zu beachten, daß es sich doch eigentlich nur um die Einkünfte an Bußen handelt." Es würde dem Charakter des lediglich auf die Aufzeichnung finanzieller Einkünfte hin angelegten Urbars durchaus widersprechen, verstünde es unter dem Diebstahl die Blutgerichtsbarkeit, die als solche doch keine Einkünfte brachte.

[50]) Unter „Ortsvogtei" verstehe ich im folgenden stets die „im Niedergericht ausgeübte hochrichterliche Sühnejustiz", wobei ich mir

nahm, um so weniger deckten sich der Inhaber der im Niedergericht ausgeübten hochrichterlichen Sühnejustiz und der Inhaber der dahinterstehenden Kriminalgerichtsbarkeit. Häufig kamen auch gewaltsame Störungen vor, die Änderungen in der Ausübung der Ortsvogtei herbeiführten.

Jener Satz ist aber auch in einer anderen Hinsicht nur bedingt richtig. Übt ein Klostervogt in einem Dorfgericht die Dieb- und Frevelgerichtsbarkeit aus, so ist allerdings anzunehmen, er habe auch das dahinterstehende Blutgericht besessen. Aber, und das ist besonders zu betonen, es braucht dieses Blutgericht nicht das alte Vogtgericht zu sein, sondern es kann auch auch das G r a f e n g e r i c h t sein.

Vom 11. Jahrhundert an häufen sich die Fälle, wo die Inhaber der Grafschaften mit der Vogtei über die Kirchen betraut werden. Da erhebt sich nun die Frage: ist jene Dieb- und Frevelgerichtsbarkeit, die der gräfliche Vogt in den in seiner Grafschaft gelegenen Niedergerichten der von ihm bevogteten Gotteshäuser ausübt, aus der Grafschaft herzuleiten oder aus der Vogtei über das Gotteshaus?

Diese Frage ist natürlich nicht einfach zu beantworten, und es kann überhaupt zweifelhaft sein, ob sie sich ganz allgemein wird beantworten lassen. Wir werden aber um ihre Beantwortung nicht herumkommen. Ist es allerdings richtig, daß der Klostervogt als solcher niemals die Blutgerichtsbarkeit ausgeübt hat, dann ist er natürlich nicht berechtigt gewesen, die Dieb- und Frevelgerichtsbarkeit im Ortsgericht auszuüben. Da wir es aber fürs erste dahingestellt sein lassen müssen, ob dem so sei, so haben wir es zum mindesten wahrscheinlich zu machen, daß es der Graf und nicht der Vogt gewesen ist, der nach der Entstehung jener Dorfgerichte hier die Sühnehochgerichtsbarkeit ausübte.

Dies wird die Aufgabe der nachfolgenden Untersuchung sein. Sie wird ergeben, daß fast überall entweder

1. der Graf die Vogtei in den in seiner Grafschaft gelegenen Dorfgerichten in Person oder durch seinen Beamten ausüben läßt, oder daß

---

wohl bewußt bin, daß sich darin der Begriff der Ortsvogtei nicht erschöpfte.

2. diese Vogteien entweder vom Grafen einem Dritten geliehen oder sonst veräußert worden sind, also doch ursprünglich irgendwie mit der Grafschaft zusammenhängen, oder daß

3. einzelne dieser Vogteien beim Wechsel des Inhabers der Grafschaft von ihrem bisherigen Inhaber zurückbehalten wurden. Dies geschah dann in der Form, daß der bisherige Inhaber der Grafschaft, der natürlich die Vogtei über das betreffende Kloster usw. beibehielt, diese Ortsvogteien dem Gotteshause auftrug und sie als Lehen von ihm zurückempfing [51]).

4. Manche dieser Ortsvogteien gelangten auch durch Erbgang an Seitenlinien des Grafenhauses, die mit der Grafschaft als solcher nichts zu tun hatten.

Wenn dann unsere Untersuchung ergibt, daß in der bei weitem überwiegenden Mehrzahl der Fälle sich die Ortsvogtei in einen gewissen Zusammenhang mit der Grafengewalt des Gaues bringen läßt, in der jene Vogtei gelegen war, dann werden wir wohl sagen dürfen, daß ein genetischer Zusammenhang zwischen Ortsvogtei (im Sinne der hochrichterlichen Sühnegerichtsbarkeit) und der Grafschaft bestehe. Wenn sich dann weiter ergibt, daß wir im ganzen späteren Mittelalter auf dem Lande keinem Vogtblutgericht begegnen, dessen Ursprung nachweislich im früheren Mittelalter liegt, und dessen Kompetenz den Bezirk eines Dorfes überschreitet, dann werden wir aus der Kombination dieser beiden Tatsachen schließen können, daß das alte aus der Immunität entsprungene Vogtgericht sich nicht hat zum Hochgericht entwickeln können.

[51]) So wußte sich der Graf von Nellenburg, als gegen Ende des 11. Jahrhunderts die Grafschaft im Zürichgau an die Lenzburger überging, die Ortsvogteien in den Besitzungen der Klöster Einsiedeln und Allerheiligen zu wahren.

II. Spezieller Teil.

§ 4. Das Hochstift Basel.

Gleich wie für so viele deutsche Bischofssitze fehlt uns auch für Basel [1]) ein königliches Immunitätsprivileg. An der ursprünglichen Existenz eines solchen ist natürlich nicht zu zweifeln. Heusler [2]) hat es wahrscheinlich gemacht, daß die Erteilung der Immunität an den Bischof von Basel unter Karl dem Großen erfolgte. Der Mangel an älterem urkundlichem Material macht es uns auch unmöglich, etwas über die Entwicklung dieser Immunität in Erfahrung zu bringen. Doch dürfen wir wohl annehmen, daß spätestens im 9. Jahrhundert eine Immunitätsgerichtsbarkeit zur Ausbildung gelangt war,

---

[1]) Literatur: Ochs, Geschichte der Stadt und Landschaft Basel. Basel 1788—1822. — Heusler, Verfassungsgeschichte der Stadt Basel im Mittelalter. Basel 1860. — v. Maurer, Städteverfassung 3, 414 ff. — Boos, Geschichte der Stadt Basel im Mittelalter. Basel 1877. — Hegel, Städtewesen 84 f. — Rietschel, Burggrafenamt 44 ff. — A. Burckhardt, Die Gauverhältnisse im alten Bistum Basel, in Beitr. z. vaterl. Geschichte hrsg. v. d. hist. Ges. Basel. Bd. 11. 1882. — L. Freivogel, Die Landschaft Basel in der 2. Hälfte des 18. Jahrhunderts. 1. Teil. Berner Diss. 1893. — C. Roth, Die Auflösung der tiersteinischen Herrschaft. Basler Diss. 1906. — P. Meerwein, Die gerichtliche Fertigung im Basler Stadtrecht des 13. Jahrhunderts. Basler Diss. 1903.

Quellen: Rechtsquellen von Basel, Stadt und Land, hrsg. v. J. Schnell. 2 Bde. Basel 1856 u. 1865. — Urkundenbuch der Stadt Basel, hrsg. v. Wackernagel u. a. Basel 1890 ff. — J. Trouillat, Monuments de l'histoire de l'ancien évêché de Bâle. 1852 ff. — H. Boos, Urkundenbuch der Landschaft Basel 1881/83. 2 Bde. — L. A. Burckhardt, Die Hofrödel von Dinghöfen baselischer Gotteshäuser und anderer am Oberrhein. Basel 1860.

[2]) A. a. O. 7 ff.

mit deren Verwaltung ein oder mehrere Vögte betraut waren.

Auch wer die Inhaber der Vogtei in dieser ältesten Zeit waren, wird uns nicht mitgeteilt. So sind wir auch nicht über das ursprüngliche Verhältnis des Vogtes zum Bischof unterrichtet, können aber mit großer Wahrscheinlichkeit vermuten, daß auch hier der Vogt anfänglich ein Beamter des Bischofs gewesen ist. Erst unter dem Einflusse des Lehnrechtes ist dann das Amt des Vogtes erblich geworden. Die uns im 12. Jahrhundert entgegentretenden Vögte gehören der Familie der Grafen von Homberg an [3]), als deren erster Graf Werner in einer Urkunde von 1120 [4]) erwähnt wird. Doch haben die Grafen von Homberg wahrscheinlich schon seit viel früherer Zeit das Vogtamt bekleidet.

Aber noch im 12. Jahrhundert scheint ihnen die Vogtei über das Basler Hochstift entzogen worden zu sein. Dies geht aus einer Urkunde hervor, deren Abfassung in die Zeit des Bischofs Heinrich von Horburg (1180—1191), genauer nach 1184 anzusetzen ist [5]). Diese Urkunde regelt in der Hauptsache die Verteilung der städtischen Einkünfte zwischen Bischof und Vogt. Von allem Gewerf, das der Bischof in Basel erhebt, sind zwei Teile des Bischofs, der dritte des Vogts. Der Vogt ist Richter über Dieb und Frevel und zieht die Bußen ein, von denen er zwei Drittel an den Bischof abliefert. Von der Entfernung des bisherigen Vogtes meldet uns der Schlußpassus: es solle weder der Bischof ohne den Vogt, noch der Vogt ohne den Bischof mit dem abgesetzten Vogt Frieden schließen.

Es ist also der bisherige Inhaber der Vogtei, als welcher noch im Jahre 1184 Graf Werner von Homberg erscheint, seines Amtes entsetzt und damit die Vogtei wohl überhaupt endgültig dem Hause der Homberger entrissen worden [6]).

---

[3]) Heusler a. a. O. 43.

[4]) UB. Basel 1, 26. Vgl. ferner ibid. 1, 28, 41, 53.

[5]) Heusler a. a. O. 101 ff. Die Urkunde ist abgedruckt bei Trouillat 1, 509 ff.

[6]) Möglicherweise hat schon damals Friedrich I. auch die Vogtei über die Stadt Basel ans Reich genommen. Denn im Jahre 1190 handelt der Basler Vogt „auctoritate domini regis, cuius vice in civitate nostra presidebat“ (Trouillat 1, 420).

Doch scheint sie der Bischof den mit den Hombergern nahe verwandten Grafen von Tierstein nunmehr verliehen zu haben, wie aus einer Urkunde von 1213 [7]) hervorgeht, in der Bischof Lütolt die „pecunia a comite Rudolpho pro advocatia Basiliensi debita" zur Tilgung von Schulden bestimmt. Unter diesem Grafen Rudolf wäre dann Graf Rudolf von Tierstein zu verstehen, der in einer anderen Urkunde vom gleichen Jahre dem Bischof von Basel die ihm verliehene Vogtei Metzerlen aufgibt [8]). Neben diesem hochadligen Vogt kommt aber bereits 1202 ein Vogt aus Dienstmannengeschlecht urkundlich vor [9]), nämlich Hugo Münch, derselbe, der schon 1187 [10]) als vicedominus [11]) Basiliensis aufgeführt wird. Nach 1213 treten uns auch die Tiersteiner nicht mehr als Vögte entgegen. Die städtische Vogtei zum mindesten ließ der Bischof nunmehr nur noch von Dienstleuten der bischöflichen Kirche, namentlich aus den Geschlechtern der Münch und der Schaler verwalten.

Unter König Rudolf trat hierin jedoch eine Änderung ein. Kurz nach seinem Regierungsantritt nahm dieser die Vogtei über die Stadt Basel an sich und ernannte seinen Dienstmann Hartmann von Baldegg zum Vogt von Basel [12]). Die Basler Vogtei ward so zur Reichsvogtei. Als Nachfolger des Ritters von Baldegg werden genannt Herr Otto von Röteln, die Ritter Konrad und Werner Schaler, Konrad und Burkhardt Münch und Herzog Leopold von Österreich, die alle die Vogtei unmittelbar vom Könige empfingen [13]). Als nach der Schlacht von Sempach 1386 die Vogtei durch den Tod Herzog Leopolds dem Reiche ledig geworden war, gelang es der Stadt Basel, König Wenzel zu bewegen, den Rat mit der Vogtei zu belehnen [14]).

---

[7]) Trouillat 1, 463.

[8]) Ibid. 462.

[9]) UB. Basel 1, 71.

[10]) Ibid. 3, Nachtr. 12.

[11]) So sollte es natürlich heißen, statt des hier sinnlosen „vicecomes". Eine Urkunde von 1184 (UB. Basel 1 Nr. 53) erwähnt einen Hugo vicedominus, der wohl mit diesem Hugo Münch identisch ist.

[12]) Heusler a. a. O. 157. Vgl. jedoch oben Anm. 6.

[13]) Heusler 199.

[14]) Ibid. 281.

Über den Umfang der vom Vogt[15]) ausgeübten Gerichtsbarkeit wissen wir, wie gesagt, für die frühere Zeit nichts. Doch dürfen wir wohl mit Recht vermuten, daß auch seine Gerichtsbarkeit sich ursprünglich nur auf die causae minores erstreckte. In räumlicher Beziehung umfaßte sie alle zur Basler Immunität gehörigen Güter. Da wir auch in späterer Zeit nirgends einer zusammenhängenden Großgrundherrschaft des Bischofs von Basel begegnen[16]), dürfen wir wohl annehmen, daß auch in früherer Zeit (von den Anfängen des Hochstifts Basel bis ins 12. Jahrhundert) jeweilen nur einzelne Höfe und Güter, nicht aber ganze Dörfer oder Gruppen von Dörfern zur Basler Grundherrschaft gehörten. Die Immunität umfaßte somit anfänglich nicht einen zusammenhängenden Bezirk, wäre es auch nur das Gebiet eines Dorfes, sondern beschränkte sich auf einzelne Höfe und Güter innerhalb der Dörfer. Das Vogtgericht war daher nicht für das ganze Dorf zuständig, sondern nur für die hier gelegenen Immunitätsgüter. Dafür erschöpfte sich aber auch die Zuständigkeit des Vogtgerichtes nicht in der Gerichtsbarkeit über die Immunitätsgüter dieses einen Dorfes, sondern es pflegten jeweilen die Immunitätsgerichtsangelegenheiten einer Gruppe von Dörfern vor einem gemeinsamen Vogtgerichte erledigt zu werden, wie wir dies bei Allerheiligen und Reichenau deutlich sahen.

Im Verlaufe des 11. und 12. Jahrhunderts wird nun auch im Gebiete der Basler Immunität jene Umwälzung in der Gerichtsverfassung vor sich gegangen sein, die ich oben als die Entstehung der Ortsvogteien charakterisiert habe. Ohne das dort Gesagte zu wiederholen, möchte ich nur in Kürze darauf hinweisen, wie das Wesen dieser Entwicklung darin bestand, daß sich die Ortsniederlassungen zum räumlichen Substrat neuer Niedergerichtsbarkeiten herausbildeten, mit deren Ausübung in den Gebieten kirchlicher Grundherrschaften Beamte der Kirche (des Bischofs oder Klosters) betraut erscheinen.

[15]) Oder von einer Mehrzahl von Vögten; denn Basel wird wohl auch für die in verschiedenen Grafschaften gelegenen Besitzungen verschiedene Vögte gehabt haben, über denen der mit der Vertretung des Bischofs betraute Obervogt stand.

[16]) Schmidlin, Ursprung der habsb. Rechte im Elsaß 9 f. Siehe auch daselbst S. 10 Anm. 2.

Wir sehen sodann, wie es diese Ortsniedergerichte verstanden haben, hochgerichtliche Fälle im Wege des Sühnegerichtsverfahrens vor ihr Forum zu ziehen und wie dann die Inhaber der Hochgerichtsbarkeit sich genötigt sahen, am Niedergericht teilzunehmen, wenn sie nicht ihren Bußenanteil an den hochgerichtlichen Fällen verlieren wollten.

Es erhebt sich nun die Frage: wie ist im Gebiete der baslerischen Immunität diese Entwicklung vor sich gegangen? Hat der bischöfliche Vogt als Immunitätsrichter die hohe Gerichtsbarkeit besessen, so müßte er berufen erscheinen, in denjenigen Ortschaften, in denen der bischöfliche Ortsbeamte das Gericht verwaltet, den Vorsitz bei allen schwereren Bußsachen zu führen. Hat er sie nicht besessen, so wird diese Funktion dem Grafen des betreffenden Gaues zugefallen sein. Finden wir somit den Grafen mit der Ausübung der Hochgerichtsbarkeit betraut, so wird dieser Umstand den Schluß zulassen, daß der Vogt eben keine Hochgerichtsbarkeit in seinem alten Immunitätsgericht besessen hat.

Es mag hier gleich von vornherein auf einen Umstand hingewiesen werden, der m. E. schlagend zeigt, daß dem bischöflichen Vogt wenigstens auf dem Lande keinerlei Hochgerichtsbarkeit zugestanden hat. Die Vogtei, deren Geschichte wir oben skizziert haben, bezieht sich, wenigstens vom Ende des 12. Jahrhunderts an, nur auf die Stadt Basel selbst. Schon jene Urkunde aus der Zeit Bischofs Heinrich von Horburg regelt nur die Vogteiverhältnisse in der Stadt. Der Vogt selber wird von 1180 an nur noch „maior civitatis advocatus" genannt[17]). Als solcher wird er ausdrücklich von der Verfügung über die außerstädtischen Vogteien ausgeschlossen. Auch das sogenannte Dienstmannenrecht von ca. 1260 handelt nur von der städtischen Vogtei, und daß auch die Vogtei, wie sie von den bischöflichen Ministerialen und später vom Reichsvogt ausgeübt wird, sich nur auf die Stadt und ihr engeres Gebiet bezog, geht aus den Urkunden unzweideutig hervor. So ist es auch nur die Vogtei über die Stadt, die 1386 an den Rat der Stadt Basel überging.

---

[17]) Rietschel, Burggrafenamt 50 Anm. 2.

Man könnte dies so erklären, daß eben im Laufe des 12. Jahrhunderts eine Trennung der Stadtvogtei von der Vogtei über die ländlichen Besitzungen vorgenommen und nur noch jene vom Kastvogt verwaltet worden wäre. Mir scheint folgende Erklärung einfacher und wahrscheinlicher zu sein:

Da die Ortsgerichte des Bischofs die gesamte Niedergerichtsbarkeit in den zur Immunität gehörigen Ortschaften an sich zogen, gelangte nur noch eine äußerst geringe Zahl von Prozessen vor das ebenfalls auf die Niedergerichtsbarkeit beschränkt gewesene Immunitätsgericht des Vogtes, und da diese wenigen Fälle wohl kaum etwas abwarfen, stellte der Vogt seine Gerichtsbarkeit überhaupt ein: die Immunitätsgerichtsbarkeit kam in desuetudo. Anders in der Stadt. Denn hier ging aus Gründen, die wir später erwähnen werden, die Gerichtsbarkeit des Vogtes von vornherein über die Niedergerichtsbarkeit hinaus. So scheint mir der Umstand, daß vom 12. Jahrhundert ab die Basler Vogtei nur noch Stadtvogtei ist, sich daraus zu erklären, daß auf dem Lande (anders als in der Stadt) die alte, aus der Immunität stammende Vogteigerichtsbarkeit verschwunden ist. Den Grund hierfür sehe ich in der verdrängenden Konkurrenz der bischöflichen Niedergerichte Gänzlich verschwinden aber konnte das alte Vogtgericht nur, wenn es keinerlei hochgerichtliche Kompetenzen besaß.

Schon aus dieser Schlußfolgerung ergibt sich mit großer Wahrscheinlichkeit, daß der Vogt als Immunitätsrichter auf dem Lande nur die niedere Gerichtsbarkeit besessen hat. Es wird aber auch eine nähere Prüfung der Gerichtsverhältnisse in den einzelnen Ortschaften, in denen der Bischof von Basel begütert war, zeigen, daß hier überall, soweit es sich an Hand des vorhandenen Urkundenmaterials noch feststellen läßt, der Inhaber der Grafschaft oder sein Rechtsnachfolger die Sühnehochgerichtsbarkeit im Ortsgerichte ausübte.

Wir nehmen dabei eine Scheidung nach den Grafschaften vor, in denen die einzelnen Besitzungen gelegen sind und beginnen mit dem

1. Sundgau.

Hier war die Basler Kirche wohl seit alters reich begütert. Namentlich besaß sie in der nachmaligen Herrschaft Landser eine Reihe von Dinghöfen, nämlich in den Dörfern Hüningen, Hegenheim, Kembs, Sierenz, Kötzingen, Eschentzwiler, Zimmersheim und Bartenheim. Hier überall übte auch im 14. und 15. Jahrhundert der bischöfliche Meier die auf Twing und Bann beruhende Niedergerichtsbarkeit aus [18]).

Was nun aber die Hochgerichtsbarkeit betrifft, so müßte man doch, falls sie auf der Immunität beruhte, annehmen, daß sie vom Basler Vogt ausgeübt worden wäre. Dem ist aber nicht so. In den Dörfern Kembs, Sierenz, Kötzingen, Eschentzwiler und Zimmersheim übt dem habsburgischen Urbar zufolge Habsburg-Österreich die Dieb- und Frevelgerichtsbarkeit aus [19]). Habsburg-Österreich hat aber die Vogtei über Basel nie besessen, wohl aber war es von jeher im Besitze der Landgrafschaft im Oberelsaß, und so ist es naheliegend, jene Dieb- und Frevelgerichtsbarkeit mit der Landgrafschaft in Verbindung zu bringen und von ihr abzuleiten.

Auch in Hüningen stand Habsburg-Österreich das hohe Gericht zu, wie aus den Gachnangschen Lehensbriefen hervorgeht [20]). In Bartenheim gehörte im 14. Jahrhundert den Habsburgern das in 2 Meiertümer geteilte Dorf mit Twing und Bann, großen und kleinen Gerichten [21]). Einzig für Hegenheim liegen die Verhältnisse nicht ganz klar. Ein „Bärenfelsischer Lehensbrief" bezeichnet die hohen Gerichte zu Hegenheim als vom Bischof herrührend [22]). Doch scheint es sich hier um eine Urkunde des 15. Jahrhunderts zu handeln, die für Verhältnisse des 12. bis 14. Jahrhunderts nicht unbedingt maßgebend sein

---

[18]) Vgl. Burckhardt, Dinghöfe 65, 96, 195. Schmidlin a. a. O. 12 ff.

[19]) HU. I 8, 26, 27, 28; in den Dörfern Kembs und Sierenz wurde die Dieb- und Frevelgerichtsbarkeit dann allerdings in der ersten Hälfte des 14. Jahrhunderts den Österreichern vom Bischof streitig gemacht. Ein Schiedsspruch von 1354 bestätigte dessen Ansprüche (Trouillat 4, 76 ff.).

[20]) Zit. bei Schmidlin a. a. O. 24 Anm. 2: „Das Dorf Hun .... und die hohen Gericht, so zu dem ob. gen. Dorf gehören."

[21]) Schmidlin a. a. O. 23 Anm. 4. Es handelt sich allerdings nicht um Habsburg-Österreich, sondern um die jüngere Linie H.-Laufenburg. Es ist aber wohl anzunehmen, daß diese durch Erbgang in den Besitz des Dorfes und der dazu gehörigen Gerichtsbarkeit gelangt ist, letztere also auch ursprünglich aus der Grafschaft stammte.

[22]) Schmidlin 23 Anm. 1.

kann. Zudem spricht die Ausübung der Hochgerichtsbarkeit durch den Bischof bzw. seinen Hofbeamten gegen einen Ursprung dieser Hochgerichtsbarkeit aus der Vogtgerichtsbarkeit. Auch Habsburg-Österreich besaß Rechte in Hegenheim, das zugleich als bischöfliches und landserisches, also habsburgisches Lehen aufgeführt wird [23].

Schwieriger gestaltet sich die Untersuchung bezüglich der nicht in der österreichischen Herrschaft Landser gelegenen sundgauischen Besitzungen Basel. In der Grafschaft Pfirt hatte Basel ursprünglich nur einen einzigen Dinghof, den zu Niederspeckbach [24]. Wir besitzen für ihn eine Offnung aus dem 15. Jahrhundert [25]. Die niedere Gerichtsbarkeit übt darnach der Meier bzw. der Probst aus, kommt es aber an das Gericht des Blutes, dann soll der Probst aufstehen und dem Vogt gebieten, daß er recht Gericht halte. Im 13. Jahrhundert befand sich die Vogtei über Nieder-Speckbach in den Händen der Grafen von Pfirt. 1271 verkauft Graf Ulrich von Pfirt die Herrschaft Pfirt, zu der u. a. das Dorf Speckbach gehört, „cum hominibus, advocationibus, villicationibus ... districtu, honore, jurisdictione" an den Bischof von Basel [26]. Wir werden aber auch in den Grafen von Pfirt keine eigentlichen Kirchenvögte erblicken und die Vogtei über Speckbach nicht aus der Kirchenvogtei ableiten dürfen. Speckbach und seine Vogtei gehörten zur Herrschaft oder, wie sie auch genannt wird, zur Grafschaft Pfirt. Diese aber war ursprünglich ein Bestandteil der alten Grafschaft im Oberelsaß und ist möglicherweise durch Erbgang [27] oder durch königliche Exemtion an die (Grafen v. Mömpelgard und von diesen an die) Grafen von Pfirt gelangt. Auf alle Fälle ist das von den Grafen

---

[23]) Ibid. 22 Anm. 4.

[24]) Die Höfe in Hagenthal und Wolfswiler, für die wir ebenfalls baslerische Offnungen besitzen, sind erst Erwerbungen des 13. Jahrhunderts. Hagenthal gehört noch 1236 den Grafen v. Pfirt (Trouillat 2, 716) und Wolfswiler ging 1233 von diesen an den Bischof über.

[25]) Burckhardt a. a. O. 86 ff.

[26]) Trouillat 2 Nr. 156.

[27]) In der älteren Literatur wird allgemein eine gemeinsame Abkunft für die Pfirter und Habsburger angenommen (vgl. Herrgott Geneal. Habsb. 1, 59). Schmidlin 79 Anm. 3.

von Pfirt im Bereich ihrer Grafschaft ausgeübte Hochgericht [28]) seinem Ursprunge nach nicht auf die Immunität, sondern auf die alte Gaugrafschaft zurückzuführen, und so stammt auch die Vogtei der Grafen von Pfirt über Speckbach nicht aus der Kirchenvogtei, sondern aus der Grafschaft.

Ferner besaß der Bischof von Basel auch in der näheren Umgebung der Stadt in der sog. Vogtei im Leimenthal Besitzungen. Diese Vogtei im Leimenthal fällt wohl räumlich zusammen mit dem Dekanat Leimenthal, dessen Grenzen aus Trouillat [29]) erhellen. Im Osten bildete die Birs die Grenze nach dem Sissgau, im Norden reichte die Vogtei bis Basel, im Westen stieß sie an die österreichische Herrschaft Landser und die Grafschaft Pfirt, im Süden an den Buchsgau. Auch diese Vogtei im Leimenthal war ein ursprünglicher Bestandteil der Grafschaft im Oberelsaß und wurde noch im Anfange des 14. Jahrhundert zu dieser gerechnet. Das habsburgische Urbar betont ausdrücklich, daß die Landgrafschaft im Oberelsaß an der Birs anfange [30]).

Aber diese Landgrafschaft hat hier früh große Einbuße an ihren Rechtsamen erlitten. Vom Landgericht abgesehen hat jedenfalls der Landgraf im 13. und 14. Jahrhundert keine nennenswerten Rechte hier ausgeübt. Neben ihn sind mehrere Grundherren getreten, als deren wichtigster vom 13. Jahrhun-

---

[28]) Es ist sehr fraglich, ob die Grafen von Pfirt ein dem Grafschaftsgericht entsprechendes, für ihre ganze Herrschaft zuständiges Blutgericht besessen haben, oder ob sie nicht vielmehr ursprünglich nur im Besitze einzelner Dorfvogteien ohne Blutgericht gewesen sind und letzteres erst dazu trat, als die Grafschaft Pfirt wieder mit dem übrigen Sundgau vereinigt wurde.

[29]) Vgl. die Karte in Band 5. Man vermißt hier schmerzlich eine eingehende Darstellung der Gauverhältnisse, wie sie z. B. Burckhardt für den Sissgau gegeben hat.

[30]) HU. 1, 35. — Auch ein elsässisches Landgericht wird im Leimenthal am Fuß des Blauen abgehalten. Am 7. XII. 1334 verkaufen die Brüder Walther und Burckhardt von Horburg an Graf Ulrich von Württemberg u. a. „das Landgericht im Leimenthal am Fuß des Blauen". Trouillat. 3, 763. Schöpflin, Alsat. diplom. II, 132. Vgl. Schmidlin 72 Anm. 5. Mit dieser ursprünglichen Ausdehnung der Grafschaft im Oberelsaß hängen auch die Streitigkeiten zusammen, die Österreich im 16. Jahrhundert mit den Baslern des elsässischen Landgerichts wegen hatte. Heusler 308. Schmidlin 87.

dert an der Bischof von Basel erscheint. Er besaß die Herrschaft in den der Stadt Basel südlich vorgelagerten Dörfern Binningen [31]), Allschwyl, Reinach und Oberwyl [32]), er war Lehnsherr der tiersteinischen Herrschaft Pfäffingen, zu der die Dörfer Aesch und Pfäffingen gehörten [33]), und der ramsteinischen Herrschaften Zwingen und Gilgenberg [34]). Hier überall übte, wenigstens zu Ausgang des Mittelalters, der Bischof bzw. seine Lehnsträger die hohe Gerichtsbarkeit aus.

Was für einen Ursprung diese dem Bischof zustehende hohe Gerichtsbarkeit gehabt habe, läßt sich heute nicht mehr mit Gewißheit feststellen. Unmöglich wäre es nicht, daß sie aus der Immunität abzuleiten wäre. Dann erhebt sich aber die Frage, warum gerade hier [35]) und nicht in den mindestens

---

[31]) Urk. von 1384 VII. 11. (Boos, UB. der Landschaft Basel 2, Nr. 456; Trouillat 4, Nr. 211 mit dem falschen Datum 18. VII.): Der Bischof von Basel bestätigt dem Werner Eriman, Bürger von Basel, die Verpfändung des Dorfes zu Binningen „mit Twingen, Bännen, Begriffen, Nutzen usw.“

[32]) Am 15. 3. 1375 verpfändet Bischof Johannes von Basel den Rittern von Ramstein mit der Feste Birsegg u. a. die Dörfer Allschwyl, Reinach und Oberwyl mit Leuten, Gütern, Twingen und Bännen . . . . und mit den Gerichten, Rechten und Nutzen, die dazu gehören (Boos, UB. 2, Nr. 420). Über Reinach vergleiche auch die Urkunde v. 1438 XII. 30. (ibid. Nr. 698), in der der Bischof von Basel darüber Kundschaft einziehen will, daß die hohen Gerichte, Zwinge und Bänne usw. im Dorfe R. dem Bischof und nicht dem Grafen von Tierstein als Herrn von Pfäffingen gehören.

[33]) Roth, Auflösung der tiersteinischen Herrschaft 12.

[34]) Urk. v. 1371 VIII. 4 (Trouillat 4, Nr. 137): Rutschmann, Freiherr zu Zwingen und Gilgenberg (Ramstein) bekennt, als rechte Mannlehen von dem Stift Basel empfangen zu haben: Burg und Dorf Zwingen mit Zwing und Bann sowie hohen und niederen Gerichten, die Herrschaft Gilgenberg, bestehend aus der Burg und den Dörfern Meltingen, Zullwil und Nunningen mit Zwing und Bann, hohen und niederen Gerichten. — Als erster der Ramsteiner nennt sich Freiherr Thüring im Jahre 1312 Herr zu Zwingen und im Jahre 1315 Herr zu Gilgenberg. Gen. Hd. Buch 1, 336.

[35]) Die ältesten Nachrichten besitzen wir über Binningen und Oberwyl. Bei der Stiftung des Klosters St. Alban um 1100 stattete es der Bischof von Basel u. a. mit Gütern in Oberwyl und Binningen aus (Boos, UB. 1, Nr. 15). In Allschwyl wird 1268 ein Basler Hof erwähnt (Boos, UB. 1, Nr. 96). Die ersten Nachrichten über die übrigen Ortschaften entstammen alle erst dem 14. oder gar 15. Jahrhundert.

ebenso alten und dem Bischofssitze nicht viel entfernter gelegenen Besitzungen in der Herrschaft Landser die Immunität zur Hochgerichtsbarkeit gesteigert wurde. Es hat vielmehr den Anschein, als ob die Ausübung der hohen Gerichtsbarkeit seitens des Bischofs oder seiner Lehnsträger auf einem Erwerb[36]) der hohen Vogtei, wenn nicht gar auf Usurpation beruhte[37]).

2. Sissgau.

Verhältnismäßig einfach liegen die Dinge im Sissgau. Im 11. Jahrhundert gelangte nämlich der Bischof von Basel selbst in den Besitz der Grafschaft über den Gau und somit in den Besitz der Hochgerichtsbarkeit in diesem Bezirk[38]). Er verlieh aber das Grafenamt an die Grafen von Homberg, die wir bereits als Basler Vögte angetroffen haben[39]).. Nach dem Aussterben der alten Grafen von Homberg (um 1223) gelangte die Grafschaft im Sissgau als baslerisches Lehen an die ihnen verwandte Linie der Grafen von Homberg aus dem Hause Froburg. Etwa 100 Jahre lang herrschte dieses Haus im Sissgau, bis es mit Graf Werner (1323) erlosch. In die Landgrafschaft sukzedierten nun die Häuser Habsburg-Laufenburg und Froburg zur gesamten Hand. Am 11. März wird auch Sigmund

---

[36]) Beispiele für den Erwerb der Vogtei über eine Ortschaft bieten für unser Gebiet Wolswiler und Hagental (s. Anm. 24), sowie die Stadt Lauffen und Oltingen, die ursprünglich st. blasianischer Besitz waren.

[37]) Fälle solcher Usurpation boten uns oben die Dörfer Kembs und Sierenz (Anm. 19). Für eine Usurpation sprechen die noch im 15. Jahrhundert geltend gemachten Ansprüche Österreichs auf einen Geltungsbereich des oberelsässischen Landgerichtes bis zur Birs (Schmidlin a. a. O. 87).

[38]) Im Jahre 1041 verlieh Heinrich III. der Kirche zu Basel „quendam nostrae proprietatis comitatum Augusta vocatum in pago Ougestowe et Sisgowe situm“. Es handelt sich hier zwar offenbar nur um die Verleihung eines als Zubehör der Grafschaft dienenden, im Augst- bzw. im Sissgau gelegenen Amtsgutes (Brunner RG. 2, 168 f.) Namens Augusta (heute Augst), doch geht aus späteren Quellen hervor, daß der Bischof von Basel auch in den Besitz der ganzen Grafschaft gelangt sein muß.

[39]) Über das folgende vgl. Burckhardt, Gauverhältnisse 19 ff. und 29 ff.

von Tierstein in den Froburgschen Anteil aufgenommen. Der Sissgau besaß nun 3 Landgrafen, den Grafen Rudolf von Habsburg-Laufenburg für den habsburgischen und die Grafen Johann von Froburg und Sigmund von Tierstein für den froburgischen Teil. Mit Johann von Froburg starb 1366 das Geschlecht der Froburger aus, so daß der ganze froburgische Anteil für Sigmund von Tierstein frei wurde.

Von den Ansprüchen der Familie Habsburg-Laufenburg ist nie mehr die Rede; wahrscheinlich hatte der allzeit tiefverschuldete Graf dieselben an Tierstein verpfänden oder verkaufen müssen. Am 15. Oktober 1392 wird Hermann von Tierstein als der alleinige Inhaber der Landgrafschaft im bischöflichen Edellehenbuche angeführt.

Auf die Tiersteiner folgen die Grafen von Falkenstein, bis im Jahre 1461 die Landgrafschaft durch Kauf an die Stadt Basel überging. Die Oberlehnsherrlichkeiten des Bischofs aber dauerte noch bis 1581.

Was den Umfang dieser Grafschaft betrifft [40]), so bildete im Westen die Birs ihre Grenze. Im Süden ward sie von den Höhen des Passwang und des Belchen begrenzt. Die Ostgrenze folgte der heutigen Basler Kantonsgrenze bis in die Gegend von Wegenstetten und führte dann nördlich in den Rhein, der bis zur Birsmündung die Nordgrenze bildete. Schon frühe jedoch wurde die Grafschaft Rheinfelden, östlich von Baselaugst, als selbständiges Gebilde von der Landgrafschaft abgetrennt [41]).

Der bischöfliche Grundbesitz war aber im Sissgau lange nicht so bedeutend, wie etwa der im Sundgau. Dem umfassenden Besitz an öffentlicher Gerichtsbarkeit entsprach die Ausdehnung der bischöflichen Grundherrschaft in keiner Weise. Am frühesten werden uns Güter in Möhlin und Körbeln (bei Rheinfelden) erwähnt [42]). Ob Basel auch später noch hier Besitzungen hatte, geht aus den Quellen nicht hervor. Auf

---

[40]) Eine Grenzbeschreibung vom Jahre 1363 siehe bei Burckhardt a. a. O. 20.

[41]) Burckhardt 22.

[42]) Urk. v. 1048 (Trouillat 1, 179): Kaiser Heinrich III. bestätigt der Kirche von Basel u. a. Güter „in pago Sysgowe in villis Melin et Gurbelin".

alle Fälle stand hier weder dem Bischof noch seinem Vogt irgendwelche Gerichtsbarkeit zu. Der Inhaber der Herrschaft Rheinfelden übte hier hohe wie niedere Gerichtsbarkeit aus.

Im späteren Mittelalter besaß der Bischof in Bubendorf einen Dinghof[43]), der wohl ebenfalls alter Basler Besitz war. Er gehörte als Pertinenz zu Schloß und Herrschaft Waldenburg[44]), deren Ursprung aus der Grafschaft unzweifelhaft ist, und wurde 1400 mit der ganzen Herrschaft Waldenburg vom Bischof an die Stadt Basel veräußert. Die Veräußerung umfaßte auch die Gerichte „große und kleine". Daß darunter aber nicht das Blutgericht zu verstehen ist, geht daraus hervor, daß erst 1416 Landgraf Otto von Tierstein seine landgräflichen Rechte im Amte Waldenburg, darunter die „hohen Gerichte" an die Stadt Basel abtritt[45]). Es ist also auch Bubendorf nie aus dem Grafschaftsverbande ausgeschieden gewesen.

Anderer sissgauischer Besitz des Bischofs von Basel ist uns wenigstens bis zum 15. Jahrhundert nicht überliefert.

3. Breisgau.

Wir kommen nunmehr zu den wichtigen Besitzungen, die der Basler Bischof im Breisgau hatte, die aber durchwegs erst verhältnismäßig spät erworben worden sind, zu einem Zeitpunkt, als die alte Immunität nicht mehr wirksam war. Die Gerichtsverhältnisse, die wir später hier vorfinden, sind also bereits zu einer Zeit zur Ausbildung gelangt, wo der Bischof von Basel hier noch nicht Grundherr war. Es ist dennoch nicht ohne Interesse, zu untersuchen, wie sich hier die Verteilung der Kompetenzen gestaltet und welchen Ursprung hier die im Ortsgericht ausgeübte Hochgerichtsbarkeit gehabt hat.

Die „curtis de Istein" gelangte zwischen 1048 und 1139 an die Domkirche zu Basel[46]). Sie gehörte also nicht zum alten Immunitätsgut des Stiftes. Im 14. Jahrhundert erscheint

---

[43]) Offnung bei Burckhardt, Hofrödel 43 ff.

[44]) Über die Herrschaft Waldenburg und ihre Schicksale vgl. Burckhardt, Gauverhältnisse 25 ff.

[45]) Ibid. 24. Boos, UB. 2, Nr. 596.

[46]) ZGOR. 2, 19, 328.

der Markgraf von Hachberg-Saussenberg, also der Inhaber der Grafschaft im südlichen Breisgau im Besitze der Vogtei über Istein [47]). Nach einer Offnung aus der 2. Hälfte des 14. Jahrhunderts [48]) richtet er dort über Dieb und Frevel und Totschlag; die niedere Gerichtsbarkeit steht dem Probst zu.

Das nahe bei Istein gelegene Dorf Huttingen erwarb der Bischof von Basel erst 1365 und zwar mit Zwing und Bann, großen und kleinen Gerichten vom Markgrafen von Hachberg [49]). Der hier gelegene Dinghof gehörte nicht Basel, sondern dem Isteiner Nonnenkloster.

Auch in Schliengen, Mauchen und Steinerstatt [50]) wird kein Basler Grundbesitz erwähnt. Wenn daher im Laufe des 14. Jahrhunderts der Bischof von Basel als Oberlehnsherr dieser Dörfer (mit samt der hohen Gerichtsbarkeit erscheint [51]), so werden wir annehmen dürfen, diese Gerichtsbarkeit beruhe nicht auf der Immunität, sondern sei verhältnismäßig später Erwerb.

Einen Dinghof besaß die Basler Kirche in Auggen. Doch stand hier die gesamte Gerichtsbarkeit dem Markgrafen von Hachberg, also dem Inhaber der Landgrafschaft, zu [52]).

---

47) ZGOR. 19, 329. Die dort ausgesprochene Vermutung, die Vogtei habe ursprünglich den Herren von Röteln zugestanden und sei von diesen durch Erbgang 1315 an die Markgrafen von Hachberg-Sausenberg übergegangen, läßt sich urkundlich nicht belegen.

48) Ibid. 331.

49) Ibid. 215, 122.

50) Ibid. 15, 225, 253, 255, 469.

51) Ein Basler Lehensbuch aus dem 15. Jahrhundert (Trouillat 3, Nr. 11) führt als Lehen der Herren von Uesenberg auf: die Dörfer Schliengen, Mauchen und Steinerstatt mit Twingen, Bännen . . . . hohen und niederen Gerichten. Zu Ende des 14. Jahrhunderts entstanden Streitigkeiten über die hohe Gerichtsbarkeit im Dorfe Schliengen zwischen dem Markgrafen von Hachberg-Sausenberg und dem Inhaber des Dorfes. Es werden Zeugen einvernommen, die aussagen, daß innerhalb des Dorfetters der Schultheiss oder Vogt berechtigt sei, Strafen an Hals und Hand auszusprechen, daß aber der Verurteilte dem Landgrafen zur Urteilsvollstreckung auszuliefern sei. ZGOR. 17, 466 ff.

52) Urk. v. 1423 XII. 7. (ZGOR. 17, 483): Junker Eberhard von Neuenfels sagt aus, daß er Zwing und Bann und die hohen Gerichte zu A. von dem Markgrafen zu Lehen trage.

In Haslach, Bellingen [53]), Oeffingen [54]), Müllheim, Bickensol [55]), Heltinchen und Kirchen [56]), wo Urkunden des 11. und 12. Jahrhunderts Güter und Höfe der Bischofskirche erwähnen, steht später dem Bischof von Basel oder seinem Vogt keinerlei Gerichtsbarkeit zu.

Nachdem wir so die Gerichtsverhältnisse in den Landgemeinden, in denen der Bischof von Basel begütert war, besprochen haben, wenden wir uns der Stadt Basel selber zu.

Rietschel [57]) rechnet Basel zu den sog. Römerstädten, d. h. zu denjenigen Städten auf deutschem Gebiet, in denen sich städtisches Leben aus der Römerzeit ins Mittelalter hinübergerettet hatte. Es scheinen mir jedoch mehrere Umstände eher darauf hinzudeuten, als hätten wir es auch bei Basel nicht mit einer Römerstadt im Sinne Rietschels zu tun, sondern mit einer Gründungsstadt. Dafür spricht einmal die verhältnismäßig späte Erwähnung der Stadt: 1103 tritt sie uns zum erstenmal in den Urkunden entgegen [58]). Bis dahin wird sie in keiner Urkunde, keiner historiographischen oder sonstigen Quelle genannt, eine Tatsache, die auffallen müßte, wenn die Stadt schon im früheren Mittelalter bestanden und eine gewisse Bedeutung gewonnen hätte.

Sodann spricht auch gegen die Rietschelsche Auffassung jener im Stadtrecht von 1260 erwähnte, von allen Hofstellen zu entrichtende „Martinszins" in der Höhe von 4 Pfennigen für die ganze und 2 Pfennigen für die halbe Hofstatt [59]). Mit Heusler [60]) sehe ich in diesem Zins einen Grundzins und nicht, wie Rietschel [61]) will, eine Grundsteuer.

So möchte ich annehmen, daß die Stadt Basel, ähnlich wie

---

[53]) Urk. v. 1005 VII. 14. (Trouillat 1, Nr. 90).
[54]) Urk. v. 1005 VII. 15. (Trouillat 1, Nr. 91).
[55]) Urk. v. 1048 VI. 1. (Trouillat 1, Nr. 117).
[56]) Urk. v. 1139 IV. 14. (Trouillat 1, Nr. 182).
[57]) Burggrafenamt 61.
[58]) Trouillat 1, 214 ff. Die Stadt war etwas älter, da ihre Ummauerung, wie aus dieser Urkunde hervorgeht, um 1080 erfolgte. Vgl. Rietschel, Burggrafenamt 66 Anm. 1.
[59]) Abgedr. bei Keutgen, Urkunden 113 ff. Art. 15.
[60]) A. a. O. 47 ff.
[61]) Markt und Stadt 134 f. Burggrafenamt 61. Ebenso P. Meerwein, a. a. O. 3 ff.

vermutlich auch die Bischofsstädte Konstanz, Speier und Worms [62]) ihre Entstehung einem Gründungsakt des Bischofs verdankt, dessen Datum wir wohl in das 11. oder frühestens in das 10. Jahrhundert zu verlegen haben. Neben der alten Königspfalz, auf der der Bischof seinen Sitz aufgeschlagen hatte, legte dieser (auf Grund eines königlichen Marktprivilegs) einen Markt an und tat das umliegende Land als Hofstätten gegen den geringfügigen Zins von 4 Pfennigen an Ansiedler aus. Die Ummauerung und Eximierung von den niederen Gerichten des Landes machten diesen Marktflecken später zur Stadt. Diese Entwicklung ist zu Ende des 11. Jahrhunderts abgeschlossen gewesen [63]).

Als Inhaber der niederen Gerichtsbarkeit erscheint bereits zu Ende des 12. Jahrhunderts der Bischof bzw. dessen Beamter, der Schultheiß. Der Vogt ist Richter über Dieb und Frevel und zieht die Bußen ein, von denen er $^2/_3$ an den Bischof abliefert. Es erscheint hier also der Vogt durchaus auf denjenigen Teil der Sühnegerichtsbarkeit beschränkt, der auch sonst dem Hochrichter zuzufallen pflegte. Bei der wohl verhältnismäßig jungen Gründung ist nicht anzunehmen, daß anfänglich der Vogt auch die niedere Gerichtsbarkeit in der Stadt ausgeübt habe und dann durch den bischöflichen Niederrichter verdrängt worden sei. Der Schultheiß wird vielmehr von Anfang an die Niedergerichtsbarkeit im Gebiete der Stadt ausgeübt haben.

Weitere Nachrichten über die Verteilung der Gerichtsbarkeit in der Stadt gewährt uns das Stadtrecht von 1260. Gleich wie jene Urkunde aus der Zeit des Bischofs Heinrich von Horburg schreibt auch das Stadtrecht von 1260 dem Vogte die Dieb- und Frevelgerichtsbarkeit zu. Der Schultheiß hat um Geld und Unrecht und andere Sachen zu richten (Art. 1). Der Bischof hat das Recht, selber zu richten, was er will, geht es aber an „die blutige Hand“, d. h. kommen Hochgerichtsfälle zur Entscheidung, dann geht er von dannen und heißt den Vogt richten (Art. 14).

Wenn an diesen beiden Stellen dem Vogte das Recht zu-

---

[62]) Vgl. K. Beyerle, Grundherrschaft Arbon in Schriften d. Ver. f. Gesch. d. Bodensees 32. Heft S. 80.

[63]) Die Ummauerung erfolgte, wie wir oben sahen, um 1080.

geschrieben wird, über Dieb und Frevel zu richten, so ist unseren früheren Ausführungen zufolge damit nicht der Vorsitz im eigentlichen Blutgericht gemeint, sondern es wird dem Vogte das Recht eingeräumt, dem Niedergerichte vorzusitzen, falls dieses im Wege der Sühnejustiz Fälle vor sein Forum brachte, die eigentlich vor das Hochgericht gehört hätten. Daß der Vogt auch das Blutgericht ausgeübt habe, geht aus dem oben zitierten Art. 14 des Stadtrechts von 1260 nicht hervor. Wir haben oben S. 29 f. gesehen, daß die Quellen unter dem Richten über Sachen, die die „blutige Hand" angehen, nicht die Blutgerichtsbarkeit, sondern lediglich die Sühnegerichtsbarkeit in causae maiores verstehen [64]).

Im 14. Jahrhundert und später dagegen erscheint der Vogt stets als Blutrichter, ja seine Funktionen beschränken sich im 14. und 15. Jahrhundert eigentlich auf die Verwaltung des Blutgerichts.

Es ist nun aber bemerkenswert, daß dieses vom Vogte ausgeübte Blutgericht nicht etwa eine vom Niedergerichte getrennte Sonderexistenz führte. Vielmehr stellt sich das Blutgericht als das unter dem Vorsitz des Vogtes tagende Schultheißengericht dar. Heusler [65]) erwähnt als ein althergebrachtes Recht, daß bis in die neuere Zeit hinein der Vogt mit dem Rate [66]), dem Schultheißen und den Beisitzern am Schultheißengericht das Blutgericht hegte. In anderen Bischofsstädten, so z. B. in Straßburg, sind Schultheißengericht und Vogtgericht durchaus voneinander getrennt. Während der Schultheiß auf offenem Markte dingt, befindet sich die Stätte des Vogtgerichtes in der Pfalz des Bischofs, also unstreitig auf altem Immunitätsgebiet [67]). Ganz anders in Basel. Hier stellt

[64]) Auch in jener Urk. v. 1103 (Tr. 1, 214 ff.), in der Bischof Burkhardt dem im Jahre 1083 gegründeten Kloster St. Alban verschiedene Vergabungen macht und seine Besitzungen im Stadtbanne der Gerichtsbarkeit des Priors unterstellt „nisi cum judicium sanguinis agitur, quod meis officialibus judicandum reservavi", bezieht sich das judicium sanguinis nicht auf das Blutgericht, sondern auf jene Sühnehochgerichtsbarkeit.

[65]) A. a. O. 204.

[66]) Die Teilnahme des Rates datiert natürlich erst seit der Entstehung dieses Kollegiums, die in den Anfang des 13. Jahrhunderts fällt.

[67]) Erstes Stadtrecht von Straßburg aus dem 12. Jahrhundert (Keutgen, Urkunden 93 ff.). Art. 15 und 42.

sich das Vogtgericht als das durch den Vorsitz des Vogtes zum Hochgericht erhobene Schultheißengericht dar. Unwillkürlich wird man an Parallelerscheinungen in der Gerichtsverfassung der Landgemeinden erinnert, wo auch das Ortsgericht durch die Mitwirkung des Vogtes Hochgerichtscharakter erhält.

Qualifiziert sich aber so das städtische Vogtgericht als eine auf der Grundlage des Schultheißengerichtes aufgebaute Institution, so ergibt sich daraus unmittelbar, daß es nicht mit dem alten Immunitätsvogtgericht identisch gewesen sein kann.

Immerhin wäre es denkbar, daß diese Mitwirkung des Vogtes am Schultheißengericht auf die ursprüngliche Existenz eines Immunitätshochgerichtes hinwiese, ähnlich wie auch auf dem Lande die Mitwirkung des Vogtes am Ortsniedergericht zur Voraussetzung hatte, daß der Vogt auch das zuständige Blutgericht ausübte.

Dagegen spricht jedoch der Umstand, daß nicht bloß die Sühnegerichtsbarkeit, sondern überhaupt die ganze Hochgerichtsbarkeit mit dem Blutgericht in jenem vom Vogt geleiteten Schultheißengericht ausgeübt wurde.

Daß wir im späteren Mittelalter so gar keine Spur mehr von dem alten Immunitätsgericht innerhalb Basels wahrnehmen, scheint mir vielmehr darauf hinzuweisen, daß es lediglich auf die niedere Gerichtsbarkeit beschränkt war. Hätte es auch das Blutgericht besessen, so müßten wir noch im späteren Mittelalter ein eigentliches Vogtgericht als Blutgericht walten sehen. Hat aber das Immunitätsgericht das Blutgericht nicht ausgeübt, so kann auch die vom Vogte ausgeübte Hochgerichtsbarkeit nicht aus der Immunität stammen.

Aber auch in der Grafschaft kann diese Hochgerichtsbarkeit ihren Ursprung nicht haben. Weder besaß der Bischof von Basel im Sundgau, in dem Basel gelegen war, die Grafschaftsrechte, noch war etwa einer seiner Vögte Landgraf im Sundgau.

So haben wir zunächst nur negativ festgestellt, daß die hohe Gerichtsbarkeit, welche der bischöfliche Vogt in der Stadt Basel ausübte, ihren Ausgang weder in der Immunität, noch in der Grafschaft haben kann; woher sie stamme, wird sich uns im Laufe der Untersuchung ergeben, wenn wir noch die Verhältnisse einiger anderer Städte geprüft haben werden.

§ 5. Säckingen.

Über die Anfänge Säckingens sind wir so gut wie gar nicht unterrichtet. Daß das Kloster das älteste in unserer Gegend ist, ja zu den ältesten Gotteshäusern Deutschlands überhaupt zählt, daran kann kein Zweifel bestehen [1]). Doch besitzen wir leider keine Urkunden aus den ersten Jahrhunderten seiner Existenz, und erst vom 11. Jahrhundert an beginnt die Überlieferung, wenn auch zunächst nur spärlich zu fließen.

Daß Säckingen der Immunität teilhaftig war, ist mit Sicherheit anzunehmen. Diese Immunität wird auch hier, wie anderwärts, zu einer gewissen gerichtlichen Eximierung der Immunität und ihrer Stellung unter die Gerichtsbarkeit des Vogtes geführt haben, über deren Umfang uns ebenfalls keine Nachrichten erhalten sind.

Im 11. Jahrhundert treten uns die Grafen von Lenzburg als Inhaber der Vogtei über Säckingen [2]) entgegen. Nach dem Aussterben der Lenzburger 1173 gelangte die Vogtei über Säckingen als Entschädigung für den Ausfall der Pfullendorfer Erbschaft an Graf Albrecht von Habsburg [3]), bei dessen Hause sie nun blieb. Das habsburgische Urbar bezeichnet die Herrschaft von Österreich ausdrücklich als Inhaberin der Kastvogtei über Säckingen [4]).

Da nun, wie schon erwähnt, keinerlei Immunitätsprivilegien oder sonstige Königsdiplome für Säckingen erhalten sind, und uns überhaupt frühere Nachrichten fehlen, sind wir bei unserer Untersuchung über den Ursprung der Hochgerichtsbarkeit des säckingischen Vogtes gänzlich auf Rück-

---

[1]) Aloys Schulte vertritt in seiner Abhandlung „Gilg Tschudi, Glarus und Säckingen“ mit scharfsinniger Begründung die Ansicht, Säckingen sei bereits zur Zeit der Merowinger gegründet worden (S. 134 ff.).

[2]) UB. Zürich 1, 119.

[3]) A. Schulte, Gesch. d. Habsburger 96 ff.

[4]) 1, 56.

schlüsse aus späteren Quellen angewiesen. Namentlich werden wir uns dabei auf das habsburgische Urbar stützen können.

Die säckingischen Besitzungen zerfielen, wenigstens seit dem 13. Jahrhundert, in zwei Hauptteile, einen in der Nähe des Klosters selbst und einen im Tale Glarus gelegenen [5]).

Wir beschäftigen uns zunächst mit dem ersteren.

1. Das Kloster selbst war im Albgau gelegen. Das habsburgische Urbar führt keinerlei Gerichtsbarkeit der Herrschaft von Österreich im engeren Bezirke des Klosters selbst an. Wir dürfen wohl annehmen, das Kloster sei innerhalb seiner Mauern von der Gerichtsbarkeit des Vogtes wie des Grafen befreit geworden.

Dagegen übte Habsburg-Österreich im Städtchen Säckingen die gesamte Gerichtsbarkeit, Twing und Bann, Dieb und Frevel aus [6]). Twing und Bann gehörten wohl ursprünglich zum Schultheißenamt, das nach der Aussage des Urbars der österreichische Vogt von dem früheren Inhaber gekauft hatte.

Im Albgau lagen ferner die säckingischen Dinghöfe Murg, Oberhofen und Herrischriet.

In Murg und Herrischriet standen Twing und Bann dem Meier zu. Die Vogtei war im Anfang des 14. Jahrhunderts im Besitze von Österreich. Sie umfaßte die Dieb- und Frevelgerichtsbarkeit. Von den Bußen fielen $^2/_3$ an den Meier, $^1/_3$ an den Vogt [7]).

Die Gerichtsverhältnisse von Oberhofen stimmten mit denen von Murg überein [8]). Auch hier übte also Habsburg-Österreich die Dieb- und Frevelgerichtsbarkeit aus.

---

[5]) Über den im Breisgau gelegenen Säckinger Hof Schliengen stand die Dieb- und Frevelgerichtsbarkeit im Jahre 1306 nicht dem Vogt von Säckingen, sondern der Basler Ministerialienfamilie der Schaler zu, die die Vogtei im Dorfe Schliengen wohl vom Bischof von Basel zu Lehen trug. Weistum von 1306, abgedr. bei A. Schulte, Gilg Tschudi 80 f. Vgl. oben S. 48 und unten S. 57. Ferner Fehr, Landeshoheit im Breisgau 42, Anm. 6.

[6]) HU. 1, 58 f.

[7]) HU. 1, 67 und 70. Siehe auch die Offnung aus der ersten Hälfte des 14. Jahrhunderts unten S. 56.

[8]) HU. 1, 67: „Daruber ist . . . die herschaft vogt nah dem recht und der bescheidenheit des hoves von Murge“.

Wollen wir die Frage nach dem Ursprung dieser Dieb- und Frevelgerichtsbarkeit beantworten, so ist folgendes zu berücksichtigen:

Die genannten drei Höfe [9]) waren im Gebiete des alten Albgaus gelegen, dessen Verwaltung zur Zeit der Abfassung des habsburgischen Urbars sich in der Hand der Grafen von Lupfen befand [10]). Um die Mitte des 13. Jahrhunderts war jedoch der südliche Teil des Albgaus durch König Konrad (1250 bis 1254) von der Grafschaft abgelöst und an Rudolf von Habsburg verpfändet worden [11]). Das verpfändete Gebiet entsprach seinem Umfange nach dem späteren österreichischen Amte „Schwarzwald" oder der Grafschaft „Hauenstein". Durch die Verpfändung sind auch die Grafschaftsrechte [12]) in diesem Gebiete an Habsburg übergegangen, das von nun an die Landeshoheit daselbst ausübt.

Es besteht also auch hier die Möglichkeit, daß die Dieb- und Frevelgerichtsbarkeit, die Habsburg in jenen Höfen ausübte, nicht auf der Vogtei bzw. der Immunität, sondern auf der Grafschaft beruhte. Die Wahrscheinlichkeit hierfür ist um so größer, als in anderen säckingischen Besitzungen die Dieb- und Frevelgerichtsbarkeit positiv aus der Landgrafschaft hergeleitet wird [13]).

2. Wichtige Güter besaß Säckingen auch im Frickgau. Hier lagen die ihm gehörigen Höfe Hornussen, Mettau, Sulz,

---

[9]) Das Städtchen Säckingen nehme ich von dieser Untersuchung aus. S. unten S. 174 f.

[10]) Glatz, Geschichte der Landgrafen von Lupfen S. 19 ff.

[11]) A. Schulte, Gesch. d. Habsburger 111 ff. Hierüber gibt ein Regest aus den „Briefen der Veste Baden" (Kopp, Gesch. II, 2, 1, S. 739) Auskunft: „Item Kunig Cunrat selig gab willent graff Rudolff von Habsburg 100 Mark silbers und versatzete in Brisach und Kaisersberg also wenne im Rinfelden in wurde, daz denne die anderen zwei lidig werent, und solt denne dafür Rinfelden, Sant Blasien und den Swartzwalt inne haben".

Diese Trennung des Schwarzwaldes vom Albgau scheint erfolgt zu sein, als nach dem Aussterben der Grafen von Küssenberg der Albgau an die Grafen von Lupfen gelangte. Der letzte Graf von Küssenberg starb um 1250. Glatz a. a. O. 11.

[12]) Dafür, daß Habsburg hier eine grafenähnliche Stellung einnimmt, spricht auch seine Jurisdiktion über die zahlreichen Freien, die das HU. 1, 69 ff. hier anführt.

[13]) S. unten S. 56.

Mandach, Kaisten, Stein und Zuzgen. Das Habsburgische Urbar erwähnt von diesen nur den Hof zu Hornussen, über den es der Herrschaft von Österreich die Vogtei zuschreibt. Diese richtet dort über Dieb und Frevel. Zwei Drittel der Buße gehören dem Meier, ein Drittel dem Vogt [14]). Daß aber auch in den übrigen Höfen Habsburg-Österreich die Hochgerichtsbarkeit ausübt, geht aus dem von Aloys Schulte veröffentlichten Säckinger Weistum aus der ersten Hälfte des 14. Jahrhunderts hervor. Dieses Weistum gilt für die sämtlichen genannten frickgauischen Höfe Säckingens wie auch für die Höfe in Murg, Oberhofen, Herrischriet und Stetten. Es schreibt die hohe Gerichtsbarkeit mit dem Blutgericht [15]) in den Höfen dem Kastvogt zu [16]). Die Kastvogtei stand aber im 13. Jahrhundert den Herzögen von Österreich zu.

Auch hier scheint die von Österreich ausgeübte hohe Gerichtsbarkeit mit der Grafschaft zusammenzuhängen. Seit ungefähr 1223 besitzt Habsburg-Österreich auch die Landgrafschaft im Frickgau, die ihm nach dem Aussterben der Grafen von Homberg übertragen worden war [17]). Es wäre daher schon von vornherein in hohem Grade wahrscheinlich, daß die in den säckingischen Höfen von Österreich ausgeübte Hochgerichtsbarkeit aus der Grafschaft stamme. Diese Vermutung erhebt das Habsburgische Urbar zur Gewißheit. In Stein und in Mandach, wo, wie wir sahen, jenes Weistum die Hochgerichtsbarkeit dem Kastvogt zuschreibt, leitet das Habsburgische Urbar die Dieb- und Frevelgerichtsbarkeit ausdrücklich aus der Landgrafschaft her [18]).

---

[14]) HU. 1, 59.

[15]) Doch geht aus der Offnung nicht hervor, daß das Blutgericht im Dorfe selber abgehalten wurde.

[16]) Art. 3: „Und wenn es gat an ein fraeveli, so sol der kastvogt ein stab in die Hand naemen und waz an den stab gebessret wirt oder was von buossen velt über 3 s., da nymet der kastvogt ein dritten teil der buosse und der meiger die zwen teil, und sol ein kastvogt dem meiger sin zwen teil usrichten wan er den dritten teil der buosse nimt. Wenn es aber gat an den lip es sye henken blenden oder wie es genant sie das ist eines kastvogts gerwe und sol der meiger damit nützet ze schaffen han." A. Schulte, Gilg Tschudi 69 f.

[17]) Heusler, Verfass.-Gesch. v. Basel 29. Argovia 16, S. XII.

[18]) HU. 1, 61: Dü herschaft hat ze Steine von der lantgrafschaft ze richtenne düb und vrefel. (Von den Bußen erhält der Säckinger

Man darf also auf den Umstand, daß das Weistum den Kastvogt als Inhaber der Hochgerichtsbarkeit in den säckingischen Dinghöfen nennt, kein Gewicht legen. Kastvogt und Inhaber der Grafenrechte waren ja ein und dieselbe Person. Da konnte es leicht begegnen, daß die beiden Bezeichnungen nicht scharf auseinander gehalten wurden, um so mehr als ja die vom Grafen verwaltete Gerichtsbarkeit auch als „Vogtei" bezeichnet wurde und in dem schwarzwälderischen Teil der säckingischen Besitzungen Habsburg-Österreich wohl die Grafenrechte, aber nicht den Grafentitel besaß.

3. Auch in Schliengen im Breisgau besaß Säckingen einen Hof [19]). Die Vogtei, die die Dieb- und Frevelgerichtsbarkeit umfaßte, stand 1306 den Schalern von Basel, einem bischöflich-baslerischen Dienstmannengeschlecht, wohl als Lehen des Bischofs von Basel zu [20]).

4. An Bedeutung wurden die bisher genannten säckingischen Güter von den Besitzungen des Klosters im Tale Glarus [21]) übertroffen. Es kann keinem Zweifel unterliegen, daß Säckingen ursprünglich der bedeutendste, wenn nicht sogar einzige Grundherr in Glarus gewesen ist. Man hat daraus den Schluß gezogen, daß das ganze Tal überhaupt nur eine große Grundherrschaft Säckingens gewesen sei [22]). Mit

---

Meier $^2/_3$, der Vogt $^1/_3$.) S. 78: Ze Mandach . . . . hat dü herschaft von der grafschaft ze richtenne düb und vrefel.

[19]) A. Schulte, Gilg Tschudi 68. Weistum von 1306, ibid. 79 f.

[20]) Siehe oben S. 48.

[21]) Über Glarus vgl. namentlich Aloys Schulte, Gilg Tschudi, Glarus und Säckingen. J. J. Blumer, Staats- u. Rechtsgeschichte der schweiz. Demokratien Bd. 1. Ders., Urkundensammlung z. Gesch. d. Kts. Glarus Bd. 1.

[22]) So namentlich A. Schulte a. a. O. 88: „Wenn für das . . . . . Land Uri eine ursprünglich einheitliche Grundherrschaft angenommen werden muß, so gilt das doch viel mehr für Glarus, das uns auch in historischer Zeit durchaus einheitlich sich darstellt." S. 86 gibt Schulte zwar zu, daß es um 1300 auch freien, nicht vom Kloster dinglich abhängigen Grundbesitz in Glarus gab. Doch scheint er das als das Resultat einer späteren Entwicklung anzusehen. Vgl. auch J. Blumer im Arch. f. schw. Gesch. 3, 3 ff. Ders. in seiner Staats- und Rechtsgeschichte der Schweiz. Demokr. 1, 34 u. 99 ff. Kopp, Gesch. 2, 1, 282 ff.

Recht hat Georg Caro [23]) dagegen Widerspruch erhoben und gezeigt, daß das 13. Jahrhundert nichts von der Behauptung wußte, daß das Land Glarus mit Grund und Grat dem Kloster zugehöre und daß in den echten Urkunden, die erst später beginnen, bäuerliches Eigen nachweisbar ist [24]).

Soviel darf jedoch angenommen werden, daß Säckingens wirtschaftliche Stellung im Tale Glarus stark genug war, daß das Kloster, als auch hier jene Veränderung in der Gerichtsorganisation erfolgte, die zur Ausbildung von Ortsgerichten führte, überall die niedere Gerichtsbarkeit an sich ziehen konnte. Im Habsburgischen Urbar ist der säckingische Meier Inhaber der niederen Gerichtsbarkeit im ganzen Tale: „der meyger hat ouch da über lüte und über guote twing und ban" [25]).

Wie verhielt es sich aber mit der Hochgerichtsbarkeit? Stand diese dem Klostervogte oder dem Grafen zu? Um diese Frage beantworten zu können, müssen wir uns zunächst mit den politischen Schicksalen der sogenannten Vogtei Glarus vertraut machen.

Wir haben schon oben ausgeführt, daß nach dem Aussterben der Zähringer 1173 die Vogtei über Säckingen (advocatia Secconensis) von Kaiser Friedrich dem Grafen Albrecht von Habsburg verliehen wurde. Wir sahen dann auch späterhin die Habsburger als Inhaber der Kastvogtei über Säckingen erwähnt.

Bald nach diesem Besitzwechsel in der Klostervogtei begegnet uns zum ersten Male die „Vogtei über das Tal Glarus". Im Jahre 1196 tritt uns Otto von Burgund als „advocatus Claronensis" entgegen [26]). Er scheint die Vogtei als Lehen vom Reich inne zu haben [27]). Auch später wird die Vogtei über das Tal Glarus stets als Reichsvogtei bezeichnet [28]).

---

[23]) Beitr. 48.

[24]) Vgl. auch Anz. f. schw. Gesch. 1901 S. 444 ff.

[25]) HU. 1, 509. Die Dieb- und Frevelgerichtsbarkeit stand damals Österreich zu.

[26]) UB. Zürich 1, 237.

[27]) Die Verhältnisse werden hier ähnlich wie in Schännis gelegen haben, dessen Vogtei 1173 nach dem Aussterben der Lenzburger von Friedrich I. ans Reich genommen wurde. 1185 erscheint Kaiser Fried-

Es läßt sich also nicht leugnen, daß zum mindesten seit dem Ende des 12. Jahrhunderts die Vogtei über Säckingen und die Vogtei über das Tal Glarus nicht mehr zusammenfallen, wenn sie auch später wieder in einer Hand vereinigt wurden. Nur die Glarner Vogtei blieb unmittelbares Reichslehen, während ein Zusammenhang der Vogtei über Säckingen mit dem Reiche späterhin nicht mehr begegnet.

Man hat dies bisher so erklärt, es sei eben anno 1173 den Habsburgern nicht die ganze Vogtei von Säckingen übertragen worden, sondern Friedrich I. habe die Vogtei in Glarus von der Säckinger Vogtei getrennt [29]).

Unsere Untersuchung wird uns zu einem anderen Resultate gelangen lassen.

Das Tal Glarus war ursprünglich im Zürichgau gelegen [30]). Die Grafschaft im Zürichgau lag aber seit dem Ende des 11. Jahrhunderts in den Händen der Grafen von Lenzburg, denen wir eben als Kastvögten von Säckingen begegnet sind. Bei ihrem Aussterben 1173 wurde also nicht nur die Säckinger Vogtei frei, sondern auch die Grafschaft im Zürichgau dem Reiche ledig.

Wir haben nun oben gesehen, daß in den übrigen Besitzungen Säckingens die Hochgerichtsbarkeit mit großer

---

rich I. als Schirmvogt von Schännis (Gubser, St. Galler Mitt. 27, 392). Dann gibt er sie seinem Sohne Otto. So ist wohl auch die Vogtei in Glarus von Friedrich I. zuerst in seine unmittelbare Verwaltung genommen und erst 1185 an Otto verliehen worden.

[28]) Otto von Burgund starb 1200. Nach ihm muß die Vogtei über das Tal Glarus (wiederum als Reichsvogtei) an die Grafen von Kyburg gekommen sein. 1264 bat Graf Hartmann d. Ä. von Kyburg den König Richard, seiner Gemahlin die ihm verliehenen Reichslehen, u. a. das Tal Glarus zu verleihen (Schulte a. a. O. 120). Von den Kyburgern erbte Graf Rudolf v. Habsburg auch die Vogtei Glarus. Er und seine Nachfolger anerkannten stets den Charakter der Vogtei als eines Reichslehens. Vgl. HU. 1, 509.

[29]) Schulte, Habsburger 97. Gilg Tschudi 118. O. Redlich, Rudolf v. Habsburg 14. P. Schweizer (HU. 3, 609) übersieht, daß Otto v. St. Blasien nicht von der advocatia Turicensis, sondern vom comitatus T. spricht. Sein Einwand, die Trennung der Vogtei Glarus von der Säckinger Vogtei sei nicht schon 1173, sondern erst später erfolgt, läßt sich also auf eine alte Verbindung zwischen der Glarner und Züricher Vogtei nicht stützen.

[30]) So auch Schulte, Gilg Tschudi 91.

Wahrscheinlichkeit aus der Grafschaft stammte, daß also hier die Immunität nicht zur gänzlichen Exemtion von der Grafschaft geführt hat. Es wäre nun auffällig, wenn nur im Gebiete des Tales Glarus ein solcher Aufstieg der Immunitätsgerichtsbarkeit erfolgt wäre. Es besteht also zum mindesten eine starke Vermutung dafür, daß auch im Tale Glarus die *alte* Vogtgerichtsbarkeit nicht über die niedere Gerichtsbarkeit hinausging und es somit der Graf war, dem es gelang, die Ausübung der sühnerichterlichen Hochgerichtsbarkeit im Niedergericht an sich zu ziehen.

Diese Wahrscheinlichkeit wird zur Gewißheit erhoben, wenn wir bedenken, daß es ein größeres durchaus geschlossenes Gebiet war, in dem nun dem Glarner Vogte die gesamte Hochgerichtsbarkeit und überhaupt von der Wende des 13. Jahrhunderts an die nun zur Entstehung gelangte Landeshoheit zustand. Ich trage kein Bedenken, in diesem Gebiete die räumliche Grundlage einer alten Hundertschaft des Zürichgaues zu erblicken [13]).

Es ist also die Glarner Vogtei nicht ein Bestandteil der Säckinger Vogtei gewesen, sondern ein Bestandteil der Grafschaft im Zürichgau, und ihre Entstehung steht im Zusammenhang mit dem Übergang dieser Grafschaft von den Lenzburgern auf die Habsburger. Wie damals Kaiser Friedrich I. die um Zürich gelegenen Vogteien von der Grafschaft im Zürichgau ablöste, so spaltete er auch die Vogtei Glarus von ihr. So löste Kaiser Friedrich nach dem Tode Hartmanns III. von Kyburg (1180) die „Reichsvogtei St. Gallen" vom Thurgau ab. So spaltete ums Jahr 1250 König Konrad den südlichen Teil des Albgaus von diesem ab und gab ihn dem Grafen Rudolf von Habsburg, so erhielten im Jahre 1232, nach dem Tode Albrechts von Habsburg, die Herren von Rapperswil einen Teil des Zürichgaues als selbständige Grafschaft. In diesem Parallelismus der historischen Erscheinungen finden wir die stärkste Stütze für unsere Behauptung, daß die Vogtei über das Tal Glarus nicht aus der Kastvogtei über das Kloster Säckingen, sondern aus der Grafschaft im Zürichgau stamme.

---

[31]) In dem ursprünglich vom Grafen eingesetzten Glarner Landammann hätten wir dann den Nachfolger des alten Zentenars vor uns.

§ 6. St. Gallen.

A. Bis ums Jahr 1000.

Wohl nicht ganz so alt wie Säckingen ist das im wilden Tale der Steinach an den nördlichen Ausläufern des Alpsteingebirges gelegene „monasterium sancti Galli“ [1]). Sickel [2]) und Meyer von Knonau [3]) haben nachgewiesen, daß die von den St. Galler Historiographen überlieferte Behauptung, das Galluskloster sei von Anbeginn als freie Abtei auf freiem Reichsboden gegründet worden, mit den Tatsachen nicht übereinstimmt, daß vielmehr die Abtei St. Gallen auf bischöflich-konstanzerischem Boden angelegt und ursprünglich ein Eigenkloster Konstanz' gewesen ist. Wie sich dann nach und nach das Kloster St. Gallen aus der konstanzerischen Grundherrschaft losgelöst hat, bis es im Jahre 818 eigene Immunität und freie Abtwahl und im Jahre 854 Erlaß der an die Bischofskirche zu zahlenden Grundzinse und damit die völlige Unabhängigkeit von Konstanz erlangte, hat K. Beyerle des näheren ausgeführt [4]).

Als konstanzerisches Eigenkloster besaß St. Gallen anfänglich keine eigene Immunität, sondern nur diejenige, welche

---

[1]) Literatur: I. v. Arx, Geschichten des Kantons St. Gallen. St. Gallen 1810 ff. — Th. Sickel, St. Gallen unter den ersten Karolingern, in Mitteilungen zur vaterländischen Geschichte herausgeg. v. hist. Verein St. Gallen 1865. — Meyer v. Knonau, St. Gallische Geschichtsquellen, ebenda Heft 12 u. 13, 1871 u. 1872. — K. Beyerle, Grundherrschaft und Hoheitsrechte des Bischofs von Konstanz in Arbon, in Schriften d. Vereins f. Gesch. d. Bodensees 32. u. 34. Heft. — Georg Caro, Beiträge 26 ff., 101 ff. Neuere Beiträge 47 ff., 64 ff. — Sehr wichtig sind auch die Anmerkungen Meyers v. Knonau zu den Ausgaben des Ekkehard, Konrads v. Pfäffers und Kuchimeisters in den St. Galler Mitt. Bd. 15—18.

[2]) A. a. O. 1 ff.

[3]) A. a. O. 1 ff.

[4]) A. a. O. 31 ff. Die von G. Caro in seinen Beiträgen 26 ff. gegen die Ausführungen Beyerles erhobenen Einwendungen können daran nichts ändern, daß das Kloster St. Gallen auf Konstanzer Grund und Boden angelegt zu sein scheint. Etwas anderes ist die Frage, ob der ganze Arbongau, in welchem St. Gallen gelegen war, eine Konstanzer Grundherrschaft gewesen sei, eine Frage, die ich mit Caro entschieden verneine.

allen Besitzungen Konstanz' als solchen zukam. Das bedeutete aber einmal, daß die nutzbaren Rechte der Immunität dem Bischofe zuflossen [5]). Dann erstreckte sich diese abgeleitete Immunität zunächst nur auf das Kloster selbst und seine nächste Umgebung und diejenigen Güter, die aus Konstanzer Besitz an St. Gallen kamen. Auf diese allein von allen St. Galler Besitzungen bezogen sich die wohl auch das Wesen der älteren Konstanzer Immunität ausmachenden Verbote des introitus, der exactiones und der districtio. Von der Immunität ausgeschlossen waren alle diejenigen Besitzungen, welche von dritter Seite an St. Gallen kamen. Zur Vertretung in seinen weltlichen Angelegenheiten mochte das Kloster jedoch eines eigenen Vogtes nicht entbehren, und in der Tat finden wir einen solchen bereits vor 818 [6]). Eigene Immunität und damit die Möglichkeit, in den Besitz eigener Gerichtsbarkeit zu gelangen, gewährte dem Kloster aber erst das Privileg von 818.

In diesem Jahre nimmt Ludwig der Fromme das Stift in seinen Schutz und verleiht ihm die Immunität: „nullus judex publicus vel quislibet" soll „ex judiciaria potestate" das Gebiet des Klosters, wo immer es gelegen sei, b e t r e t e n „ad causas audiendas vel freda e x i g e n d a aut mansiones vel paratas faciendas aut fidejussores tollendos aut homines ipsius monasterii tam ingenuos quam et servos super terram ipsius commanentes inrationabiliter d i s t r i n g e n d o s nec ullas redibitiones aut inlicitas occasiones requirendas", sondern das Kloster soll mit allen seinen Besitzungen unter dem Schutze der kaiserlichen Immunität stehen „remota totius judiciariae potestatis inquietudine" [7]). Im wesentlichen enthält also auch dieses Privileg lediglich jene drei Verbote des introitus, der exactiones und der districtio, die sich hier aber jedenfalls nicht nur gegen den öffentlichen Richter, sondern auch gegen die Beamten des Bischofs richteten. Von der Erteilung einer Gerichtsbarkeit an das Kloster oder seine Beamte ist nicht die Rede. Auch jener Zusatz „remota . . . inquietudine" spricht nicht vom Ausschluß jeder fremden Gerichtsgewalt, worunter

---

[5]) Sickel a. a. O. 8.

[6]) Der erste in den Urkunden erwähnte st. gallische Vogt ist Rihpertus (787 bis 792) W. 1, 106; 111 u. 125.

[7]) W. 1, 226.

Belästigungen, wie sie durch das Betreten des Klostergebietes „ad causas audiendas" u. dgl. entstehen, zu verstehen sind.

Ludwig der Deutsche bestätigt sodann in den Jahren 833[8]), 854[9]) und 873[10]) die von seinem Vorgänger erteilte Immunität in Urkunden von untereinander abweichender Textform, aber ohne materielle Änderungen. Auch die dem Kloster von Karl dem Dicken[11]) und Arnulf von Kärnten[12]) erteilten Privilegien lassen noch nicht erkennen, daß innerhalb des Klostergebietes jene Entwicklung stattgefunden hat, durch welche dem ordentlichen Gerichte die Gerichtsgewalt über die Immunitätsleute entzogen und diese der Gerichtsgewalt des Klosters resp. seiner Vögte unterstellt wurden[13]). Diese Entwicklung kann erst im Jahre 901 als abgeschlossen gelten. Damals zum ersten Male wird der Gerichtsbarkeit des Vogtes Erwähnung getan und zwar in jener Urkunde Ludwigs des Kindes, welche gebietet,

„ut in omnibus locis atque hominibus ad idem monasterium pertinentibus nullus comes vel centenarius nec ullus iudex

---

[8]) Ibid. 318.

[9]) Ibid. 2, 52.

[10]) Ibid. 182.

[11]) Ibid. 2, 215 (v. J. 877), 235 (v. J. 883), 264 (v. J. 887).

[12]) W. 2, 286 (v. J. 892), 307 (v. J. 893), 307 (v. J. 896).

[13]) Ein Anzeichen dafür, daß das Kloster bereits im Besitze von Immunitätsgerichtsbarkeit sich befand, liegt auch nicht in dem von Karl d. D. und Arnulf erteilten Inquisitionsprivileg. Ein solches Privileg hatte für das damit begabte Kloster die Bedeutung, daß „seine Rechtsstreitigkeiten entgegen den formalen Regeln des Volksrechts auf Grund eines dem Urteil vorausgehenden, vom Gericht frei zu würdigenden und den Gegenbeweis ausschließenden Beweisverfahrens entschieden werden sollen" (Pischek, Vogtgerichtsbarkeit 28). Die Leistung des Beweises erfolgte durch die Einvernahme beeidigter Zeugen, deren Beeidigung und Vernehmung jedoch Sache des Gaugerichts war. Auch noch in der Zeit, als nachgewiesenermaßen bereits ein Vogtgericht bestand, wird dieser Inquisitionsbeweis allerdings vom Vogte selbst, aber nur im „placitum legale" vorgenommen (W. 2, 368, v. J. 912). Darauf, daß unter „placitum legale" das gesetzliche Ding des Gaues zu verstehen ist, hat bereits Pischek a. a. O. 30 hingewiesen, dem beizupflichten ist, wenn er sagt, daß für die vom Vogt abgehaltenen Gerichte die Bezeichnung „legal" im Anfang des 10. Jahrhunderts schwerlich gebraucht wurde, da die Rechtsverhältnisse, auf denen sie beruhten, eher noch als privilegierte denn als gesetzliche galten.

publicus aliquam potestatem habeat, placita habere aut tributa exigere aut aliquid molestiae inrogare nec etiam in ullo placito distringantur, nisi apud eiusdem monasteri advocatos, per quos, quicquid de eisdem hominibus ad emanandum sit, diffiniatur“ [14]).

Diese Urkunde läßt deutlich erkennen, daß sich zu Anfang des 10. Jahrhunderts eine Gerichtsgewalt des Klosters ausgebildet hatte, welche vom Vogte verwaltet wurde [15]). Neben die alten Verbote des introitus (hier in der Form des Verbots placita habendi) und der exactio ist das der districtio in einer erweiterten Form getreten. Dem öffentlichen Richter wird verwehrt, die Leute der Immunität zur Teilnahme an seinem Ding zu zwingen. Nur der Klostervogt soll rücksichtlich der Immunitätsleute Recht sprechen. Nur sein Ding brauchen sie zu besuchen. Der Vogt ist Richter in der Immunität geworden.

Räumlich erstreckte sich die Jurisdiktion des einzelnen Vogtes nicht über die Grenzen des Gaues hinaus [16]), wenn sie nicht etwa nur auf die Hundertschaft oder auf sonstige kleinere Bezirke beschränkt war [17]). Innerhalb dieser Gebiete waren ihr nicht geschlossene Bezirke, etwa ganze Dörfer unterworfen, sondern die Gerichtsbarkeit des Vogtes ging nur so weit, als sich die immune Grundherrschaft erstreckte.

Als Dingstätten dieses Immunitätsgerichtes werden uns in den Quellen die Ortschaften Zuzwil und Gossau überliefert [18]).

---

[14]) W. 2, 323.

[15]) Das Vogtgericht selber tritt uns zum ersten Male entgegen in einer Urkunde von 947, VIII. 7. bis 948, VIII. 6. (W. 3, 17): Amalpret schenkt seinen drei Söhnen Anno, Amalpret und Reginfred, „qui mihi nati sunt ex ancilla sancti Galli“ seinen ganzen Besitz in Woleramneswilare. Er vollzieht diese Schenkung in Zuzwil „in publico mallo Notkeri advocati“.

[16]) Von 827—847 begegnen wir z. B. in den zürichgauischen Besitzungen St. Gallens einem Vogte Wolfhart, während in der gleichen Zeit im Thurgau ganz andere Vögte (Ruadingus, Puato, Isker usw.) auftreten.

[17]) G. Caro, Beiträge 107 vermutet, daß auf jeden Probsteibezirk ein eigener Vogt entfiel. (Die Pröbste waren unmittelbare Vorgesetzte der Meier, deren sie eine Mehrzahl unter sich hatten.)

[18]) Siehe oben S. 10 Anm. 9.

Doch mag es deren noch mehr gegeben haben. Immerhin kann als gewiß angenommen werden, daß nicht jedes Dorf, in dem St. Gallen begütert war, ein eigenes Vogtgericht gehabt hat, sondern es werden die einzelnen Vogtgerichte für die in einer Mehrzahl von Ortschaften gelegenen Immunitätsgüter und die über eine Mehrzahl von Ortschaften zerstreuten Immunitätsleute zuständig gewesen sein [19]).

Wir wenden uns nunmehr der Frage zu, welchen sachlichen Umfang diese vom Vogte verwaltete Gerichtsbarkeit gehabt habe [20]). Hierauf scheint uns jene oben erwähnte Urkunde Ludwigs des Kindes eine Antwort zu geben. Die Worte, der Vogt solle entscheiden „quicquid de eisdem hominibus ad emanandum sit", scheinen die gesamte Strafgerichtsbarkeit über die Klosterleute dem Vogte zuzuweisen, also auch die causae maiores [21]). Nun haben wir aber bereits oben [22]) darauf hingewiesen, daß noch im 15. Jahrhundert die Blutgerichtsbarkeit der Grafschaft im Thurgau bis an die Kreuze der Stadt St. Gallen reichte, daß also mit Ausnahme des Stadtgebietes gerade die wichtigsten und ältesten Besitzungen des Gotteshauses dem Blutgerichte des Landgrafen nicht entzogen waren. Neben jener oben zitierten Stelle aus Vadian geht dies auch aus den Offnungen mehrerer hier gelegenen Dörfer hervor.

So heißt es in der Offnung von Gossau vom Jahre 1469 [23]), der Abt von St. Gallen habe in Gossau Twing und Bann und die Vogtei über Leute und Güter [24]), „usgenommen das malafitz was vom leben zum tod bracht wirdt". Das Blutgericht erlangte das Stift erst durch kaiserliches Privileg vom 15. September 1487 [25]). In Gossau war, wie wir oben sahen [26]), eine

[19]) Siehe oben S. 8 ff.

[20]) Wir beschränken uns dabei der ganzen Anlage unserer Arbeit gemäß auf die Strafgerichtsbarkeit.

[21]) Dies ist auch die Annahme Seeligers, Grundherrschaft 81.

[22]) Seite 3.

[23]) Gmür 1, 353.

[24]) Am 6. 8. 1373 hatte Abt Georg von St. G. von dem Ritter Eberhard von Königsegg und seinem Sohne Albrecht die ihnen vom Reich um 150 Mark Silber verpfändete Vogtei Gossau mit 300 Pfund gelöst (W. 4, Nr. 1716).

[25]) P. Blumer, Landgrafschaft Thurgau 109 f.

[26]) S. 10 Anm. 9.

Dingstätte des alten Vogtgerichtes. Es ist nun sehr bemerkenswert, daß nicht einmal hier sich die Vogtei mit dem Blutgericht verband.

Ebenso verhält es sich in Niederwil, wie aus der erneuerten Offnung von 1468 hervorgeht [27]. Die Vogtei lag damals (wohl als Reichslehen) in der Hand der Giele von Glattburg. Diese haben daselbst die Gerichte, Zwinge und Bänne und alle Herrlichkeit . . . . über Leute und Gut „usgenommen das malafitz, waz vom Leben zum Tod bracht wirt“ [28]. 1486 erwarb das Kloster St. Gallen die Vogtei von den Gielen. Das Blutgericht daselbst wie im ganzen Landhofmeisteramt, in dem Niederwil gelegen war, erlangte das Stift aber erst im Jahre 1613 [29].

Nicht im Widerspruch hiermit stehen jene Quellenstellen, die dem Vogt die Gerichtsbarkeit über das B l u t zuschreiben. Wenn es z. B. in der Offnung des zur Reichsvogtei gehörigen Dorfes Rotmonten [30] heißt, der Meier (als Inhaber der Vogtei [31]) solle richten „über das Blut, Nachtschach und Notzucht“, so sahen wir oben [32], daß hier unter dem „Richten über das Blut“ nicht das Kriminalgericht zu verstehen ist, sondern die Gerichtsbarkeit über diejenigen Delikte, die mit Blutvergießen verbunden sind, also Verwundungen und wohl auch Totschlag.

Wir können also als unzweifelhaft erwiesen annehmen, daß die Vogtei über die in der näheren Umgebung [33] St. Gallens gelegenen Dörfer im 14. und 15. Jahrhundert das „Malefiz-

---

[27]) Gmür 1, 426 ff. Art. 1.

[28]) Die Tatsache, daß auch weltliche Inhaber einzelner Teile der Reichsvogtei das Blutgericht nicht besitzen, spricht am besten gegen die von Caro, Neue Beiträge 92, gegebene Begründung der von ihm behaupteten rückläufigen Bewegung in der Ausübung des Blutgerichtes. Siehe unten zu Anm. 35.

[29]) Gmür 1, 197.

[30]) Ibid. 338 ff.

[31]) In R. übte der klösterliche Portner das Niedergericht aus, während die Vogtei dem Meier verliehen war.

[32]) S. 28 ff., ähnlich auch Offnung v. Niederhelfenswil von 1469 (Gmür 1, 514 ff. Art. 6), ferner Offnung v. Rorschach v. 1469 Art. 7 (Gmür 1, 13 ff.); vgl. oben S. 23 Anm. 27.

[33]) Über die weitere Umgebung s. unten S. 74 ff.

gericht" nicht umfaßte, sondern daß dieses dem Landgrafen zustand.

Es stehen also die Zustände, wie sie uns im späteren Mittelalter entgegentreten, in scharfem Gegensatz zum Wortlaut jenes Privilegs Ludwigs d. K., das dem Vogte die gesamte Gerichtsbarkeit über Klosterleute und -güter einzuräumen scheint. Wie ist dieser Widerspruch zu lösen?

Man könnte an eine rückläufige Entwicklung denken, in dem Sinne, daß der st. gallische Vogt im Laufe der Zeit sein Blutgericht wiederum an den Landgrafen verloren hätte [34]). Eine solche Rückbildung widerstrebt aber so sehr den ganzen Tendenzen und Strömungen, die auf die Weiterentwicklung der mittelalterlichen Gerichtsverfassung einwirkten, daß wir die Annahme einer solchen von vornherein abweisen müssen, es wäre denn, wir hätten positive Beweise dafür. Daran gebricht es uns jedoch [35]).

Die einzige mögliche Lösung des Widerspruchs scheint mir die zu sein, daß wir annehmen, es sei dem Kloster (bzw. seinen Vögten) nicht gelungen, seine Rechte dem Grafen gegenüber durchzusetzen [36]).

So ergibt sich uns die Tatsache, daß die St. Galler Vogtei in ihrer älteren Form nicht die gesamte Gerichtsbarkeit umfaßt haben kann, sondern daß ihre Zuständigkeit vor denjenigen Sachen, die die Quellen als causae maiores bezeichnen, Halt machte.

---

[34]) Dies ist die Ansicht von G. Caro, Neue Beiträge 92.

[35]) Caro a. a. O. 93 scheint einen solchen in den Gerichtsverhältnissen des Dorfes Niederbüren zu erblicken. Die Vogtei über N. erwarb das Kloster St. Gallen i. J. 1468 (v. Arx 2, 538). Dazu gehörte aber das Malefizgericht nicht (Offnung von 1469, Gmür 1, 557). Eine Aufzeichnung vom Jahre 1500 besagt, die Rechtsvorgänger des Abt von St. Gallen, die Freiherren von Hewen hätten vor 100 Jahren, also um 1400, dort Stock und Galgen besessen. Es ist natürlich wohl möglich, daß einzelne Vogteiinhaber im Laufe des 14. Jahrhunderts für ihre Vogteien das Blutgericht vom Kaiser geliehen bekamen, wie wir dies auch an anderen Orten sehen.

[36]) Möglicherweise ist auch die Urkunde Ludwigs d. K. restriktiv zu interpretieren. Es wäre dann dem Kloster bzw. seinen Vögten die gesamte Gerichtsbarkeit mit Ausnahme der Hochgerichtsbarkeit des Grafen übertragen oder auch nur bestätigt worden. Die letztere wäre dann darum nicht besonders vorbehalten worden, weil man dies

B. Vom Jahre 1000 an.

Schon im 10. Jahrhundert setzte eine Entwicklung ein, die eine gewaltige Veränderung in der Gerichtsverfassung zur Folge hatte und auch auf die Gestaltung der St. Galler Vogtei entscheidenden Einfluß ausübte.

Bevor wir jedoch an die Untersuchung dieser Verhältnisse gehen, wollen wir die äußeren Schicksale der St. Galler Vogtei in kurzen Zügen schildern. Während wir bis ungefähr zum Jahre 1000 eine ziemlich lückenlose Liste der st. gallischen Vögte, wenigstens so weit sie Vogteirechte im östlichen Thurgau ausübten, besitzen, besitzen, werden die Nachrichten im 11. und 12. Jahrhundert wesentlich dürftiger. Im Jahre 1061 wird in einer Urkunde ein Vogt Wito genannt [37], der einer alten St. Galler Vogtfamilie anzugehören scheint. Ums Jahr 1077 scheinen die Freiherren von Regensberg die Vogtei inne zu haben [38]. Dann erfahren wir für lange Zeit nichts mehr von ihr, bis sie um 1150 im Besitze Ulrichs von Gamertingen erscheint [39]. Nach dessen Tod übertrug sie Abt Werner 1166 dem Grafen Rudolf von Pfullendorf [40], der sie wohl behielt, bis er 1180 ins heilige Land pilgerte, wo er bald darauf sein Leben beschloß [41]. Da er kinderlos starb, nahm Kaiser Friedrich I. sein Erbe an sich, u. a. auch die Vogtei über St. Gallen. Diese wurde damit zur Reichsvogtei.

Als König Philipp 1208 von Mörderhand fiel, benutzte Abt Ulrich VI. die Unruhen des Regierungswechsels, um einen Teil der Vogtei seinem eigenen Bruder, dem Freiherrn Heinrich von Sax, zu übergeben. Doch erhob König Otto IV. hiergegen

---

als selbstverständlich ansah. Diese Auffassung wird durch folgende Erwägung bestärkt. Die Urkunde Ludwigs d. K. ist das erste Königsdiplom, das sich mit der Gerichtsbarkeit des St. Galler Vogtes beschäftigt. Diese muß erst kurz vorher entstanden sein, wenn sie nicht überhaupt erst durch diese Urkunde ins Leben gerufen wurde. Es wäre nun auffallend, wenn dem Vogtgericht gleich bei seiner Entstehung die gesamte Gerichtsbarkeit übertragen worden wäre.

[37]) W. 3, Nr. 822.

[38]) St. Galler Mitt. 17, 50 u. 84.

[39]) Ibid. 103 f.

[40]) W. 3, Anh. Nr. 17.

[41]) St. Galler Mitteilungen 19, 323 f.

Einspruch und Heinrich von Sax mußte auf die Vogtei verzichten [42]). 1210 erscheint urkundlich als Stellvertreter des Königs in der Verwaltung der Vogtei der Ministeriale Heinrich von Schmalegg [43]). Mit dem Erscheinen Friedrichs II. in Deutschland ging jedenfalls die Vogtei ohne weiteres auf diesen über.

Auch Rudolf von Habsburg behandelte nach seiner Tronbesteigung die St. Galler Vogtei als dem Reiche zugehörig, obgleich er bereits während des Interregnums zum Vogte eingesetzt worden war. Seine Nachfolger wetteiferten darin, Teile der Vogtei zu verpfänden, um sie dann wieder einzulösen, bis der Abt nach und nach im Laufe des 14. und 15. Jahrhunderts einen großen Teil davon mit kaiserlicher Erlaubnis an sich brachte [44]).

Während dieser Zeit waren aber wesentliche Veränderungen in der Gerichtsverfassung des Landes vor sich gegangen, die auch der Vogtei ein ganz neues Aussehen und veränderte Bedeutung verschafft hatten. Ich habe oben in der Einleitung auf die durchgreifenden Verschiebungen in der Gerichtsverfassung, die im 11. und 12. Jahrhundert vor sich gingen, ausführlich hingewiesen. Wir sahen, wie durch das Aufkommen von Ortsgerichten den alten Niedergerichten der Grafschaft wie der Immunitäten der Boden abgegraben wurde und wie diese Ortsniedergerichte es verstanden, durch die Einführung einer Sühnegerichtsbarkeit auch hochgerichtliche Fälle vor ihr Forum zu bringen, dermaßen allerdings, daß der für den betreffenden Gerichtsbezirk zuständige Inhaber der Hochgerichtsbarkeit zur Führung des Vorsitzes und Entgegennahme des ihm gebührenden Bußenanteiles bei der Entscheidung solcher hochgerichtlichen Fälle zugezogen wurde.

Da, wie wir nun sahen, der St. Galler Vogt nicht in den Besitz des Hochgerichtes gelangt war, konnte er auch nicht den Anspruch geltend machen, den Vorsitz in jenen Sühne-

---

[42]) St. Galler Mitteilungen 17, 188 ff.

[43]) W. 3, 56.

[44]) Auf diese Schicksale der Reichsvogtei hier des näheren einzugehen, haben wir keine Veranlassung. Die bezüglichen Urkunden finden sich bei P. Blumer a. a. O. 109 zitiert. Vgl. auch die Darstellung bei Caro, Beiträge 124 ff.

gerichtsverhandlungen, die sich auf Hochgerichtsfälle bezogen, zu führen. Dieser mußte vielmehr dem Inhaber der öffentlichen Gewalt, dem Grafen, zufallen.

Wenn unsere Voraussetzungen richtig sind, so muß sich also zu Anfang dieser Entwicklung die Ortsvogtei in denjenigen Ortschaften, in denen St. Gallen das Niedergericht erlangt hatte, in der Hand des Grafen befinden.

Nun haben wir aber bereits oben gesehen, daß in einer Reihe von Ortschaften in der näheren Umgebung St. Gallens im späteren Mittelalter die Vogtei nicht dem Grafen zustand, sondern als Teil der sogen. „Reichsvogtei St. Gallen“ [45]) von einem Reichsvogt verwaltet wurde oder vom Kaiser an Drittpersonen verpfändet war. Der Umfang dieser Reichsvogtei St. Gallen läßt sich aus Urkunden des 13. bis 15. Jahrhunderts unschwer feststellen. Es werden folgende Dörfer dazu gerechnet: Tübach [46]), Muolen [47]), Wittenbach [48]), Rotmonten [49]), Engetswil [50]), Lömmiswil [51]), Berg [52]), Appenzell [53]), Hundwil [54]), Trogen [55]), Teufen [56]), Herisau [57]), Urnäsch [58]), Gossau [59]) und Niederhelfentswil [60]). Ferner gehörte dazu die Vogtei über die im oberen und unteren Toggenburg

---

[45]) Ich betone ausdrücklich, daß der Ausdruck „Reichsvogtei St. Gallen“ nicht quellenmäßig ist, sondern erst von der modernen Geschichtsschreibung geschaffen wurde, um die Gesamtheit derjenigen Vogteien zu bezeichnen, die dem Reiche über Ortschaften zustanden, in denen St. Gallen Twing und Bann besaß.

[46]) W. 4, Anh. Nr. 192. W. 3, Nr. 1479. Gmür 1, 7.

[47]) Dieselben Stellen; ferner Gmür 1, 251 Nr. 9.

[48]) W. 3, Nr. 1340, 1349, 1417. Offnung v. 1471 bei Gmür 1, 210 ff. Art. 2.

[49]) W. 3, Nr. 1349, 1417.

[50]) W. 3, Nr. 1417.

[51]) W. 4, Nr. 1923.

[52]) W. 3, Nr. 1358. W. 4, Nr. 1923.

[53]) W. 3, Nr. 1192, 1340, 1356, 1417.

[54]) W. 3, Nr. 1192, 1340, 1356, 1417.

[55]) W. 3, Nr. 1340, 1344.

[56]) W. 3, Nr. 1340, 1417.

[57]) W. 3, Nr. 1340.

[58]) W. 3, Nr. 1417.

[59]) W. 3, Nr. 1340. W. 4, Nr. 1716.

[60]) W. 4, Nr. 2234. Tschudi, Chron. 1, 258 b.

gelegenen Ortschaften Rickenbach [61]), Scheftenau - Wattwil [62]) und Bütschwil [63]).

Von all diesen Ortschaften wissen wir bestimmt, daß vom 13. Jahrhundert an die Vogtei über sie unmittelbar dem Reiche zustand. Doch ist damit nicht ausgeschlossen, daß nicht auch noch andere hier gelegene Dörfer der Gerichtsbarkeit des Reichsvogtes unterstanden. Das Gegenteil ist vielmehr anzunehmen.

Ein Blick auf die Karte zeigt uns nun aber, daß alle die eben genannten Ortschaften einen bestimmten, festumrissenen Bezirk bilden, der den südöstlichen Teil des Thurgaus ausfüllt. Nur hier gelegene Vogteien hat 1180 Kaiser Friedrich I. ans Reich genommen, nicht aber die Vogtei über die in weiterer Entfernung vom Kloster gelegenen übrigen Besitzungen St. Gallens [64]). So waren, um nur einige zu nennen, die Vogteien von Mönchaltorf und Dürnten (im Zürichgau), die von

---

[61]) Tschudi, Chron. 1, 258 b.

[62]) W. 3, Nr. 1027, 1347.

[63]) W. 3, Nr. 1386; W. 4, Nr. 1616.

[64]) Im 14. Jahrhundert erscheint zwar auch die Vogtei über die argengauischen Dörfer Weiler und Scheidegg und die rheintalischen Dörfer Marbach und Bernang im Besitze des Reiches (Caro, Neue Beiträge 80). Doch ist deren unmittelbarer Zusammenhang mit dem Reiche daraus zu erklären, daß sowohl der Argengau als auch der Rheingau (oder wie er vom 13. Jahrhundert an heißt, die „Vogtei im Rheintal") sich seit dem Ende des 12. oder dem Anfang des 13. Jahrhunderts in der Hand des Kaisers befinden. Die Grafschaft im Argengau ist wohl von Friedrich II. ans Reich genommen worden (Baumann, Gaugrafschaften 48). Wann die Grafschaft im Rheingau ans Reich kam, läßt sich nicht genau feststellen. 1291 begegnen wir einem „Landrichter im Rheintal", der an König Rudolfs Statt einem Landgericht in Fischerhausen an der Mündung des Rheins in den Bodensee vorsitzt (W. 3, 269). Damals muß also der Rheingau bereits im unmittelbaren Besitze des Reiches gewesen sein. 1347 versetzte dann Ludwig der Bayer an Graf Albrecht I. von Werdenberg die Vogtei im Rheintal mit allen Rechten, die dazu gehörten, „unden und oben in dem Ryntal". Zu dieser Vogtei im Rheintal, die die Überreste der alten Grafschaft im Rheingau zusammenfaßte, scheinen auch die Vogteien über Marbach und Bernang gehört zu haben, die später im Pfandbesitze der Grafen von Werdenberg sich befinden (vgl. hierüber Krüger, die Grafen von Werdenberg in St. Gall. Mitt. 22, 394).

Stammheim (im nordwestlichen Thurgau) und Merishausen (im Hegau) nie Reichsvogteien [65]).

Wie haben wir uns nun die Tatsache, daß nur ein Teil der st. gallischen Vogteien ans Reich genommen wurde, zu erklären? Worin liegt der Grund für eine so verschiedene Behandlung der einzelnen Vogteien?

Man könnte sagen, es seien 1180 einfach alle diejenigen Vogteien ans Reich genommen worden, die der Graf von Pfullendorf als Vogt zuletzt noch verwaltet hatte. Damit wäre aber vorausgesetzt, daß der Graf diese Vogteien vom Abte zu Lehen getragen hätte. Das ist aber darum nicht wahrscheinlich, weil auch später dem Kloster keinerlei Lehnsrechte an diesen Vogteien zustehen.

Mir scheint, die Tatsache, daß nur ein Teil der St. Galler Vogteien ans Reich gelangte, lasse sich nur erklären, wenn man annimmt, sie seien ursprünglich kein Bestandteil der St. Galler Kastvogtei, sondern Pertinenzen der Grafschaft gewesen. Folgende Erwägungen werden dies bestätigen.

Außer den Vogteien über die oben angeführten Dörfer, in denen St. Gallen begütert war, befindet sich auch die Vogtei über die Freien dieses Gebietes vom 12. Jahrhundert an nicht mehr in der Hand des Landgrafen im Thurgau, sondern beim Reiche.

Im Jahre 1279 versetzte König Rudolf dem Edlen von Ramswag „die Frigen, die da gehörend in die vogtyg ze Gägilmar, ze Werzenberg, ze Baldenwile, ze Unegg, ze Swainberg und ze Utzwil, unde ander fryen, die darzuo gehörent unde in die gericht, die unserm rich zugehörent“ [66]).

Wir haben in dieser Vogtei über die sogenannten „Freien Leute im Thurgau“ unzweifelhat den Rest einer alten Hundertschaft zu erblicken [67]). Daß aber diese Vogtei in einem gewissen Zusammenhang mit der Vogtei über jene Dörfer, in denen St. Gallen begütert war, gestanden haben muß, hat bereits F. v. Wyß [68]) betont. Es ist anzunehmen, daß die Vogtei

---

[65]) Die entgegenstehende Ansicht Caros, Neue Beiträge 80 ff., entbehrt der Grundlage.

[66]) W. 3, Nr. 1020; vgl. F. v. Wyß, Abh. 220 ff.

[67]) Blumer, Landgrafschaft Thurgau 104, Anm. 2.

[68]) Abh. 220.

über diese Freien gleichzeitig mit jenen anderen hier gelegenen Vogteien und durch denselben Akt vom Kaiser ans Reich genommen wurde.

Dagegen ist es nicht wahrscheinlich, daß diese Vogtei über die Freien jemals einen Bestandteil der St. Galler Klostervogtei gebildet habe, wie dies F. v. Wyß annimmt[69]). Die Vermutung spricht vielmehr dafür, daß diese Vogtei über die Freien ursprünglich eine Pertinenz der Grafschaft gewesen ist, die dann vom Kaiser auf Grund seines Exemtionsrechtes aus dem Zusammenhang mit der Grafschaft losgelöst und unmittelbar ans Reich genommen worden wäre.

Berücksichtigen wir sodann, daß die dem Reiche im Thurgau zustehenden Vogteien über St. Galler Besitzungen mit dieser Vogtei über die Freien einen mehr oder weniger geschlossenen Bezirk bilden, so drängt sich uns ohne weiteres die Vermutung auf, daß wir es hier mit einem aus der Grafschaft stammenden Gebilde zu tun haben, dessen räumliche Grundlage eine sich über das Toggenburg, die sogenannte alte Landschaft und das Appenzellerland erstreckende Hundertschaft gewesen sein muß. Die dem Reiche vom 12. Jahrhundert an hier zustehenden Vogteien entsprächen also der Summe derjenigen Vogteien, die dem Grafen im Zeitpunkte der Exemtion im Gebiete dieser Hundertschaft noch zugestanden hatten.

Dieser Übergang der Vogteien ans Reich muß mit der Übernahme der St. Galler Klostervogtei durch den Kaiser zeitlich zusammengefallen sein, und ist also ins Jahr 1180 anzusetzen. Es ist nun bemerkenswert, daß gerade in diesem Jahre Graf Hartmann III. von Kyburg, der Inhaber der Grafschaft im Thurgau starb [70]). Dieser Mannfall wird dem Kaiser den Anlaß geboten haben, die Ablösung jener südthurgauischen Vogteien von der Grafschaft vorzunehmen.

Ist es so im hohen Maße wahrscheinlich, daß die zur sog. Reichsvogtei St. Gallen gehörigen Vogteien ihren Ursprung in der Grafschaft haben, so ist von vornherein anzunehmen, daß auch die übrigen, entfernter gelegenen St. Galler Vogteien

---

[69]) Ibid.

[70]) Schweiz. Geneal. Handbuch 1, 9.

nicht mit der Immunität in Verbindung gebracht werden dürfen.

Läßt sich hier auch nicht mehr überall ein Zusammenhang mit der Grafschaft nachweisen, so spricht doch schon die eine Tatsache, daß diese Vogteien im Jahre 1180 nicht mit der Kastvogtei ans Reich kamen, dafür, daß ein Zusammenhang mit der Klostervogtei damals nicht bestand.

Ein Verzeichnis derjenigen Höfe, in denen St. Gallen vom 12. Jahrhundert ab Twing und Bann zustand, gibt G. Caro, Neue Beiträge 65, auf Grund einiger, dem 12. bis 14. Jahrhundert entstammenden Rödel. Der st. gallische Besitz ist danach in sieben Gruppen zu scheiden, je nach den Grafschaften, in denen die einzelnen Dörfer gelegen waren.

Der wichtigste Besitz St. Gallens lag natürlich im Thurgau. Für diejenigen der hier gelegenen Vogteien, die vom Ende des 12. Jahrhunderts an zur Reichsvogtei gehörten, haben wir bereits den Zusammenhang mit der Grafschaft gezeigt.

Daß in den im westlichen Thurgau befindlichen Dörfern Stammheim, Elgg und Turbental die Hochgerichtsbarkeit auch im späteren Mittelalter beim Landgrafen stand, hat P. Blumer [71]) nachgewiesen.

Im Zürichgau lagen die Dörfer Mönchaltorf, Dürnten und Dielsdorf.

Was zunächst die Vogteien über Mönchaltorf und Dürnten betrifft, so hat G. Caro [72]) gegenüber der von F. v. Wyß [73]) aufgestellten Behauptung mit Recht betont, daß diese Vogteien, die später mit der Feste Grüningen und den Rechten über eine Genossenschaft von Freien zur Herrschaft Grüningen verbunden erscheinen, an sich mit jener Burg nichts zu tun hatten, sondern gleichsam nur durch Personalunion an sie geknüpft waren. Im Jahre 1253 besaß Liutold von Regensberg über diese beiden Dörfer die Vogtei, aber weder als Lehen des Abtes, noch als Lehen des Reiches [74]). Abt Bertold kaufte sie

---

[71]) Landgrafschaft Thurgau 110.

[72]) Neue Beiträge 80.

[73]) Abh. 181 f. — Über diese Vogteien vgl. auch HU. 1, 266 Anm. 1. P. Schweizer in HU. 3, 579 f.

[74]) Die Annahme G. Caros, sie sei Reichslehen gewesen, läßt sich urkundlich nicht belegen.

von ihm um 1500 Mark [75]. Sein Nachfolger verlieh sie darauf den Söhnen Rudolfs von Habsburg als Lehen. Im habsburgischen Urbar [76] wird die Vogtei über Mönchaltorf und Dürnten als Lehen von St. Gallen bezeichnet. Die Gerichtsbarkeit des Vogtes umfaßte damals Dieb und Frevel [77]. Wer das Blutgericht im 13. Jahrhundert hier ausübte, geht aus den Quellen nicht hervor.

Auf Grund welchen Titels Liutold von Regensberg in den Besitz der Dieb- und Frevelgerichtsbarkeit gelangt war, läßt sich nicht mehr sicher feststellen. Wir werden in dem Abschnitt über die zürcherischen Immunitäten zeigen, daß im Laufe des 13. Jahrhunderts die Grafschaft im Zürichgau, deren Inhaber in dieser Zeit die Grafen von Habsburg-Laufenburg sind, sich in gänzlicher Auflösung befand. So ist es wohl denkbar, daß die Vogtei in Mönchaltorf und Dürnten von den Grafen von Habsburg-Laufenburg frühzeitig an die Freiherren von Regensberg veräußert worden ist.

Der Hof in Dielsdorf war 1276 vom Kloster St. Gallen an Ulrich von Regensberg zu Lehen gegeben worden. Als Graf Rudolf von Habsburg die Herrschaft Regensberg erwarb, ging auch dieses Lehen mit der niederen Gerichtsbarkeit an ihn über. Dem habsburgischen Urbar (1, 237) zufolge hat die Herrschaft von Österreich in Dürnten Twing und Bann und richtet alle Frevel, „ane das dem mane an dem (!) lib gat". Das Hochgericht wird dem Landgrafen im Zürichgau, also dem Grafen von Habsburg-Laufenburg zugestanden haben, der auch das Blutgericht für dieses Dorf ausübte.

Die Vogtei über das im H e g a u gelegene Dorf Merishausen, wo St. Gallen einen Hof nebst Twing und Bann besaß, gehörte noch im Jahre 1337 den Grafen von Nellenburg, also den Inhabern der Grafschaft im Hegau, die als solche auch das Blutgericht daselbst ausübten [78].

---

[75]) W. 3, Nr. 924. Caro a. a. O. 81.

[76]) 1, 266.

[77]) Ibid. 271 und 274.

[78]) Bächtold in Festschrift der Stadt Schaffhausen 1901 S. 97. S. unten S. 161.

Daß sich für die im Argengau und Rheingau gelegenen Dörfer Weiler, Scheidegg, Marbach und Bernang ebenfalls ein Zusammenhang mit der Grafschaft herstellen läßt, haben wir oben (S. 71 Anm. 64) gesehen.

Wer im späteren Mittelalter Inhaber der Vogteien von Zell-Kißlegg (Nibelgau), Wurmlingen, Frommern, Truchtelfingen, Vilsingen, Löffingen, Kirchdorf, Mundenfingen und Ewattingen (Baar) gewesen ist, habe ich auf Grund der mir zur Verfügung stehenden Quellen nicht festzustellen vermocht.

Die Vogtei über den in der Grafschaft Rottweil gelegenen Hof Oberndorf lag im 12. Jahrhundert in der Hand der Herzöge von Zähringen [79]), die gleichzeitig die Grafschaft verwalteten [80]). Auch hier wird also die in der Vogtei enthaltene Dieb- und Frevelgerichtsbarkeit aus der Grafschaft herzuleiten sein.

Alle diese Tatsachen zusammengehalten ergeben als Resultat, daß, als im Jahre 1180 der Graf von Pfullendorf starb und die St. Galler Kirchenvogtei ans Reich überging, diese auf dem Lande keinerlei Gerichtsbarkeit mehr umfaßte.

Der Gerichtsbezirk des Klostervogtes erweiterte sich erst, als die Vogtei über das Kloster ans Reich gekommen und mit der Vogtei über jene im Südosten des Thurgaus gelegenen Ortschaften verbunden worden war.

Es wäre allerdings falsch, wenn wir annehmen wollten, es hätten dem Vogte bis zu jenem Zeitpunkt überhaupt keine Gerichtsrechte mehr zugestanden. Aber diese scheinen sich auf die Stadt St. Gallen [81]) beschränkt zu haben. Die einzige Urkunde des 12. Jahrhunderts, welche sich mit der St. Galler Vogtei beschäftigt, läßt dies deutlich erkennen. In dieser Urkunde, welche im Jahre 1166, unmittelbar nach der Einsetzung des Grafen Rudolf von Pfullendorf als Vogt ausgestellt ist, regeln dieser und Abt Werner die Verhältnisse der

---

[79]) Caro, Neue Beiträge 87.

[80]) Baumann, Gaugrafschaften 164.

[81]) Über diese vgl. M. Gmür, Die verfassungsgeschichtliche Entwicklung der Stadt St. Gallen bis zum Jahre 1457. St. Gallen 1900. Wir sind über die Anfänge der Stadt nicht unterrichtet. Doch scheint sie bereits im 11. Jahrhundert angelegt worden zu sein. Vgl. M. Gmür a. a. O. 4 ff.

dem Grafen neu übertragenen Vogtei [82]). Es ist nun äußerst bemerkenswert, daß hier nur von der Vogtei über Kloster und Stadt St. Gallen die Rede ist, ein deutlicher Hinweis darauf, daß sich die Vogtei damals auf Kloster und Stadt beschränkte.

Der Grund, warum der Vogt nicht auch in der Stadt durch den Klosterrichter verdrängt wurde, wird darin gelegen haben, daß ihm hier von Anfang an eine gewisse Hochgerichtsbarkeit zustand, die aber weder aus der Grafschaft noch aus der Immunität fließen kann.

Leider sind wir über die Kompetenzverteilung zwischen den einzelnen städtischen Gerichten, demjenigen des Ammanns und dem des Vogtes für das 12. und 13. Jahrhundert nicht unterrichtet. Aus späteren Quellen jedoch können wir entnehmen, daß der Vogt in St. Gallen sowohl die Sühnehochgerichtsbarkeit mit Ausnahme des Falls der blutenden Wunde, wie auch das Blutgericht versah [83]). Das Niedergericht steht dem Stadtammann, der vom Abte eingesetzt wird, zu.

§ 7. **Rheinau.**

A. Bis zum Jahre 1000.

Die Gründung des romantisch auf einer vom Rhein umspülten Insel gelegenen Benediktinerklosters Rheinau [1]) fällt

---

[82]) W. 3, Anh. Nr. 17. Abt Werner teilt im Eingang dieser Urkunde mit, daß er die Vogtei „quam potestativa manu libere tenuit... comiti Ruodolfo commisit". Er bestimmt, daß Graf Rudolf diese Vogtei niemandem zu Lehen geben dürfe und die familia des Klosters und die inhabitantes hunc locum (St. Gallen) nicht belästigen dürfe.

[83]) Gmür a. a. O. 22. Das Blutgericht scheint der Vogt jedoch erst seit 1298 ausgeübt zu haben. Damals verpfändete König Adolf dem Abte von St. G. das alte Vogtgericht der St. G. und gab dem Abte das Recht, einen Richter einzusetzen, „cui judici . . . ex nunc damus auctoritatem exercendi merum et mixtum imperium, hoc est animadvertendi in facinorosos . . . (W. 3 Nr. 1106). Der Rat, der um Frevel und um blutende Wunden ohne über Totschlag richtet, ist erst nach 1300 entstanden. Seine Gerichtsbarkeit hat daher keinen ursprünglichen Charakter.

[1]) Literatur. Hohenbaum van der Meer, Geschichte des Gotteshauses Rheinau. 1778. — S. Rothenhäusler, Baugeschichte des Klosters Rheinau. 1902. — Rieger, Über eine Ur-

ins 9., wenn nicht schon ins 8. Jahrhundert. Im Jahre 844 wird es zum ersten Male urkundlich erwähnt [2]).

Rheinau war nicht von Anfang an ein Reichskloster, sondern wurde dies erst im Jahre 858. Damals stellte Wolven, ein Vasall des Königs Ludwig des Deutschen, das von seinen Vorfahren gegründete, später aber im Laufe von Familienzwistigkeiten fast gänzlich zerstörte Kloster Rheinau wieder her und übergab es dem Schutze des Königs [3]). Er bewirkte sodann, daß der König dem Kloster die Immunität erteilte und ihm die freie Abtwahl zusicherte [4]). Das Kloster selbst wird von der Herbergsverpflichtung und der Reisepflicht entbunden und dem öffentlichen Richter [5]) verboten, „servos ipsius monasterii injuste c o n s t r i n g e r e vel in agros seu reliquas possessiones necnon per inlicitas occasiones aliqua persona in illorum potestate i n g r e d i". Es werden also die alten Verbote des introitus und der districtio aufgestellt. Nicht erwähnt wird ein Verbot an den öffentlichen Richter, die Gerichtsgefälle einzutreiben. Auch die Existenz einer eigentlichen Immunitätsgerichtsbarkeit läßt sich aus dem Privileg nicht entnehmen. Daß aber schon im 10. Jahrhundert eine vom Vogte ausgeübte Jurisdiktion über die Hintersassen des

---

kunde Ludwigs des Deutschen für das Kloster Rheinau in Wiener Sitz.-Ber. 76, 477 ff. — J o h a n n L e c h n e r, Schwäbische Urkundenfälschungen des 10. und 12. Jahrhunderts in MIOeG. 21, 36, 56 ff. — R. H o p p e l e r, Grundherrschaft des Stiftes Rheinau im nordwestl. Thurgau im Anz. f. Schw. Gesch. 1910 S. 11 ff. — D e r s., Stift und Stadt Rheinau im 13. Jahrh. in Ztschr. f. Schw. Kirchengesch. 1910. — D ä n d l i k e r, Gesch. v. Zürich 1, 316, 340 f., 51 ff. — P. B l u m e r, Landgrafschaft Thurgau 62 und 113. — Die wichtigsten auf Rheinau bezüglichen Urkunden, das sog. Rheinauer Cartular sind abgedruckt in Quellen zur Schw. Gesch. Bd. 3.

[2]) Quellen 3, 6.

[3]) Urk. v. 19. II. 858 (Quellen 3, 11). Wolven sagt in dieser Urkunde u. a.: „Quia ipse locus parentibus meis inter se litigantibus atque vastantibus pene stirpatum evenit, ideo praedictum locum a me . . . . iterum restauratum domno meo . . . regi Ludowico contradidi, quatinus . . . praefatus locus sub illius mundiburdio vel successorum suorum stabilis inconvulsusque valeat."

[4]) Urk. v. 12. IV. 858 (Quellen 3, 13): „sub nostra defensione et inmunitatis tuitione" soll das Kloster verbleiben.

[5]) „Comes vel ulla potestas".

Klosters bestand, zeigt ein Zusatz zu einer Kopie der obigen Urkunde, dessen Handschrift auf das 10. Jahrhundert weist [6]):

„Censales homines Renaugensis ecclesie .... coram nullo comite vel aliquo seculari judice regant (-ur) vel bannum persolvant aut aliquod judicium faciant, nisi coram abbate et advocato“ [7]).

Diese Stelle, die ihr Muster in dem im 10. Jahrhundert auf Karl des Dicken gefälschten Privileg für Reichenau vom Jahre 887 hat [8]), beweist das Bestehen eines Immunitätsgerichtes. Es tut dabei nichts zur Sache, daß jene Bestimmung gefälscht war. Denn daß man überhaupt derartige Ansprüche dem Grafen gegenüber erheben konnte, setzt die Existenz einer Immunitätsgerichtsbarkeit voraus.

Wer anfänglich die Vogtei über das Kloster verwaltet hat, wissen wir nicht. Daß sich der Gründer von Anfang an die Vogtei über sein Kloster vorbehalten habe, wie dies bei späteren Gründungen die Regel war, ist nicht wahrscheinlich. Auch Wolven hat die Vogtei jedenfalls nicht besessen; denn er hat späterhin selber das Ordenskleid genommen und sich die Abtswürde übertragen lassen, sich damit also der Möglichkeit beraubt, die Vertretung des Klosters in weltlichen Händeln und seinen Schutz gegen außen selber zu handhaben. So finden wir denn auch bereits zu seinen Lebzeiten einen Vogt des Klosters namens Liuto, der gemeinsam mit Wolven als Vertreter des Klosters bei einem Tausche mitwirkt [9]). Im 10. Jahrhundert tritt uns sodann ein Vogt mit Namen Engiboldus entgegen [10]).

---

6) Vgl. UB. Zürich 1, 32. Die Ausgabe in den Quellen enthält diesen Zusatz nicht. Nach Hohenbaum S. 75 wäre dieser Zusatz erst im 12. Jahrhundert beigefügt worden.

7) UB. Zürich a. a. O.

8) Wirt. UB. 4, 327: „ut censuales homines sive familiae in quibuscumque locis sint constituti, pacem habeant et coram nullo comite aut bannum persolvant aut saeculare negotium habeant nisi coram abbate vel ipsius monasterii advocato“. Vergl. auch die auf das Reichenauer Vorbild zurückgehenden, im 12. Jahrhundert gefälschten Privilegien für Buchau (Wirt. UB. 4, 327) und Lindau (ibid. 2, 371).

9) Urk. v. 878 (Quellen 3, 30).

10) Urk. v. 963 (ibid. 39).

Im übrigen sind die älteren Nachrichten über die Vogtei recht spärlich. Neben dem Vertretungsrecht und der Schutzpflicht wird dem Vogte hauptsächlich die Ausübung der dem Kloster eingeräumten Immunitätsgerichtsbarkeit zugestanden haben. Über deren Umfang erhellt aus den Urkunden nichts. Wie aus dem oben angeführten Zusatz zum Privileg Ludwigs vom Jahre 858 hervorgeht, hat Rheinau im 10. Jahrhundert den Versuch gemacht, die gesamte Gerichtsbarkeit über seine Zinsleute in seine Hand zu bekommen unter gänzlichem Ausschluß des Grafen. Es ist aber nicht anzunehmen, daß dieser Versuch gelungen ist. Dazu fehlte dem Kloster auch jeder Rechtstitel. Denn jener Zusatz: „Censales . . . advocato" befand sich ja nicht in der Kaiserurkunde, sondern in einer späteren Kopie dieser Urkunde und zwar an deren Schlusse, hinter der Unterschrift des Kaisers und dem Kanzleivermerk.

B. Nach dem Jahre 1000.

Das Kloster Rheinau vermochte sich in den ersten Jahrhunderten seines Bestehens keine größere Bedeutung zu verschaffen und hat sich nicht so glänzend entwickelt wie die ebenfalls in karolingischer Zeit gegründeten Reichsabteien Reichenau und St. Gallen. Während diese aber vom 11. bis 13. Jahrhundert immer mehr verweltlichten, schloß sich Rheinau im 11. Jahrhundert der von Hirsau ausgehenden Reformbewegung an. Damals fand der Neubau der Klosterkirche nach Hirsaus Vorbild statt, die 1114 eingeweiht wurde[11]).

Inwieweit dieser Anschluß an die Klosterreform einen Einfluß auf die Vogtei und ihre Besetzung hatte, wissen wir nicht, da uns für das ganze 11. Jahrhundert Nachrichten über die Rheinauer Vogtei fehlen. Zu Anfang des 12. Jahrhunderts tritt uns ein Liutoldus von Weißenburg als Vogt von Rheinau entgegen[12]). Dieser Vogt scheint sich eines Mißbrauchs seines Amtes schuldig gemacht zu haben. Denn in einer Urkunde, die in den Anfang der Regierung Heinrichs V. anzusetzen

---

[11]) Dändliker a. a. O. 1, 340. S. Rothenhäusler, Baugesch. 1 ff.

[12]) Undatierte Urkunde aus dem Anfang des 12. Jahrhunderts in Quellen 3, Nr. 47.

ist [13]), verbietet ihm der König, die Grenzen seiner Befugnisse zu überschreiten (ne advocatus terminos juris sui transeat) und Untervögte einzusetzen, und befiehlt ihm, sein Gericht (suum placitum) „secundum consuetudinem antiquam loci" abzuhalten.

Was haben wir nun unter diesem Befehl, das Vogtgericht nach der alten Gewohnheit des Ortes abzuhalten, zu verstehen? Zur Erklärung dieser Stelle wird uns ein Vergleich mit einer Schaffhauser Urkunde aus nicht viel späterer Zeit von Nutzen sein. In Schaffhausen hatte, wie wir an anderer Stelle ausführen werden, zu Beginn des 12. Jahrhunderts der Klostervogt von Allerheiligen den Versuch gemacht, seine Gerichtsbarkeit dadurch auszudehnen, daß er danach trachtete, den Vorsitz im klösterlichen Ortsniedergericht zu erlangen. Diesem Streben trat das Kloster mit Macht entgegen und es kam schließlich (1122) zu einem Vergleich, in dem die Ansprüche des Vogtes zurückgewiesen wurden und er auf seine vier alten Dingstätten beschränkt ward.

Die Vermutung liegt nun nahe, daß in Rheinau etwas ähnliches vor sich gegangen ist. Im 11. Jahrhundert werden sich auch hier in den einzelnen Dörfern, wo Rheinau begütert war, Ortsniedergerichte gebildet haben, deren Verwaltung ein vom Abte abhängiger Beamter versah. Die vom König gerügten Übergriffe des Vogtes mögen dann darin bestanden haben, daß der Vogt versuchte, sich in diese neue Niedergerichtsbarkeit einzumischen. Dagegen wehrte sich natürlich das Kloster und fand beim König Unterstützung, dessen Gebot an den Vogt, das placitum secundum antiquam consuetudinem abzuhalten, dahin zu erklären wäre, es solle der Vogt auf sein altes, auf der Immunität beruhendes Vogtding beschränkt bleiben und mit den klösterlichen Ortsgerichten nichts zu tun haben.

Es scheint dann später eine Versöhnung des Klosters mit Liutold von Weißenburg erfolgt zu sein. Denn in einer späteren Urkunde [14]) schenkt Liutold dem Kloster alle seine

---

[13]) Quellen 3, Nr. 42. Heinrich nennt sich noch „rex" in dieser Urkunde.

[14]) Quellen 3, Nr. 44. Liutold macht die Schenkung „divino timore correptus". Daraus und aus der Größe der Schenkung schließe ich, daß er die Urkunde erst gegen Ende seines Lebens ausgestellt hat.

Besitzungen in den Dörfern Erzingen, Weißenburg, Weißwil, Rüdlingen und Buchberg mit aller Zubehör, nämlich „cum hominibus utriusque sexus, militaribus et rusticanis, vineis et pomariis, pratis et pascuis, cultis et incultis, agris, silvis, venationibus, aquis aquarumve decursibus, molendinis, piscationibus, ecclesiis, ecclesiasticisque possessionibus, seu quicquid dici aut nominari potest". Von der Ortsvogtei über diese Dörfer ist nicht die Rede, wiederum ein Zeichen dafür, daß Liutold diese nicht besaß.

Aus der eben erwähnten Urkunde erfahren wir, daß Liutold von Weißenburg keinen Leibeserben besaß [15]). Wenn wir daher um das Jahr 1125 die Grafen von Lenzburg im Besitze der Vogtei sehen, so ist zu vermuten, daß sie diese nach dem Tode jenes Liutold erhalten haben. Daß dieser Erwerb der Vogtei gegen den Willen des Klosters erfolgte, geht aus dem Streite hervor, der nun zwischen den Lenzburgern und dem Kloster entbrannte und bei dem sich, wie es scheint, die Rheinauer auf ihr Recht beriefen, den Vogt selbst wählen zu dürfen. In der Urkunde Nr. 38 des Cartulars (Quellen 3, wohl vom Jahre 1126) beschwert sich der Legat Kardinalpriester Gregor bei König Lothar, daß sich der König nicht um die Freiheit des Klosters „in advocati electione et donatione" kümmere. Unter Hinweis auf die von den früheren Kaisern angeblich dem Kloster gewährten Befreiungen wird der Graf von Lenzburg vom Pabst wie vom Legaten aufgefordert, von der Bedrängung des Klosters abzustehen.

In Wirklichkeit besaß das Kloster kein Privileg irgend eines Königs, welches ihm die freie Wahl des Vogtes zugestanden hätte. Auch das Privileg Lothars von 1125, auf das sich der Legat speziell beruft [16]), berührt mit keinem Worte die Vogtwahl. Dagegen räumte Pabst Honorius II. in einer Urkunde vom 24. II. 1125 dem Abte Dietmar die Erwählung des Vogtes ein [17]). Doch scheint man den Mangel einer königlichen Bestätigung der freien Vogtwahl empfunden zu haben,

---

Irgendwelche sonstigen Anhaltspunkte für die Datierung bietet die Urkunde nicht.

[15]) „L. de W., carnali legitimo herede cassatus".

[16]) Quellen 3, Nr. 34. UB. Zürich 1, Nr. 269.

[17]) Quellen 3, Nr. 35.

und diesem Mangel sollte eine, wohl um diese Zeit auf Ludwig den Deutschen gefälschte Urkunde von 852 [18]) abhelfen.

Der Inhalt dieser Urkunde ist, soweit er sich auf die Vogtei bezieht, folgender: Im Hinblick darauf, daß die meisten Vögte ihre Macht mißbrauchen, indem sie sich als „rapaces et injuriosi exactores" erweisen, wird dem Kloster das Recht eingeräumt, sich seine Vögte selbst zu wählen. Es solle sich niemand herausnehmen dürfen, „hanc curam et potestatem" sich zu vindizieren oder sie auf Grund von Erb- oder sonstigen Rechtsansprüchen an sich zu reißen (invadere). Wem aber der Abt die Vogtei übertragen hat, dem soll der König den Königsbann leihen (bannum regale contradere). Wenn aber der Vogt sich als Bedränger des Klosters erweist oder wenn er ohne des Abtes Erlaubnis einen Vogt neben sich einsetzt, dann soll er nach dreimaliger vergeblicher Mahnung unverzüglich und ohne vorhergehendes Urteil die Vogtei verlieren. Ferner soll der Vogt das Recht nicht haben, im Innern des Klosters (in prefato loculo) sein Ding abzuhalten oder irgend welche Gerichtsbarkeit auszuüben, es sei denn, der Abt rufe ihn.

Ob sich diese Ansprüche des Klosters auf die freie Vogtwahl durchsetzen ließen, ist zweifelhaft. Wenigstens scheinen die Grafen von Lenzburg noch weiterhin im Besitze der Vogtei gewesen zu sein [19]). Nach dem Aussterben der Lenzburger (1173) nahm Friedrich I. die Vogtei ans Reich [20]), doch nicht für lange. Bereits 1209 sehen wir die Freiherren von Kren-

---

[18]) Quellen 3, Nr. 1. UB. Zürich 1, Nr. 64. Vgl. über diese Fälschung Johann Lechner in MIOeG. 21, 56 ff., der auf ihren Zusammenhang mit den aus der gleichen Zeit stammenden Reichenauer Fälschungen hingewiesen hat. Muster ist das gefälschte Privileg Karls d. Gr. v. 6. 4. 811 für Reichenau (Wirt. UB. 1, 72), dessen Abfassung in den Anfang des 12. Jahrhunderts zu verlegen ist. Lechner a. a. O. 40 ff.

[19]) So Hohenbaum van der Meer 76, allerdings ohne Quellenangabe.

[20]) Das geht aus der Urkunde vom 9. II. 1209 (Quellen 3, 63; UB. Zürich 1, Nr. 362) hervor, wo die Vögte Diethelm und Conrad von Krenkingen versprechen, keine anderen Leistungen vom Kloster zu fordern als zur Zeit Kaiser Friedrichs I. „qui tunc advocatiam eandem in manu sua tenuit".

kingen in ihrem Besitz [21]). Ähnlich den früheren Vögten haben auch die Krenkinger sich dem Kloster gegenüber als Bedränger erwiesen [22]). Die Mönche mußten es daher gerne sehen, daß im Jahre 1241 Kaiser Friedrich II. die Vogtei über das Kloster Rheinau von den Krenkingern kaufte [23]), das Kloster in seinen und des Reiches Schutz nahm und die Vogtei wiederum zur Reichsvogtei erhob.

Das Interregnum scheint die Vogteifrage wieder ins Rollen gebracht zu haben. Es wird uns von neuen Streitigkeiten des Klosters mit den Freiherren von Krenkingen berichtet, die wiederum nach der Vogtei trachteten [24]). Diesen Händeln machte jedoch die Thronbesteigung Rudolfs von Habsburg ein Ende, unter dessen Einfluß offenbar Graf Eberhard von Habsburg-Laufenburg, ein Vetter des Königs, von Abt und Konvent zum Vogte gewählt wurde [25]). Von dieser Zeit an blieb die Vogtei über das Kloster Rheinau bei der jüngeren Habsburger Linie bis zu deren Aussterben im Jahre 1408. Die Nachfolge trat der ältere Stamm an: 1409 ließ sich Herzog Friedrich IV. von Österreich zum Vogte wählen [26]). Aber nur 50 Jahre sollte die Herrschaft Österreichs dauern, denn 1460 ging die Kastvogtei Rheinau von den Herzögen von Österreich auf die Eidgenossen über [27]).

Wir haben uns nun mit der wichtigen Frage zu befassen: welchen Umfang besaß die vom Vogte ausgeübte Gerichtsbarkeit in diesem Zeitraum? Wir sahen, daß jedenfalls in den ersten zwei Jahrhunderten des Klosters die Gerichtsbarkeit des Vogtes auf die niedere Justiz beschränkt geblieben war. Wenigstens bot sich uns kein Anhaltspunkt für die Annahme des Gegenteils.

Im Laufe des 11. Jahrhunderts hat sich dann auch hier jene Entwickelung vollzogen, die sich durch die Ausbildung von Ortsniedergerichten charakterisiert. Es trat also neben

---

[21]) S. Anm. 20.

[22]) In der obigen Urkunde von 1209 beschwert sich der Abt von Rheinau über „gravia dampna nomine advocatie illata".

[23]) Quellen 3, Nr. 51. UB. Zürich 2, Nr. 551 und 557.

[24]) UB. Zürich 2, Nr. 659.

[25]) Hohenbaum van der Meer 99.

[26]) Ibid. 113.

[27]) P. Blumer, Landgrafschaft Thurgau 62.

das auf der Immunität beruhende Niedergericht des Vogtes, welches auf das Immunitätsland und die Immunitätsleute beschränkt war, das auf die Übertragung eines lokalen Bannes sich gründende, das ganze Gebiet einer Ortschaft umfassende Ortsniedergericht. Dieser Prozeß muß für Rheinau um das Jahr 1100 bereits beendet gewesen sein. Wie wir nämlich oben sahen, machte, wie es scheint zu Anfang des 12. Jahrhunderts der Rheinauer Vogt Liutold von Weißenburg Anstrengungen, diese Gerichtsbarkeit in seine Hand zu bekommen. Durch das Eingreifen König Heinrichs V. wurden seine Absichten vereitelt und er auf sein altes Vogtding beschränkt.

Hätte nun der Vogt in seinem alten Vogtgericht die Hochgerichtsbarkeit ausgeübt, so hätte es ihm nun doch gelingen sollen, wenigstens den Vorsitz im Ortsgerichte in denjenigen Fällen an sich zu ziehen, wo hochgerichtliche Sachen im Wege des Sühnegerichtsverfahrens vor diesem Forum zur Entscheidung gelangten. Davon ist aber nicht die Rede. Die folgende Untersuchung wird, soweit dies überhaupt bei dem spärlichen Urkundenmaterial noch möglich ist, den Beweis erbringen, daß überall nicht der Klostervogt den Vorsitz im Ortsgericht erlangt hat, sobald dort hochgerichtliche Fälle zur Entscheidung kamen, sondern der Graf.

Über die Verteilung der in den Rheinauer Ortsgerichten ausgeübten Gerichtsbarkeit gibt uns eine Offnung des Klosters Rheinau aus der zweiten Hälfte des 15. Jahrhunderts [28], in welcher die Gerechtsamen, die das Kloster in seinen Höfen hatte, festgestellt werden, nähere Auskunft. Von der Strafgerichtsbarkeit handelt speziell Art. 4. Es heißt dort:

Und was gewettet wird an denselben Gerichten, das ist „ze urtät" (gänzlich) des Abtes ohne den Totschlag.

Es besitzt also der Abt die gesamte Niedergerichtsbarkeit und auch einen Teil der Sühnehochgerichtsbarkeit, nämlich über den schwersten Freveltatbestand, den der blutenden Wunde. Der Vogt ist auf den Fall des Totschlages und die

[28]) Abgedruckt in Schaubergs Zeitschrift 1, 149 ff. Die Abschrift dieser Offnung bezeichnet im Eingang ihre Quelle mit den Worten: „Des Gotteshauses alte Gerechtsame, wie sie in dem Urbar de anno 1464 enthalten sind".

übrige Hochgerichtsbarkeit beschränkt. Daß dieses Verhältnis erst das Resultat einer verhältnismäßig späten Entwickelung sein kann, zeigt das habsburgische Urbar. Dieses weist noch überall da, wo Habsburg-Österreich die Vogtei in Rheinauer Dörfern inne hat, die gesamte Frevelgerichtsbarkeit der Herrschaft zu [29]).

Wir wenden uns nunmehr der eingehenderen Untersuchung der Frage zu, welchen Ursprung die dem Vogte zustehende Gerichtsbarkeit gehabt habe und beschäftigen uns zunächst mit den im

1. Thurgau gelegenen Ortschaften, zu denen auch das Städtchen Rheinau gehörte.

Seine thurgauischen Güter verdankte Rheinau zum größten Teil einer Schenkung Wolvens, der am 19. Februar 858 durch die Hand König Ludwigs dem Kloster seinen Besitz im Thurgau übertrug [30]). Der Umfang dieser Schenkung erhellt aus der Urkunde König Ludwigs vom 12. April 858 [31]), laut welcher damals Besitzungen in den Dörfern Marthalen, Ellikon a. Rh., Holzheim, Wildensbuch, Rudolfingen, Trüllikon, Benken, Truttikon, Schlatt, Stammheim, Nußbaumen und Mörlen an Rheinau gelangten. Von diesen Dörfern ist Holzheim frühzeitig abgegangen [32]). In den Dörfern Schlatt, Stammheim, Nußbaumen, Rudolfingen und Truttikon begegnen wir vom 12. Jahrhundert ab keinem rheinauischen Grundbesitz mehr. Dafür hat das Kloster bis 1241 noch in Örlingen, Radhof und Krähenriet solchen erworben [33]), so daß im 13. Jahrhundert der rheinauische Grundbesitz im Thurgau auf die Dörfer Ellikon, Benken, Örlingen, Marthalen, Trüllikon, Mörlen und Wildensbuch, den Radhof und Krähenriet verteilt war.

Die ersten Nachrichten über die Gerichtsverhältnisse in all [34]) diesen Ortschaften gewährt uns das habsburgische

---

[29]) Den Umfang der rheinauischen Besitzungen zu Anfang des 14. Jahrhunderts ersehen wir aus dem von I. Meyer in der Alamannia 4, 106 ff. herausgegebenen Urbar.

[30]) Quellen 3, Nr. 9.

[31]) Ibid. Nr. 10.

[32]) Zum letzten Male 1049 erwähnt (Quellen 3, 45).

[33]) Vgl. Urkunde v. 1241 VIII. 17. Quellen 3, Nr. 51.

[34]) Ellikon und Benken ausgenommen; darüber weiter unten. Krähenriet kommt im habsburgischen Urbar nicht vor, doch vermute

Urbar [35]). Und da ist es nun sehr bezeichnend, daß hier überall nicht der Vogt von Rheinau, der zu dieser Zeit der Graf von Habsburg-Laufenburg war, die Dieb- und Frevelgerichtsbarkeit ausübte, sondern die Herrschaft von Österreich, die Inhaberin der Grafschaft Thurgau, und die Quelle, aus der ihre Gerichtsbarkeit entsprang, kann einzig die Grafschaft gewesen sein [36]).

Über Benken, das im habsburgischen Urbar nicht erwähnt ist, schreibt R. Hoppeler in den Zürch. Rechtsquellen 1, 433 [37]), daß daselbst die hohen Gerichte von jeher an Kyburg, also an die Grafschaft Thurgau [38]) gehört hätten. Also auch hier hatte der Vogt von Rheinau nichts zu schaffen. Ellikon bildete mit den klettgauischen Dörfern Rüdlingen und Buchberg eine Gerichtsgemeinde, über die 1334 die Freiherren von Thengen die Vogtei als Lehen von Rheinau inne hatten [39]). Doch umfaßte diese nur die niedere Gerichtsbarkeit, war also wohl identisch mit der Ortsniedergerichtsbarkeit, wie sie im 11. Jahrhundert zur Entstehung gelangt war [40]), nur daß sie nun nicht von einem Beamten des Klosters verwaltet wurde, sondern vom Abte zu Lehen ausgetan war. Die hohe Gerichtsbarkeit stand bei der Herrschaft von Kyburg, also bei den Inhabern der Landgrafschaft Thurgau [41]). Auch hier hatte der Rheinauer Vogt nichts zu schaffen.

Ein einzige Ausnahme bildet das dem Kloster auf der thurgauischen Rheinseite gegenüberliegende Städtchen Rhei-

---

ich, daß es identisch ist mit dem vom HU. 1, 351 erwähnten, Rheinau zugehörigen Hof, 6 Huben und anderen Gütern, „die gegen Andolfingen ennunt der Ture" liegen.

[35]) HU. 1, 345 ff.

[36]) In diesem Sinne auch Blumer, Landgrafschaft Thurgau 45.

[37]) Die niedere Gerichtsbarkeit trugen um die Mitte des 13. Jahrhunderts die Freien von Wart von Rheinau zu Lehen. UB. Zürich 7 Nr. 2563.

[38]) Über den Ursprung der Grafschaft Kyburg aus der Grafschaft im Thurgau vgl. Blumer a. a. O. 40 ff., 58 ff.

[39]) Festschrift der Stadt Schaffhausen 85 f.

[40]) Die Vereinigung der drei Dörfer zu einer Gerichtsgemeinde wird auf ihren geringen Umfang zurückzuführen sein.

[41]) Vgl. das von Dändliker, Gesch. von Zürich 1, 280 zitierte Sprichwort: „Die Elliker gehören nach Rheinau ins Grab, nach Rüdlingen an den Stab und nach Kyburg an den Galgen".

nau, das im Jahre 1241 [42]) zum ersten Male erwähnt wird. Hier stand unzweifelhaft das hohe Gericht dem Kastvogt des Klosters zu.

Eine Offnung aus dem Anfang des 16. Jahrhunderts [43]) verteilt die richterlichen Kompetenzen im Städtchen Rheinau folgendermaßen:

Der (vom Abte eingesetzte) Schultheiß richtet über alle „Strafen und Frevel“ in der Stadt „bis an den Totschlag und was das Leben betrifft“, ferner über Geldschulden und andere „in gemain rechtfertigungen hendel und sachen“ [44]). Er hat also die gesamte Niedergerichtsbarkeit und einen Teil der hohen, nämlich die Gerichtsbarkeit über den schwersten Frevelfall, den der blutenden Wunde.

Was darüber hinausgeht, gehört in die Kompetenz des Vogtes [45]). Obschon nun aber der Vogt dieser Offnung zufolge auch das eigentliche Blutgericht besitzt, steht ihm die Exekution des gefällten Bluturteils doch nicht zu. Ein späterer Zusatz zur Offnung betont, daß zwar alle Gerichte zu Rheinau, hohe und niedere, dem Kloster gehören, daß aber nach alter Gewohnheit die Exekution des Bluturteils dem Landvogt von Thurgau (dem Verwalter der gräflichen Gerichtsbarkeit) vorbehalten sei [46]).

Es erhebt sich nun die Frage, aus welcher Quelle diese vom Rheinauer Vogt ausgeübte Hochgerichtsbarkeit stamme. Mit der Immunität kann sie unmöglich zusammenhängen, denn das Städtchen Rheinau kann frühestens im Anfange des 13. Jahrhunderts entstanden sein [47]). Vorher hören wir wohl etwas von einer hier angelegten Befestigung, nicht aber

[42]) Vgl. die Urkunde von 1241. Quellen 3, Nr. 51.

[43]) Abgedruckt in Schaubergs Zeitschrift 1, 149 ff.

[44]) Artikel 4 der Offnung. Ferner Art. 6: „item der schultes hatt uber all buossen und freffly ze richten ussgenommen uber die tatt dess tods“.

[45]) Art. 6.

[46]) Der Zusatz lautet: Dem Gotshus gehören zuo Rheinow alle hoche und nidere Gricht; allein würdet dz Malefitz Gricht bey disem puncten ietzo von vilen jahren also observiret, dz erstens des Gotzhuses beampter und vogt die klag wider den Maleficanten vor Statt Gricht füeret, hernocher würt dem Lantvogt im Thurgew . . . der prozess an statt des Gotzhuses übergeben.

[47]) Hoppeler, Stift und Stadt Rheinau.

von einer eigentlichen Ansiedelung. Aus der Grafschaft aber kann jene Gerichtsbarkeit auch nicht stammen, denn Vogtei und Grafschaft lagen im Anfange des 13. Jahrhunderts nicht in einer Hand. Es muß also ein drittes Element als Quelle der Hochgerichtsbarkeit im Städtchen Rheinau angenommen werden.

Ich möchte diese in dem Reichsweistum von 1218 erblicken. Dieses spricht sich über die in den Märkten auszuübende Gerichtsbarkeit folgendermaßen aus:

„Quod si forte alicui per cirothecam nostram contulerimus forum annuale vel septimanale in aliquo loco, quod comes aut alius iudex aliquis illius provincie non debeat illic habere iurisdiccionem vel aliquam potestatem puniendi maleficia. Set si forte latro vel fur aut alius maleficus ad mortem fuerit condempnatus, comiti sive iudici provinciali de loco illo erit presentandus ad sententie in eum late executionem“ [48]).

Es wird also für alle Märkte die Gerichtsbarkeit des Grafen ausgeschlossen und ihm nur die Vollstreckung der Bluturteile vorbehalten.

Der von uns oben gekennzeichnete Zustand, daß der Rheinauer Vogt wohl das Recht hat, ein Bluturteil zu fällen, daß aber der Verurteilte dem Landrichter zur Exekution überantwortet wird, entspricht zu sehr dem Inhalt dieses Weistums, als daß man nicht annehmen müßte, die Gerichtsverhältnisse Rheinaus beruhten auf diesem Reichsspruch.

2. Zürichgau. Bei den zürichgauischen Besitzungen Rheinaus brauchen wir uns nicht länger aufzuhalten. In den hier gelegenen Dörfern Glattfelden, Seglingen, Zweidlen, Höri und Hasli ist zwar Rheinau im 13. Jahrhundert begütert [49]), doch scheint es sich hier nicht um alten Rheinauer Besitz zu handeln, der noch der Immunität teilhaftig gewesen wäre [50]). Übrigens steht auch hier dem Rheinauer Kastvogt als solchem nirgends die Gerichtsbarkeit zu.

---

[48]) MG. Constitutiones II, 61, p. 75.

[49]) Vgl. die Urk. v. 1241 (Quellen 3, Nr. 51).

[50]) Älterer Besitz in Spreitenbach und Bülach ist zu geringfügig gewesen, als daß hier eine Gerichtsbarkeit des Klosters hätte aufkommen können. Vgl. Quellen 3, Nr. 34, 49. Hier erhält Rheinau je eine Hube geschenkt.

3. Klettgau. Hier lag das zweite große Zentrum des rheinauischen Besitzes. Schon im 9. und 10. Jahrhundert hat hier Rheinau Güter in Oberlauchringen [51], Altenburg [52], Erzingen, Balm [53], Trasadinden, Rechberg [54], Wunderklingen [55], Rheinheim [56], Wilchingen, Haslach, Gächlingen, Siblingen, Hofstetten, Jestetten, Rafz, Weisswil [57]; im 11. und 12. Jahrhundert kamen dazu Besitzungen in Weißenburg [58], Rüdlingen, Buchberg [59], Osterfingen [60], Griessen [61] und Neukrenkingen [62]. Aber ein großer Teil derselben ist Rheinau frühzeitig verloren gegangen, ohne daß wir Nachrichten über die Gerichtsbarkeit in den betreffenden Ortschaften zur Zeit der Rheinauer Herrschaft besäßen. Dies ist bei den Dörfern Trasadingen, Wunderklingen, Wilchingen, Haslach, Gächlingen, Siblingen, Hofstetten, Jestetten, Rafz, Weißenburg und Neukrenkingen der Fall. Bereits das zu Anfang des 14. Jahrhunderts aufgezeichnete Rheinauer Urbar führt in diesen Dörfern gar keinen Besitz mehr an.

Bevor wir nun in die Untersuchung der Gerichtsverhältnisse in den einzelnen Dörfern eintreten, sei eine allgemeine Bemerkung über die Gerichtsverfassung des Klettgaues vorausgesandt. Wohl über keinen einzigen der alamannischen Gaue sind wir so schlecht unterrichtet, wie gerade über diesen [63]. Im Jahre 1023 wird ein Graf Ratbot als Graf im

---

[51] Quellen 3, Nr. 2 (844).
[52] Ibid. Nr. 11 (871).
[53] Ibid. Nr. 14 (876).
[54] Ibid. Nr. 20 (878).
[55] Ibid. Nr. 22 (892).
[56] Ibid. Nr. 23 (892).
[57] Ibid. Nr. 16 (Fälschung des 10. Jahrhunderts).
[58] Ibid. Nr. 30 (1023).
[59] Ibid. Nr. 44 (nach 1106).
[60] Ibid. Nr. 46 (nach 1106).
[61] Ibid. Nr. 34 (1125).
[62] Ibid. Nr. 51 (1241).
[63] A. Schultes Klageruf (Gesch. d. Habsburger 21 Anm. 2) gilt auch heute noch. Walter Schultzes Darstellung in seinen Gaugrafschaften des alamannischen Badens 141 ff. ist ihres rein kompilatorischen, auf jede selbständige Forschung verzichtenden Charakters wegen nicht geeignet, diese Lücke auszufüllen. Auch Wanners Forschung zur älteren Geschichte des Klettgaues sind unbrauchbar.

Klettgau angeführt, in dem wir wohl den Grafen Ratbot aus dem Hause der Habsburger zu erblicken haben [64]). 1045 erscheint ein Graf Ulrich, dem 1064 ein Liutold und 1067 ein Gerung folgten [65]). Welchem Hause diese angehörten, ist bis jetzt noch nicht mit Sicherheit festgestellt. Vermutlich waren wenigstens die beiden letzteren Grafen von Rüdlingen. Vom Jahre 1067 an aber haben wir keine Nachrichten mehr über den Klettgau bis zum Beginne des 14. Jahrhunderts, wo die Grafen von Habsburg-Laufenburg mit seiner Verwaltung betraut erscheinen [66]). Es fehlen uns also die Nachrichten gerade über denjenigen wichtigen Abschnitt in der Geschichte der Grafschaft, während dessen die Ausbildung der Ortsvogteien vor sich gegangen ist.

Was nun die Gerichtsverhältnisse in den einzelnen Dörfern des Klettgaus betrifft, soweit Rheinau dort begütert war, so sei im voraus bemerkt, daß mir leider für die Dörfer Altenburg, Balm, Griessen und Rheinheim die nötigen Angaben fehlen. Von den übrigen Dörfern haben Rüdlingen, Buchberg und Osterfingen [67]) den Zusammenhang mit der Landgrafschaft nie verloren. Noch gegen Ende des Mittelalters übte hier die Landgrafschaft das hohe Gericht aus. Die Dorfvogteien beschränkten sich auf das niedere Gericht.

Nicht ganz einfach liegen die Verhältnisse in den Dörfern Oberlauchringen, Erzingen, Weisswil und Rechberg. Zur Zeit des Interregnums scheint Graf Rudolf von Habsburg den verarmenden Freien von Krenkingen, die, wie wir oben sahen, im 13. Jahrhundert auch Vögte von Rheinau waren, einen Teil ihrer Besitzungen im Alb- und Klettgau abgekauft zu haben [68]). So figuriert die Herrschaft von Österreich (offenbar als Rechtsnachfolgerin der Herren von Krenkingen) im habsburgischen Urbar [69]) als Inhaberin einer gewissen Gerichtsbarkeit in den oben genannten vier Dörfern, die nun zum österreichischen Amte Krenkingen gehören.

---

[64]) Schulte a. a. O. 20.

[65]) Schultze a. a. O. 145.

[66]) Ibid. 146.

[67]) Für Rüdlingen und Buchberg vgl. Festschr. der Stadt Schaffhausen 86 und 208 f. Für Osterfingen ebenda 87 und 208.

[68]) Schulte, Habsburger 125 f.

[69]) 1, 85 ff.

In Oberlauchringen übt Habsburg-Österreich die Dieb- und Frevelgerichtsbarkeit aus [70]. In Erzingen und Rechberg hat die Herrschaft „den halben teil ze richtenne dübs und vrefel" [71], und in Weisswil sogar zwei Drittel [72]. Diese ungewöhnlichen Kompetenzverteilungen lassen darauf schließen, daß hier frühe Veräußerungen und Veränderungen der Vogtei vorgenommen wurden, deren Verlauf wir nicht mehr festzustellen vermögen. Der Mangel an einschlägigen Quellen wie unsere Unkenntnis der Grafschaftsverhältnisse im Klettgau lassen mich die Frage nach dem Ursprung der Vogtgerichtsbarkeit für dieses Gebiet mit einem non liquet beantworten.

Was Rheinau in anderen Gauen, z. B. im Alb- und Hegau, besaß, vermochte keine größere Bedeutung zu gewinnen. Über die dort gelegenen Güter hat der Vogt jedenfalls nie irgendwelche Gerichtsbarkeit ausgeübt. Auch die Ortsniedergerichtsbarkeit lag dort in anderen Händen als denen Rheinaus.

So sahen wir, daß auch für das alte ursprüngliche Reichskloster Rheinau jener Satz von der völligen Exemtion vom Landgericht nicht zutrifft; dieses behauptet vielmehr in der einen oder anderen Form überall seine Geltung.

§ 8. **Die Zürcherischen Immunitäten.**

A. Bis zum Jahre 1000.

Die Verhältnisse der Zürcherischen Immunitäten [1] haben bereits durch F. v. Wyß in seiner „Geschichte der Entstehung

---

[70]) HU. 1, 85 f.

[71]) S. 87.

[72]) S. 88.

[1]) Literatur und Quellen: F. v. Wyß, Abhandlungen S. 339 ff. F. v. Wyß, Beiträge z. schweiz. Rechtsgesch. in Zeitschr. f. schw. R. 17, 3 ff. — J. C. Bluntschli, Staats- und Rechtsgeschichte der Stadt und Landschaft Zürich 1856. — K. Dändliker, Geschichte der Stadt und des Kantons Zürich 1908 ff. — S. Vögelin, Das alte Zürich. 2. Aufl. 1878 u. 1890. — G. v. Wyß, Geschichte der Abtei Zürich in Mitt. d. ant. Gesellsch. Bd. 8. — G. Caro, Beiträge 69 ff., 78 ff. — P. Schweizer, HU. 3, 630 ff. — S. Rietschel, Burggrafenamt 51, 66. — Urkundenbuch der Stadt und Landschaft Zürich 1888 ff.

und Verfassung der Stadt Zürich“ [2]) eingehende Untersuchung und Darstellung gefunden. Sie bieten insofern besonderes Interesse, als hier ein Nebeneinander dreier Immunitäten besteht, der Immunität eines königlichen Fronhofs und zweier geistlichen Anstalten, des Chorherrenstiftes und der Fraumünsterabtei. Während aber anderwärts dieses Nebeneinander gewahrt blieb, indem jede der bestehenden Immunitäten ein bestimmtes Sonderdasein führte, das namentlich in der getrennten Jurisdiktion zum Ausdruck kam, ist für Zürich eine Vereinigung dieser drei Immunitätsbezirke zu einer einheitlichen Gerichtsgemeinde charakteristisch. Bereits zu Ende des 9. Jahrhunderts besteht ein für den Königshof wie für die Besitzungen der beiden Stifter gemeinsames Vogtgericht, dem ein „advocatus regis Caroli“ [3]) vorsitzt.

Die älteste für uns in Betracht kommende Ansiedlung auf Zürcher Boden ist das auf dem Lindenhof über der Limmat gelegene castrum, dessen Umfang wohl mit dem des alten Römerkastells Turicum zusammenfiel [4]). Dieses Castrum war mit samt einem großen Teil seiner Umgebung schon frühe in königlichen Besitz gelangt und Mittelpunkt eines königlichen Fronhofs geworden. Zu diesem Fronhof gehörten aber noch weitere neun Königshöfe, die im Zürcher Haupthof den Mittelpunkt ihrer Verwaltung hatten. Es waren dies die Höfe: Stadelhofen, Wipkingen, Aeugst, Illingen, Fällanden, Maur, Hofstetten, Meilen und Boswil [5]). Im Jahre 853 gingen sie mit dem Haupthof Zürich an das Fraumünster über. Doch nicht lange freute sich die Abtei dieses umfangreichen Besitzes. Bei der allgemeinen Säkularisation von Kirchengut, welche die Entstehung des Herzogtums Schwaben begleitete, fielen der Haupthof Zürich und die Höfe Aeugst, Illingen, Fällanden,

---

[2]) Abh. 339 ff.

[3]) Diese Bezeichnung deutet darauf hin, daß damals der Vogt noch vom Könige eingesetzt wurde, womit nicht gesagt ist, daß Zürich damals schon eine Reichsvogtei gewesen sei. Reichsvogteien begegnen uns erst viel später. Vgl. Niese, Reichsgut 52.

[4]) Mit Recht weist Rietschel, Burggrafenamt 66 die Vermutung F. v. Wyß' (Abh. 342) und Vögelins (A. Z. 2, 424 ff.), die beide für das ältere mittelalterliche Castrum einen größeren Umfang annehmen, als grundlos zurück.

[5]) G. Caro, Beiträge 70.

Hofstetten und Meilen wieder an den Herzog, den Vertreter der königlichen Gewalt in Zürich [6]).

Zur Bewirtschaftung dieser Höfe waren Königsleute, fiscalini, angesiedelt. Die Zürcher Urkunden dieser Zeit tun ihrer häufig Erwähnung.

Als Königsland waren der Fronhof (oder die curtis senioratus, wie sie in der Urkunde von 946 [7]) heißt) und die zu ihm gehörigen Höfe von vornherein der Immunität teilhaftig.

Schon vor der Zeit Karls des Großen wurde die Kirche der hl. Felix und Regula, das Großmünster auf dem rechten Limmatufer gegründet. An diese älteste Zürcher Kirche schloß sich bald ein Chorherrnstift an, dem ein Probst vorstand. Ein Immunitätsprivileg aus der Zeit seiner Gründung besitzen wir nicht; doch unterliegt es keinem Zweifel, daß die Probstei für ihre Güter die Immunität genoß [8]). Diese lagen auf dem Boden des nachmaligen Zürich selbst, in Albisrieden, in Höngg, in Fluntern, in Wallisellen und in Schwamendingen [9]).

Die Fraumünsterabtei wurde im Jahre 853 gegründet [10]). Als Ausstattung erhielt die Abtei vom König Ludwig d. D. die königliche curtis Turegum mit ihren Pertinenzen, sowie den pagellus Uroniae. Doch ging ihr, wie wir sahen, ein Teil dieser Schenkung bereits in den ersten 70 Jahren ihrer Existenz verloren, so daß ihr um das Jahr 924 nur noch die

---

[6]) Caro a. a. O. 71 ff. Der Haupthof Zürich scheint der Äbtissin schon früher entrissen worden zu sein; denn bereits 873 wird wieder eine „curtis regia Zürich" erwähnt (W. 2 Nr. 576).

[7]) UB. Zürich 1, Nr. 197.

[8]) F. v. Wyß, Abh. 352 ff. leitet die Immunität des Großmünsters aus der Immunität des Königsgutes ab, auf dem jenes errichtet worden sei. Diese Immunität hätte dann aber nur alle diejenigen Güter der Kirche ergriffen, die ihr von seiten des Fiskus zugekommen wären, nicht aber spätere Erwerbungen aus dritter Hand. Auch die Fraumünsterabtei ist, obschon auf Fiskalboden angelegt, dennoch mit einem speziellen Immunitätsprivileg ausgestattet worden.

[9]) Güterverzeichnis von 820 (UB. Zürich 1, Nr. 37). Das hier genannte „Riutin", wo das Stift ebenfalls Güter hatte, ist identisch mit dem in Urkunden von 1263 und 1271 genannten Hofe in Rüti „bei dem fallenden Brunnen", der auch im HU. 1, 249 wiederkehrt. Vgl. daselbst Anm. 3.

[10]) Diplom vom 21. Juli 853 (UB. Zürich 1, Nr. 68).

Höfe Stadelhofen, Wipkingen, Maur und Boswil blieben. Dazu kamen noch der Hof in Rümlang [11]) und der große Hof Cham, den die Abtei im Jahre 858 ebenfalls vom König Ludwig geschenkt erhalten hatte [12]). Er hatte ihr auch die Immunität verliehen [13]).

Während für die Zeit vor der Gründung der Abtei ein Vogt für das Großmünster nicht nachgewiesen werden kann, obgleich an der Existenz eines solchen nicht zu zweifeln ist, tritt uns bald nach 853, dem Gründungsjahr der Abtei, ein für das Großmünster tätiger Vogt mit Namen Willehar entgegen [14]). Aber schon dieser Willehar ist nicht nur Vogt der Probstei, sondern er wird in anderen Urkunden aus dieser Zeit auch als advocatus der Abtei bezeichnet [15]). Ob er schon damals gleichzeitig die Funktionen des judex im Königsgut mitversah, muß dahingestellt bleiben. Die Bezeichnung „advocatus regis Caroli" scheint eher darauf hinzuweisen, daß seine Bestellung noch unter der Mitwirkung des Königs erfolgte, als daß sie auf sein Verhältnis zum Königsgut hindeutete. Ebenso läßt sich für diese Zeit noch nicht feststellen, ob die den beiden Stiftern erteilte Immunität bereits zur Ausbildung einer eigentlichen Immunitätsgerichtsbarkeit geführt habe [16]). Dagegen hat sich gezeigt, daß bereits in der zweiten Hälfte des 9. Jahrhunderts und vermutlich seit der Gründung der Abtei die Vogtei über beide Gotteshäuser in der nämlichen Hand lag.

[11]) Urk. v. 924 (UB. Zürich 1, Nr. 188).

[12]) UB. Zürich 1, Nr. 85.

[13]) Die in Frage kommende Stelle der Kaiserurkunde lautet: Denique iubentes praecipimus, ut nullus iudex publicus nec comes vel quislibet ex iudiciaria potestate in locis praefatis vel in cunctis rebus ad eandem (!) loca respicientibus seu homines tam liberos quam et servos, qui illic commanere videntur, distringere aut infestare nec fideiussores tollendos aut ullas redibitiones vel freda aut bannos exigendo aut alicuius iniuriae vim ullo umquam tempore inferre praesumat, sed sub nostra defensione et munitatis tuitione cum advocatis ibi constitutis res illae secure per diuturna tempora permaneant (Urk. v. 853, UB. Zürich 1, Nr. 68).

[14]) UB. Zürich 1, Nr. 140. Willehar tritt in dieser Urkunde handelnd auf mit Bezug auf eine serva des Großmünsters, zu deren Verehelichung mit einem Freien er Erlaubnis gibt.

[15]) UB. Zürich 1, Nr. 130 und 145.

[16]) Aus dem Immunitätsprivileg für die Abtei geht das jedenfalls nicht hervor.

Noch im 9. Jahrhundert hat sich dann eine eigentliche Gerichtsbarkeit des Vogtes herausgebildet [17]) und ist der Grund zu einer engeren Verbindung der beiden kirchlichen Immunitäten mit der Immunität des Königsgutes gelegt worden, die dann in der Gemeinsamkeit der Gerichtsbarkeit ihren Ausdruck fand. Diese Gemeinsamkeit der Gerichtsbarkeit, d. h. die Ausübung der den drei Immunitäten getrennt zustehenden Jurisdiktionen in einem gemeinsamen, für Sachen aller drei Immunitäten zuständigen und mit Leuten aus allen drei Immunitäten besetzten Gericht und unter Vorsitz eines gemeinsamen Vogtes tritt uns zum ersten Mal bei Anlaß einer um das Jahr 930 abgehaltenen Gerichtsversammlung deutlich entgegen.

Diese Gerichtsversammlung selbst wird als das „legitimum concilium Kerharti advocati" bezeichnet. Das Urteil wird erteilt durch Leute „de fisco", Leute „de monte", „et alii ex familia" [18]). Das Urteilerkollegium setzt sich also zusammen aus Angehörigen des Königsgutes, aus Leuten vom Berge (d. h. vom Zürichberge), unter denen wir freie Leute, die am Zürichberge angesiedelt waren, zu verstehen haben [19]), und endlich aus Leuten „ex familia", also Angehörigen der beiden kirchlichen Immunitäten. Die Mitwirkung der freien Leute vom Berge beruht jedenfalls auf der Tatsache, daß sie Inhaber von Immunitätsgütern, also freie Zinsleute waren [20]).

Wie weit nun die Kompetenzen dieses Gerichtes in sachlicher Hinsicht gingen, darüber besitzen wir keine direkten Nachrichten. Weder aus den Königsurkunden dieser Zeit, noch aus den Aufzeichnungen privater Natur erhellt dies unmittelbar. Doch wissen wir wenigstens, daß im 10. Jahrhundert noch keineswegs das Grafengericht vom Vogtgerichte verdrängt war. Wir besitzen mehrere Urkunden aus dem 10. Jahrhundert, in denen uns von Tagungen des zürichgauischen Grafengerichts auf dem Boden der nachmaligen Stadt Zürich

---

[17]) Die Urkunde UB. Zürich 1, Nr. 140 (v. 876—880) erwähnt ein judicium advocati.

[18]) UB. Zürich 1, Nr. 199.

[19]) F. v. Wyß, Abh. 379.

[20]) Nach einer Urkunde v. 924 (UB. Zürich 1, Nr. 188) bezog die Abtei „12 vectigales census de monte".

gemeldet wird. Wir wollen diese einer kurzen Betrachtung unterziehen.

In einer in den Jahren 950 bis 954 ausgestellten Urkunde wird uns von einem in Zürich abgehaltenen „legitimum concilium" des Liuto, der „comes et advocatus" genannt wird, berichtet [21]). Daß dieses ein Grafengericht ist, läßt sich mit Sicherheit daraus schließen, daß sich unter den Urteilern sogar der Graf des benachbarten Thurgaus befindet. Allerdings nehmen dann außer unzweifelhaft freien Leuten auch Fiskalinen an diesem Ding teil. Doch darf man sich daran nicht stoßen. Denn einmal sind die Fiskalinen sowieso vor anderen Unfreien rechtlich bevorzugt. Und dann haben wir uns auch nicht etwa vorzustellen, daß dieses Recht, am Grafengericht mitzuwirken, allen Angehörigen des Königsgutes zugekommen wäre. Die eigentlichen „servi fiscales" werden davon ausgeschlossen gewesen sein und nur die Inhaber der wichtigeren Hofämter, die „principes de fisco", wie sie in einer anderen Zürcher Urkunde auch heißen [22]), werden am Grafengericht mitgewirkt haben, sofern sie, und darauf liegt der Nachdruck, freies Eigen in der Grafschaft besaßen.

Streitobjekt ist in dem vorliegenden Fall ein Grundstück in Samilinsrüti [23]), welches Samilin, ein Höriger der Abtei, dem Chorherrenstift zugunsten des Fraumünsters entfremdet hat. Kläger ist das Stift, Beklagter die Abtei. Die Chorherrn stützen sich auf das Zeugnis von Leuten „de fisco et de monte". Diese werden vom Grafen banniert und beeidigt und bestätigen das Vorbringen der Chorherren. Der Vorsitzende nimmt also ein Inquisitionsverfahren vor. Schon dieser Umstand spricht dafür, daß wir es mit einem Grafengericht zu tun haben. Als Kirchen „in dominio regis" besaßen die beiden zürcherischen Gotteshäuser das Recht, zu verlangen, daß in ihren Prozessen vor dem Grafschaftsgericht das Inquisitionsverfahren zur Anwendung komme. Diese Inquisition konnte aber nur im Grafschaftsgericht selbst von dem betreffenden Grafen vorgenommen werden [24]). Zur Anwendung der In-

[21]) UB. Zürich 1, Nr. 199.
[22]) UB. Zürich 1, Nr. 212 (v. J. 968).
[23]) Ein untergegangener Ort bei Zürich.
[24]) Brunner, Entstehung der Schwurgerichte S. 104.

quisition im Vogtgericht hätte es eines besonderen königlichen Privilegs bedurft, wie St. Gallen eines besaß [25]). Die zürcherischen Immunitäten haben ein solches nie erhalten.

Auch das am 24. April 949 (—54) „in civitate Turicina" abgehaltene „publicum mallum Liutoni comitis" [26]), vor welchem Rubo, der Sohn Lantfrids, offenbar ein Freier, zugunsten des Chorherrnstiftes auf ein von seinem Großvater Meginhard mit Hilfe von Stiftshörigen urbar gemachtes Grundstück in der Mark von Höngg verzichtet, auch dieses Ding ist ein Grafschaftsding.

Ebenso verhält es sich mit den vom Grafen Burkhard (v. Nellenburg) im Jahre 964 abgehaltenen Gerichtstagen [27]). Graf Burkhard ist zwar auch Vogt der Zürcher Immunitäten. Die betreffenden Gerichtsversammlungen werden aber „publicum" bzw. „legitimum concilium c o m i t i s" genannt. In der zweiten Urkunde befiehlt Graf Burkhard Hörigen, die sich dem Chorherrnstift entziehen wollen, demselben untertänig zu sein. Er bestärkt diesen Befehl „regali banno". Nun wissen wir zwar, daß auch Vögten der Königsbann verliehen wurde. Diese Bannleihe bedeutete aber nur die königliche Autorisation zur Ausübung einer bestimmten Gerichtsbarkeit. Nie jedoch treffen wir (wenigstens in Süddeutschland) einen Vogt an, der unter Androhung der Königsbannbuße Gebote oder Verbote erläßt. Dieses Recht wurde nur Grafen verliehen [28]).

Endlich sind auch die am 19. Februar und 28. Juni 968 vom Grafen Gottfried (von Nellenburg) „in Turicina civitate" abgehaltenen Gerichtstage [29]) Tagungen des Grafengerichts, nicht des Gerichts eines hypothetischen Reichsvogts [30]). Graf Burkhard wird hier weder als Vogt bezeichnet, noch charakterisiert sich der vor diesem Gerichte verhandelte Rechtsstreit als ein solcher, der vor das Vogtgericht gehört hätte, im Gegen-

---

[25]) Pischek, Vogtgerichtsbarkeit 29.

[26]) UB. Zürich 1, Nr. 200.

[27]) Ibid. Nr. 208 und 209.

[28]) Georg Meyer, Königsbann S. 19, der noch einen Fall anführt, wo ein Graf einem im Prozeß erstrittenen Grundstück bei einer Strafe von 60 Schillingen Friede wirkt.

[29]) UB. Zürich 1, Nr. 212.

[30]) Dies die Ansicht von F. v. Wyß, Abh. 375 ff., vgl. unten.

teil[31]). Außerdem aber spricht wiederum der Umstand, daß vor diesem Gerichte vom Grafen ein Inquisitionsverfahren vorgenommen wurde dafür, daß wir es mit einem Grafengerichte zu tun haben.

Indem wir so diese von den Grafen Liuto, Burkhard und Gottfried geleiteten Gerichtsversammlungen als Grafschaftsgerichte des Zürichgaues auffassen, lehnen wir gleichzeitig die von F. v. Wyß aufgestellte Hypothese ab, es seien diese „placita" Gerichtsversammlungen einer schon im 9. Jahrhundert entstandenen, grafschaftsebenbürtigen „Reichsvogtei" Zürich[32]).

Die Belege, welche von Wyß für seine Ansicht beibringt, ergeben sich bei näherer Prüfung als nicht stichhaltig. Den Beweis für den Zusammenhang der Zürcher Vogtei mit dem Reiche findet er in jener Bezeichnung des Vogtes Willehar als „advocatus regis Caroli". Wir haben oben gesehen, daß damit jedenfalls nur auf die Bestellung des Vogtes durch den König hingewiesen werden sollte. Eine solche Einsetzung eines Kirchenvogtes durch den König ist nichts seltenes und namentlich bei königlichen Klöstern häufig bezeugt[33]). Doch ging meist schon früh die Einsetzung des Vogtes auf das Gotteshaus über. Die Nachrichten über die übrigen Zürcher Vögte des 10. Jahrhunderts lassen keinen Zusammenhang der Vogtei mit dem Reiche erkennen, so weit nicht ein solcher durch Unterordnung des Zürcher Königsgutes unter die Gerichtsgewalt des Vogtes gegeben war.

Die Ausdehnung der Gerichtsbarkeit dieses Vogtes auch auf Güter und Leute, die zu den Zürcher Immunitäten in keiner Verbindung standen, ergibt sich für F. v. Wyß aus der Teilnahme der mit Recht als frei bezeichneten Leute vom Berge. Wir haben aber bereits oben darauf hingewiesen, daß

[31]) Es handelt sich um die Vindikation eines Grundstücks in Fällanden seitens des Großmünsters gegenüber einer gewissen Coldbriga, die es als ihr freies Eigen beansprucht.

[32]) Gegen eine gänzliche Exemtion des Zürcher Gebietes von der Grafschaft spricht auch die häufige Erwähnung des Gaugrafen bei Rechtsgeschäften, die die Immunität betreffen, mit den Worten: „sub comite X", z. B. UB. Zürich 1, Nr. 130 (876), 185 (914 oder 915), 188 (924), 191 (925), 197 (946), 206 (963), 208 (964), 212 (968), 231 (1036).

[33]) Georg Meyer, Königsbann 25. F. v. Wickede, Vogtei 21.

auch freie Leute, sofern sie Immunitätsgüter inne hatten, der Gerichtsbarkeit des Vogtes für diese Güter unterstanden, sowie sie andererseits für ihre freien Güter vor das Grafengericht gehörten.

So ergibt sich die Unhaltbarkeit der von F. v. Wyß aufgestellten Behauptung, die in der Literatur bereits festen Fuß gefaßt hat [34]). Eine solche Abspaltung eines Hochbannbezirkes von der Grafschaft wäre aber auch im 10. Jahrhundert ein gänzlicher Anachronismus. Erst im 12. Jahrhundert, unter dem Einfluß des ausgebildeten Lehenswesens, beginnen diese Neubildungen in der Gerichtsverfassung. Wir werden denn auch im Verfolge unserer Untersuchung sehen, daß wir die Entstehung der Reichsvogtei Zürich als eines von der Grafschaft gesonderten Hochbannbezirkes erst im 12. Jahrhundert, zur Zeit Friedrichs I., zu suchen haben.

Konnten wir so auf der einen Seite die Unrichtigkeit der Hypothese von Wyß' nachweisen, so ergab sich uns auf der anderen Seite kein Zeugnis dafür, daß bereits im 10. Jahrhundert das Vogtgericht seine sachliche Kompetenz auf Kosten des Grafschaftsgerichtes erweitern konnte. Wir sahen vielmehr, daß, soweit unsere urkundlichen Überlieferungen reichten, das Grafschaftsgericht noch im Gebiete der nachmaligen Reichsvogtei Zürich tagt.

Das Gericht des Vogtes war somit sachlich einerseits auf die niedere Gerichtsbarkeit, andererseits auf die Gerichtsbarkeit über Immunitätsgüter beschränkt.

Räumlich umfaßte diese Jurisdiktion wohl das ganze, den Stiftern wie dem Fiskus gehörige Immunitätsland, doch jedenfalls mit der Modifikation, daß entfernter gelegene Güter, wie Cham, Boswil und das Land Uri, ihre eigenen Vogtgerichte hatten. Ob die in der Umgebung Zürichs gelegenen Güter alle nach Zürich dingpflichtig waren, muß dahingestellt bleiben. Wahrscheinlich bestanden auch hier mehrere Dingstätten [35]).

---

[34]) Nicht nur die Lokalforschung, sondern auch z. B. die Schrödersche Rechtsgeschichte hatte sich in früheren Auflagen (vgl. dagegen 5. Aufl. S. 578 Anm. 116) der Auffassung F. v. Wyß' angeschlossen. Vgl. auch die Besprechung von Eggers, Der königliche Grundbesitz im 10. und 11. Jahrh. 1909 durch U. Stutz in Ztschr. d. Sav.-Stift. 30, 481.

[35]) Für die Mehrheit der Dingstätten spricht auch die Mehrzahl der Vögte, wie sie uns bereits in der Gründungsurkunde der Abtei von

Auf alle Fälle galt aber auch hier der Satz, daß die Immunität nicht ein geschlossenes Territorium umfaßte, sondern die zu ihr gehörigen Güter mit den Gütern anderer Immunitäten und mit freiem Eigen in Gemenglage sich befanden, sodaß also sowohl im Gebiete der nachmaligen Stadt Zürich, wie auch in ihrer engeren und weiteren Umgebung Güter lagen, für die das Grafschaftsgericht oder ein anderes Immunitätsgericht das forum rei sitae war [36].

Als Inhaber der Zürcher Vogtei begegnet uns zunächst jener schon mehrfach erwähnte Willeharius, der in Urkunden ums Jahr 880 erscheint [37]. Während im Jahre 889 ein gewisser Adalbert Vogt ist [38], ist vom Jahre 924 an ein Vogt Kerhardus bezeugt [39]. Beim nächsten Vogt, dem in der oben erwähnten Urkunde von 950—54 [40] angeführten Vogt Liuto ist die bemerkenswerte Tatsache zu verzeichnen, daß in seiner Person eine Vereinigung von Zürcher Vogtei und Grafenamt im Zürichgau eingetreten ist. Auch der auf Liuto folgende Vogt Burchard ist Graf im Zürichgau gewesen [41]. Aber schon Graf Burchards Nachfolger im Grafenamt, Graf Gottfried, in dem wir einen Grafen von Nellenburg zu erblicken haben [42], war wohl nicht mehr im Besitze der Vogtei. Noch zu Lebzeiten des Grafen Burchard im Jahre 963 begegnen wir einem Vogte namens Uto. Möglicherweise war dieser nur ein Untervogt.

---

853 entgegentritt (advocatis ibi constitutis) und für die wir auch in den Urkunden Belege haben. Die Urkunde UB. Zürich 1, Nr. 190 (924—31) führt neben dem Vogt Kerhard einen „advocatus Azilinus de Riete“ an, der ein eigenes „concilium“ abhält, und die Urkunde von 925 April 26. (ibid. Nr. 191) nennt neben dem genannten Obervogt einen Vogt namens Adilpern.

[36]) Einzig das Dorf Albisrieden scheint gänzlich im Grundeigentum der Probstei gestanden zu haben. Caro, Beitr. 88.

[37]) UB. Zürich 1, Nr. 140 und 145.

[38]) UB. Zürich 1, Nr. 153; der in dieser Urkunde erwähnte Graf Eberhard ist nicht Reichsvogt, sondern Laienabt, wie Caro, Beitr. 74 nachgewiesen hat.

[39]) UB. Zürich 1, Nr. 189, 190, 191, 192, 194 und 199.

[40]) Ibid. Nr. 199.

[41]) In der Urk. v. 955 Nov. 22. (UB. Zürich 1, Nr. 203) heißt er „Turegiensis castri advocatus“, in den aus den 60er Jahren stammenden Urkunden (UB. Zürich 1, Nr. 208 und 209) wird er als comes bezeichnet.

[42]) Vgl. Allg. Deutsche Biogr. Bd. 23 Art. Nellenburg (G. v. Wyß).

Während sich sodann die Grafschaft im Zürichgau in der Familie der Nellenburger weitervererbt [43]), geht die Vogtei ihre eigenen Wege. Zur Zeit des 973—982 regierenden Herzogs Otto wird als advocatus ein gewisser Arnoldus erwähnt [44]), der dem lenzburgischen Hause angehörte, in dessen Besitz nun die Vogtei bis zum Aussterben des Geschlechtes blieb.

B. Vom Jahre 1000 an.

Auch für Zürich gilt, daß wir für jene wichtige Zeit in der Entwickelung der mittelalterlichen Gerichtsbarkeit, im Verlaufe deren das Lehnsrecht in die Gerichtsverfassung eindringt und unter seinem Einflusse das ganze Gerichtswesen gewaltige Änderungen erleidet, so gut wie gar nicht unterrichtet sind. Wir wissen einigermaßen, was vor dieser Zeit bestand, wir kennen auch die Verhältnisse am Ausgange dieser Entwickelung, die Entwickelung selbst aber müssen wir notdürftig in diese Lücke hinein zu konstruieren versuchen.

Wir wissen zunächst, daß die Zürcher Vogtei in den erblichen Lehensbesitz der Grafen von Lenzburg [45]) übergegangen ist, als deren erster Inhaber uns Graf Arnold zur Zeit des 973 bis 982 regierenden Herzogs Otto entgegentrat. Ihm folgte sein Sohn, Graf Ulrich der Reiche, dem wir in einer Urkunde von 1037 begegnen, wo er als advocatus der Abtei bei einem Tausche von Grundstücken zwischen einem gewissen Kundelo und der Abtei zugegen ist [46]). Im Jahre 1063 [47]) finden wir sodann als Vogt „Arnoldus, comes de Lenzeburch, tunc utriusque monasterii advocatus", einen Enkel Ulrichs des Reichen. Die nächste Nachricht über die Zürcher Vogtei stammt erst aus dem 12. Jahrhundert: 1127 erscheint der

---

[43]) 975 wird ein Graf Mangold als Zürichgaugraf erwähnt (UB. Zürich 1, Nr. 218). Eine Liste der Zürichgaugrafen gibt Oechsli, Anfänge 108.

[44]) Urk. v. 976 (UB. Zürich 1, Nr. 219).

[45]) Vgl. die Genealogie der Grafen von L. im Schweiz. Geneal. Handb. 1, 56 ff. (W. Merz).

[46]) UB. Zürich 1, Nr. 231.

[47]) In dieses Jahr oder ins Jahr 1073 ist die als Fälschung angefochtene Urkunde von 1003 (UB. Zürich 1, Nr. 227) anzusetzen. Schweiz. Geneal. Handb. 1, 59, Nr. 11.

Neffe des Vorigen, Graf Arnold II., als Vogt in Zürich [48]). Er ist aber auch zu gleicher Zeit Graf im Zürichgau. Diese Vereinigung von Grafenamt und Vogtei in der Hand der Lenzburger scheint unter dem Vater des Grafen Arnold II., dem Grafen Ulrich II., im Jahre 1077 erfolgt zu sein [49]). Von da an sind die Lenzburger bis zu ihrem Aussterben (5. Januar 1173) im Besitze beider Ämter [50]).

Auch in diesem Zeitraum tritt uns ein Zusammenhang zwischen Reich und Vogtei nicht entgegen. Nirgends wird die Vogtei im Namen des Reiches ausgeübt. Die Grafen von Lenzburg nennen sich in den Urkunden gewöhnlich schlechthin „advocati" [51]). Einmal tritt sogar die Beziehung der Vogtei zu den beiden Gotteshäusern deutlich in die Erscheinung in der Bezeichnung „utriusque monasterii advocatus", die sich in der Urkunde von 1063 (oder 1073) [52]) Graf Arnold II. von Lenzburg beilegt. Wäre der Zürcher Vogt ein nur vom Könige abhängiger „Reichsvogt" gewesen, dessen Verwaltungsbezirk schon damals nicht nur das Immunitätsgebiet, sondern ein geschlossenes Territorium am unteren Ende des Zürichsees umfaßt hätte, wie dies F. v. Wyß' Ansicht ist, so hätte er sich gewiß nicht nur als „Klostervogt" bezeichnet. Wir haben vielmehr anzunehmen, daß die Stellung des Zürcher Vogtes prinzipiell keine andere als die eines gewöhnlichen Klostervogtes war. Während er aber früher ein bloßer Beamter gewesen ist, ist nunmehr aus dem Amt ein erbliches Lehen geworden. Die Grafen von Lenzburg tragen die Vogtei von den zürcherischen Immunitäten zu Lehen.

Als reale Grundlage dieses Vogteilehens dienen Güter, die dem Vogte nicht etwa vom König, sondern von den beteiligten Klöstern zu Lehen gegeben werden. Das geht aus dem Privileg Heinrichs V. vom 7. März 1114 für das Großmünster hervor, in welchem der König u. a. bestimmt, daß der Vogt die Höfe

[48]) UB. Zürich 1, Nr. 276.

[49]) W. Merz, Die Lenzburg 13 f.; Schweiz. Geneal. Handb. 1, 59, Nr. 12.

[50]) Schweiz. Geneal. Handb. a. a. O. F. v. Wyß, Abh. 391.

[51]) Z. B. UB. Zürich 1, Nr. 219 (976), 231 (1036), 276 (1127), 288 (1145) u. a. m.

[52]) Vgl. oben Anm. 47.

des Großmünsters nicht betreten dürfe außer auf ausdrücklichen Wunsch der Brüder hin, „quia de feudis et aliis rebus eiusdem ecclesiae hac conditione est inbeneficiatus“ [53]).

Erst als im Jahre 1173 mit Graf Ulrich IV. das Geschlecht der Lenzburger ausstarb, nahm Kaiser Friedrich I. die Vogtei über die Züricher Immunitäten ans Reich. Erst von diesem Jahre an datiert die Existenz der Reichsvogtei Zürich. Der Kaiser verlieh aber die Vogtei sofort wieder weiter an die Herzöge von Zähringen [54]). 1187 nennt sich Herzog Berthold V. „Dei et imperiali gratia Turegici loci legitimus advocatus, quod Kastvoget dicitur“ [55]) und in der Urkunde von 1210 „Dei et imperatorum ac regum dono judex constitutus et advocatus qui vulgo Kastvoget dicitur, id est in omne Turegum imperialem jurisdictionen tenens“ [56]). In der nämlichen Urkunde stützt er sich auf die „imperialis auctoritas, qua super universum Turegum nos aliique nostrae prosapiae decessores Dei regumque ac imperatorum dono praediti sumus“.

Aber schon im Jahre 1218 starben auch die Zähringer aus, so daß die Vogtei dem Reiche ledig wurde. Am 17. März 1218 erließ Kaiser Friedrich II. von Breisach aus eine Urkunde [57]), in der er das Chorherrenstift in Zürich, den Klerus sowohl als seine übrigen Leute und alle ihre Besitzungen und Rechte in seinen Schutz nimmt, ihre guten hergebrachten Gewohnheiten bestätigt und die Vogtei in eigene Hand nimmt, so daß sie niemandem sonst für die Vogtei verpflichtet sein und ihre Be-

---

[53]) UB. Zürich 1, Nr. 259; wiederholt in Urk. v. 1130 II. 6. (ibid. Nr. 280).

[54]) Gestützt auf eine Mitteilung Ottos von Freising, Gesta Frid. I, c. 8, wonach 1098, als der Friede zwischen Heinrich IV. und Berthold von Zähringen zustande kam, dem letzteren Zürich, „nobilissimum Sueviae oppidum“ versprochen wurde, nimmt F. v. Wyß, Abh. 389 f. an, die Vogtei über Zürich sei bereits früher Reichsvogtei gewesen. Wir haben bereits oben die Auffassung F. v. Wyß', die Züricher Vogtei sei von Anfang an eine Reichsvogtei gewesen, zurückgewiesen. Auch die Stelle aus Otto v. Freising scheint mir keine Bestätigung seiner Ansicht zu bedeuten. Sie hat vielmehr lediglich den Sinn, es solle dem Herzog von Zähringen alles, was dem Reiche in Zürich gehöre, zufallen, in erster Linie also der dort gelegene königliche Hof.

[55]) UB. Zürich 1, Nr. 343.

[56]) Ibid. Nr. 366.

[57]) Ibid. Nr. 385.

sitzungen unter keinen Umständen dem Reiche entfremdet werden sollen.

Aber auch die Vogtei über die Abtei ist damals ans Reich zurückgefallen, wie aus einer Urkunde Heinrichs VII. vom Jahre 1220 hervorgeht [58]), in welcher dieser die Abtei in seinen besonderen Schutz nimmt.

Das ist das letzte Mal, wo von der Vogtei über die beiden Gotteshäuser als solcher in den Urkunden die Rede ist. Die Reichsvogtei Zürich, wie sie uns von nun an begegnet, ist nicht mehr eine einheitliche Kastvogtei, sondern sie zerfällt in zwei Teile, die Vogtei über die Stadt Zürich, die inzwischen neben dem alten castrum zur Entstehung gelangt ist, und die Vogtei im ländlichen Teil der Reichsvogtei.

Wenn wir uns nun der Untersuchung der Frage zuwenden wollen, welchen Umfang die Vogtgerichtsbarkeit im Gebiete der zürcherischen Immunitäten hatte und wo wir den Ursprung einer eventuellen Hochgerichtsbarkeit des Vogtes zu suchen haben, so werden wir gut tun, die Verhältnisse in Stadt und Land einer gesonderten Prüfung zu unterziehen. Wir beginnen mit der Untersuchung der Vogteiverhältnisse auf dem Lande.

Den Umfang der den Zürcher Gotteshäusern schon in der ältesten Zeit zustehenden Besitzungen haben wir bereits im ersten Abschnitt festgestellt. Wir sahen dort, daß der anfangs sehr bedeutende Besitz, den die Fraumünsterabtei von Ludwig dem Deutschen geschenkt erhalten hatte, um die Wende des 9. Jahrhunderts eine große Einbuße erlitten hatte. Um die Mitte des 10. Jahrhunderts waren ihr nur noch die Höfe Stadelhofen, Wipkingen, Maur, Rümlang, Boswil und Cham, sowie wahrscheinlich der „pagellus Uroniae" geblieben. In den folgenden Jahrhunderten ist der Abtei auch ein Teil dieser Besitzungen verloren gegangen. Stadelhofen ist im späteren Mittelalter wiederum im Besitze des Reichs [59]). Maur gehört im Jahre 1300 der Gräfin Elisabeth von Rapperswil, die

---

[58]) UB. Zürich 1, Nr. 401. Von der Vogtei ist hier allerdings nicht die Rede; doch muß auch sie damals ans Reich zurückgefallen sein.

[59]) Im Jahre 1333 bestätigt Kaiser Ludwig das Reichslehen des Kelnhofes in Stadelhofen dem Gottfried Mülner (Vögelin A. Z. 2, 451); vgl. auch Urk. v. 1357 X. 29. und 1358 Jan. 18. (Arch. f. schw. Gesch.) 1, 117).

den dortigen Kelnhof damals an die Herren von Landenberg verpfändete [60]). So sind der Äbtissin von altem Gut nur die Höfe in Wipkingen, Rümlang, Boswil und Cham, sowie ihre Besitzungen im Lande Uri erhalten geblieben.

Das Chorherrnstift hat es im großen und ganzen verstanden, seinen alten Besitzstand zu wahren. Die Höfe in Albisrieden, Höngg, Fluntern, Wallisellen, Schwamendingen und der Hof zum fallenden Brunnen gehören auch noch in der zweiten Hälfte des Mittelalters dem Stift.

Was dagegen den Besitz des Reiches im späteren Mittelalter betrifft, so hat sich dieser in diesem Zeitraum wesentlich verändert. Die um das Jahr 900 vom Herzog eingezogenen Fraumünsterhöfe in Zürich, Aeugst, Illingen, Fällanden, Hochstetten und Meilen waren dem Fiskus wieder verloren gegangen. Der Hof in Aeugst scheint wiederum ans Fraumünster gefallen zu sein [61]). Der Kelnhof zu Fällanden ist im Jahre 1300 im Besitze der Gräfin Elisabeth von Rapperswil [62]) und die Höfe Hofstetten und Meilen scheinen an das Großmünster übergegangen zu sein [63]). Dagegen finden wir nunmehr das Reich im Besitze der Höfe Stadelhofen [64]), Wiedikon [65]), Trichtenhausen und Zollikon [66]), von denen die drei letzeren, wie ja auch ursprünglich Stadelhofen vermutlich altes Reichsgut waren.

Wir können nun an Hand der Urkunden genau konstatieren, welchen räumlichen Umfang der 1173 der Gerichtsbarkeit des Vogtes unterworfene Bezirk gehabt hat. Noch im 13. und 14. Jahrhundert wird in den hierher gehörigen Dörfern und Höfen die Vogtei als Reichsvogtei bezeichnet, und die

---

[60]) W. 3, 304.

[61]) Am 4. Dezember 1296 überträgt Äbtissin Elisabeth von Zürich Güter und der Abtei gehörige Leute zu Aeugst, welche Rudolf Mülner der Jüngere vom Edlen Rudolf v. Wädenswil zu Lehen trug, an das Kloster Kappel (UB. Zürich 6, Nr. 2396).

[62]) W. 3, 304.

[63]) Wenigstens gelangt das Stift dort im 14. Jahrhundert in den Besitz der gesamten Gerichtsbarkeit. Urk. v. 1384, 25. Juli (Arch. f. schw. Gesch. 1, 129). Über Illingen fehlen mir Nachrichten.

[64]) Urk. v. 1334 s. oben Anm. 59.

[65]) F. v. Wyß, Abh. 366.

[66]) Urk. v. 1357 und 1358 s. oben Anm. 59.

Summe dieser Dörfer macht das Gebiet aus, über das sich die Jurisdiktion des Züricher Vogtes wenigstens seit dem Jahre 1173 erstreckte.

Diese Reichsvogtei Zürich umfaßte (außer der Stadt Zürich) im wesentlichen die beiden Seeufer von Talwil und Meilen an bis zum unteren Seeende und erstreckte sich noch über Zürich hinaus bis nach Höngg und Albisrieden. Nach Osten und Westen bildeten die angrenzenden Höhenzüge die Scheide. So gehörten folgende Orte nachweislich zur Reichsvogtei Zürich: Wollishofen [67]), Rüschlikon [68]), Rüfers [68]), Albisrieden [69]), Höngg [70]), Küssnacht [71]), Wezweil [71]), Goldbach [68]), Intweil [71]), Breitweil [69]), Trichtenhausen [72]), Zollikon [72]) mit Wytikon [73]), Waltikon [73]), Gössikon [73]) und Zumikon [73]), Stadelhofen [72]), Fluntern [68]), Meilen [68]) und Talwil [74]).

In diesem Umfange haben noch die Herzöge von Zähringen die Reichsvogtei Zürich erhalten.

Wenn man die Stadt Zürich dazu rechnet, so ergibt sich daraus der gesamte räumliche Umfang der Reichsvogtei, wie sie in den Händen der Zähringer lag [75]). Nach deren Aussterben ist sie dann nicht mehr als Ganzes verliehen worden. Einerseits wurde für die Stadt ein besonderer Reichsvogt eingesetzt, andererseits wurde auch das ländliche Gebiet einer Teilung unterworfen.

Die Vogtei am linken Seeufer (Wollishofen, Rüschlikon, Rüfers, Talwil und Albisrieden) kam an die Freiherren von Eschenbach zu Schnabelburg [76]). Ob auch die Vogtei auf dem

---

[67]) Dändliker, Gesch. v. Zürich 2, 12.
[68]) Arch. f. schw. Gesch. 1, 129.
[69]) UB. Zürich 1, Nr. 429.
[70]) Stutz, Rechtsquellen v. Höngg 5.
[71]) Arch. f. schw. Gesch. 1, 125, 128.
[72]) Ibid. 117.
[73]) Dändliker 1, 261.
[74]) Ibid. 257, 260.
[75]) Daß sich die Vogtei der Zähringer auf das Land hinaus erstreckte und nicht nur eine Stadtvogtei war, ergibt sich aus einer Urkunde von 1225 (UB. Zürich 1, Nr. 429), in der Ulrich und Walter von Schnabelburg versprechen, von den Gütern des Chorherrnstiftes zu Albisrieden nicht mehr Vogtsteuern zu fordern, als unter Herzog Berchtold von Zähringen geschah.
[76]) Dändliker a. a. O. 1, 257 und 260.

rechten Ufer, von Meilen bis Höngg in e i n e Hand gelangte, läßt sich nicht mit Sicherheit feststellen, ist aber wahrscheinlich. 1264 zählt Hartmann von Kyburg unter den ihm erteilten Reichslehen ausdrücklich die „advocacia circa Turegum" auf [77]). Es liegt nun nahe, in dieser die Vogtei auf dem rechten Seeufer zu erblicken. Im 14. Jahrhundert allerdings befindet sich die Vogtei in den hier gelegenen Ortschaften als Reichslehen meist in den Händen von Zürcher Bürgern [78]). Es ist aber nicht anzunehmen, daß bereits 1218 Stadtbürger, wenn auch von ritterlicher Art, in ein direktes lehnsrechtliches Verhältnis zum Kaiser haben treten können. Wir müssen vielmehr vermuten, daß zunächst ein Hochadliger vom König belehnt wurde und dieser erst wieder Teile seines Lehens an Bürger austat. Dieses lehnsrechtliche Zwischenglied sehe ich in dem Grafen von Kyburg, und es fiel erst fort, als Graf Hartmann im Jahre 1264 die advocatia circa Turegum mit anderen Reichslehen an König Richard aufgab, mit der Bitte, sie der Gemahlin des Grafen zu übertragen [79]). Diese Neubelehnung kam, wie man weiß, nicht zustande [80]).

[77]) UB. Zürich 3, Nr. 1265.

[78]) Vergl. Dändliker a. a. O. 261. Auch die Freiherren von Eschenbach verliehen Teile ihrer Vogtei als Afterlehen weiter, so war 1255 die Vogtei über Albisrieden an den Ritter Jakob Müllner, Bürger von Zürich verliehen (UB. Zürich 3, Nr. 940).

[79]) UB. Zürich 3, Nr. 1265.

[80]) Man hat bisher geglaubt, jene „advocatia circa Turegum" sei identisch mit der Vogtei in einigen, im Glatttal gelegenen Dörfern (Schwamendingen, Oerlikon, Seebach, Rümlang, Fällanden und Maur), in denen die zürcherischen Immunitäten begütert waren. Wie die übrigen Reichslehen der Kyburger (Grafschaft im Thurgau und Tal Glarus) habe Rudolf von Habsburg auch diese Reichsvogtei nach dem Tode Hartmanns an sich gezogen. Aber wir vermissen für diese Dörfer jeden Hinweis auf einen Zusammenhang mit dem Reiche. Und abgesehen davon: Es hat z. B. in den Dörfern Maur und Fällanden weder Kyburg noch Habsburg-Österreich die Vogtei ausgeübt. Diese stand vielmehr den Grafen von Habsburg-Laufenburg zu und Habsburg-Österreich übte in den Dörfern Schwamendingen, Oerlikon und Seebach dem Habsburgischen Urbar zufolge die Dieb- und Frevelgerichtsbarkeit nur auf Grund alter „G e w o h n h e i t" aus, ein Zustand der undenkbar wäre, wenn die Vogtei daselbst vom Reiche herrührte. Denn nichts wäre doch einfacher gewesen, als daß Rudolf von Habsburg, als er König wurde, diese Vogtei auf sein Haus übertragen hätte.

Wenn wir nun den Umfang dieser 1173 entstandenen Reichsvogtei mit dem Umfang der den drei zürcherischen Immunitäten seit dem 9. und 10. Jahrhundert zustehenden Besitzungen vergleichen, so sehen wir, daß sich diese Gebiete durchaus nicht decken.

Der Bezirk, in dem der Reichsvogt seine Gerichtsbarkeit ausübt, ist zunächst kleiner als jenes alte Immunitätsgebiet. Er umfaßt eine Reihe alter Besitzungen der Zürcher Gotteshäuser nicht, von denen doch unbedingt anzunehmen ist, daß sie einstmals der Immunität teilhaftig waren.

So fällt der größere Teil des alten Besitztums der Abtei nicht unter die Vogtei des Reichsvogts. Von den ihr erhalten gebliebenen vier Höfen Wipkingen, Rümlang, Boswil und Cham gehört nur Wipkingen zur Reichsvogtei. Für die drei anderen Höfe ist ein Zusammenhang mit dem Reiche nicht nachweisbar [81]).

Von den sechs alten Höfen des Stiftes liegen Wallisellen, Schwamendingen und der Hof zum fallenden Brunnen außerhalb der Reichsvogtei.

Auch der Hof in Aeugst, der zur ältesten Ausstattung der Abtei gehört hatte, dann im 10. Jahrhundert an den Fiskus gekommen war, den wir aber im 13. Jahrhundert wieder im Besitze der Abtei treffen, gehörte nicht zur Reichsvogtei. Auch Uri unterstand zunächst nicht dem Reichsvogt (s. unten).

Andererseits umfaßt das Gebiet der Reichsvogtei nunmehr auch Besitzungen, für die uns die alten Urkunden keinen Zusammenhang mit den Züricher Immunitäten angeben. Es befinden sich darunter Neuerwerbungen der Zürcher Gotteshäuser und des Fiskus, wie auch Dörfer, in denen diese auch im

---

[81]) Dieser Zusammenhang ist zwar von F. v. Wyß, Beiträge 22 und Abh. 412 behauptet worden, jedoch ohne einen Beleg. Eine Notiz des 14. Jahrhunderts bezeichnet die Vogtgerichtsbarkeit zu Rümlang als ein von der Abtei herrühendes Lehen. Siehe oben S. 35 f. Die Vogtei über Boswil liegt 1264 in den Händen der Herren von Eschenbach (UB. Zürich 3, Nr. 1276). Das Laufenburger Lehnsverzeichnis von 1318 (HU. 2, 775) enthält folgenden Eintrag: Dis sint die gemein Lehen, die Wernher und Johans v. Hunwile hant von Habspurg: . . . dü vogtei ze Boswile über lüt und über guot. Die Vogtei von Cham ist 1370 von den Herzögen von Österreich an G. von Hünenberg als rechtes Lehen verliehen (F. v. Wyß, Reichsvogtei 23).

späteren Mittelalter keinen bedeutenden Besitz und auch nicht die niedere Gerichtsbarkeit gehabt haben. Zu den ersteren gehören Wollishofen, Rüschlikon, Trichtenhausen, Zollikon, Rüfers, Meilen und Talwil, zu den letzteren Küssnacht, Wezweil, Goldbach, Intweil, Breitweil, Wytikon, Waltikon, Gössikon und Zumikon.

Diese Tatsache nun, daß wir es hier mit einem territorial geschlossenen Gebiete zu tun haben [82]), dessen Umfang ohne Rücksicht auf die Ausdehnung der zürcherischen Grundherrschaften fixiert erscheint, deutet m. E. darauf hin, daß wir den Ursprung der Reichsvogtei als eines räumlich fest umschriebenen Gerichtsbezirkes nicht in der Zusammenfassung von zufällig in der Hand eines einzelnen Vogtes vereinigt gewesenen Vogteien zu suchen haben, sondern in der bewußten Ausscheidung eines bestimmten Bezirks aus dem größeren öffentlichrechtlichen Verbande, der Grafschaft. Die Reichsvogtei Zürich ist durch Abspaltung eines Hochgerichtsbezirks von der Grafschaft im Zürichgau entstanden. Als räumliche Grundlage hat ihr vermutlich eine alte Hundertschaft gedient, deren Ding-

---

[82]) F. v. Wyß behauptet, auch Ebikon im Kanton Luzern sei 1173 mit der Zürcher Vogtei ans Reich gekommen. Doch ist ein solcher Zusammenhang der Vogtei in Ebikon mit der Vogtei Zürich nicht nachweisbar. Die urkundlichen Grundlagen sind folgende: Im Jahre 1245 geben die Herren von Heidegg „feodum predii in Reitholc, a domino imperature nobis concessum" den Mönchen von Hitzkilch auf und empfangen es gegen Zins zurück. Darauf gestehen ihnen die Mönche die Vogtei dieses Grundstücks zu (Geschichtsfreund 2, 44). Am 10. Juli 1259 (a. a. O. 2, 53) bestätigt die Äbtissin von Zürich den Verkauf eines Grundstücks in Reitholz, wo jetzt das Kloster Rathausen steht. Das Eigentum an diesem Grundstück hatte der Äbtissin zugestanden. Die Veräußerung war durch die „universitas villanorum de Ebinkon" erfolgt, welche dieses Grundstück „iure hereditario" wohl als Allmend besaß. Käufer war das Kloster Rathausen. Kurz nachher geben die Herren von Heidegg die Vogtei „predii in Reitholz, a domino quondam F. imperatore nobis concessam" an die Mönche von Hitzkilch auf und empfangen sie gegen einen jährlichen Zins zurück (Geschichtsfr. 2, 54). Es geht nun aus diesen Urkunden in keiner Weise hervor, daß sich diese vom Kaiser den Heideggern verliehene Vogtei auch auf das Dorf Ebikon erstreckte. Das von der Abtei und den Einwohnern von Ebikon an Rathausen abgetretene Grundstück ist nicht identisch mit dem von den Herren von Heidegg an Hitzkilch aufgegebenen, über das sie „advocacia", vermutlich nur das Vogtrecht, nicht die eigentliche Vogtei besaßen. F. v. Wyß in Zeitschr. f. schw. R. 17, 57 ff.

stätten bei Zürich und in der Gegend von Trichtenhausen gelegen waren [83]). Als Zeitpunkt der Entstehung der Reichsvogtei haben wir bereits oben das Jahr 1173 angenommen.

Es könnte bei diesem Sachverhalte aber dennoch die Möglichkeit bestehen, daß der Zürcher Vogt wenigstens in denjenigen Dörfern, wo die Zürcher Immunitäten alten Besitz hatten, auf Grund der Immunität die gesamte Gerichtsbarkeit erlangt hätte und diese dann mit der Vogtei in den übrigen Dörfern zur Reichsvogtei Zürich vereinigt worden wäre. Nun ist aber zu berücksichtigen, daß seit dem Ende des 11. Jahrhunderts die Grafschaft im Zürichgau und die Zürcher Vogtei in einer Hand lagen. Wenn nun, wie wir oben sahen, die Immunitätsgerichtsbarkeit des Vogtes sich weder im 9., noch im 10. Jahrhundert über die niedere Gerichtsbarkeit hinausheben konnte, so wird man eher geneigt sein, den Ursprung jener Hochgerichtsbarkeit in der Grafschaft als in der Immunität zu erblicken.

Was den sachlichen Umfang der vom Vogte im Gebiete der Reichsvogtei ausgeübten Gerichtsbarkeit betrifft, so stehen uns hierüber direkte Nachrichten nur aus dem 14. Jahrhundert zur Verfügung. Diese alle bezeugen wenigstens für diese Zeit, daß in der Reichsvogtei auch die hohe Strafgerichtsbarkeit enthalten gewesen sei [84]).

---

[83]) Urk. v. 1333: Kaiser Ludwig bestätigt dem Gottfried Müllner u. a. das Reichslehen der Dingstatt zu Trichtenhausen (Vögelin, A. Z. 2, 451). Als Richtstätte wird 1346 der Galgenbühl in Trichtenhausen auf der Südwestseite der alten Forchstraße genannt (Vögelin a. a. O.).

[84]) Die älteste Nachricht hierüber enthält das Habsburgische Urbar in seiner Notiz über Albisrieden (1, 119): Die lüte von Ryden sprechent uffen ir eit, swie yoch das sie, das si in der Grafschaft von Habsburg gesessen sint, das ze Ryeden von recht und von alter gewonheit nieman ze richtenne hat dübe und vrefel, wand ein brobst von Zürich, der ouch die selbe Gericht empfahet von dem Ryeche. (Die Propstei hatte die Vogtei in A. im Jahre 1255 von Berchtold von Schnabelburg erworben. UB. Zürich 3, Nr. 940, 1199; 4, Nr. 1605.) Es bleibt dabei allerdings offen, ob auch das Blutgericht dem Probste zustand. Aus der Bemerkung, die Leute von Albisrieden seien in der Grafschaft von Habsburg (südlicher Zürichgau) gesessen, möchte ich schließen, daß dem Grafen das Blutgericht noch vorbehalten war. Vor 1346 ist darin dann eine Änderung eingetreten, wie aus der Offnung von Albisrieden (Grimm, Weist. 4, 325 ff.) hervorgeht. Hier

Ob dies aber bereits bei der Entstehung der Reichsvogtei der Fall gewesen ist, erhellt aus den Urkunden nicht. Aus der Tatsache aber, daß noch 1305 der Landgraf des Zürichgaus in Zürich ein Gericht abhält[85]), möchte ich doch den Schluß ziehen, daß das Blutgericht während des 13. Jahrhunderts noch dem Landgrafen zustand. Erst mit dem Untergang der eigentlichen Landgrafschaft im Zürichgau in den ersten Dezennien des 14. Jahrhunderts mögen der Reichsvogt und die Inhaber einzelner Teile der Reichsvogtei auch die Blutgerichtsbarkeit erworben haben.

Dagegen stand jenem jedenfalls von Anfang an die Dieb- und Frevelgerichtsbarkeit in den Dörfern der Reichsvogtei zu. Dies geht aus einer Urkunde vom 2. Juni 1225 hervor[86]). In dieser Urkunde versprechen die Edlen Ulrich und Walther von Schnabelburg, von den Gütern des Chorherrnstiftes zu Albisrieden nicht mehr zu fordern, als unter Herzog Berchtold von Zähringen geschah, nämlich:

„VII modios tritici et maltram avene cum pena judiciaria secundum privilegia ecclesie".

Unter dieser „pena judiciaria" haben wir unzweifelhaft den Anteil des Vogtes an den im Ortsgericht verwirkten Bußen zu verstehen. Da aber, wie aus späteren Urkunden hervorgeht, die niedere Gerichtsbarkeit in Albisrieden dem Probst zustand, konnten diese Bußen nur aus der Hochgerichtsbarkeit fließen, die der Vogt als Sühnegerichtsbarkeit im Ortsgericht verwaltete.

Daß aber der Inhaber der Reichsvogtei diese Ortshochgerichtsbarkeit (ohne das Blutgericht) ausübt, kann uns nicht weiter wundernehmen. Wie wir bereits betont haben, waren die Grafen von Lenzburg auch Grafen im Zürichgau und somit Verwalter der gesamten Hochgerichtsbarkeit mit Einschluß des Blutgerichts. Als Zürichgaugrafen nahmen sie das Recht für sich in Anspruch, an den Tagungen des Ortsnieder-

---

wird dem Probst das „merum imperium" und „omnis jurisdictio" zugeschrieben. In Fluntern hatte der Probst „judicia publica per penam sanguinis et ultima supplicia exercere" (Offn. aus der 1. Hälfte des 14. Jahrhunderts bei Grimm 4, 323).

[85]) Argovia VIII, Nr. 127.

[86]) UB. Zürich 1, Nr. 429.

gerichtes teilzunehmen, falls dieses im Wege der Sühnegerichtsbarkeit hochgerichtliche Fälle zur Aburteilung brachte [87]).

Nachdem wir so gezeigt haben, daß die Reichsvogtei Zürich eine Schöpfung der Hohenstaufen gewesen ist und die in ihr enthaltene Hochgerichtsbarkeit auf die Grafschaft zurückgeführt werden muß, wollen wir versuchen, auch für die übrigen außerhalb der Reichsvogtei gelegenen Besitzungen der Zürcher Immunitäten den Ursprung eventueller Hochgerichtsbarkeiten aufzudecken.

Dabei ist es aber erforderlich, mit einigen Worten auf die zugrunde liegenden öffentlichrechtlichen Verhältnisse, insbesondere auf die Geschichte des Zürichgaues in dem kritischen Zeitraum einzutreten. Es ist dies um so nötiger, als eine Geschichte der Landgrafschaft, wie wir sie z. B. für den Thurgau in der ausgezeichneten Arbeit P. Blumers besitzen, für den Zürichgau nicht existiert und wohl nicht so bald geschrieben werden wird, und als auch gerade über die Geschichte des Zürichgaues tiefgehende Irrtümer sich als geltende Meinung festgesetzt haben.

Wie wir bereits oben sahen, ging die Grafschaft im Zürichgau gegen Ende des 11. Jahrhunderts von dem Grafen von Nellenburg auf die Grafen von Lenzburg über, die sie bis zum Aussterben des Geschlechts 1173 verwalteten. Während dieser Zeit ist jene, in der Einleitung charakterisierte Entwicklung der Gerichtsverfassung zum Abschluß gelangt, als deren wichtigstes Merkmal die Entstehung der Ortsvogteien anzusehen ist. Wir finden also beim Ausgang dieser Periode die öffentliche Gerichtsverfassung nach der Richtung hin verändert, daß nun anstatt der niederen Gerichte des Zentenars und des Vogtes die vom Meier oder Schultheiß verwalteten

---

[87]) Dagegen spricht auch nicht jene Urkunde Heinrichs V. von 1114 (UB. Zürich 1, Nr. 259), in der von der Verleihung des Bannes an den Vogt die Rede ist. Nicht dem Grafen von Lenzburg soll der Bann verliehen werden, sondern einem Untervogt, den jener eventuell einsetzt (et ille subadvocatus bannum a rege vel imperatore recipiat). Der Graf brauchte den Bann natürlich nicht. In dem Grafschaftslehen lag auch die Befugnis, im Ortsgericht die Hochgerichtsbarkeit auzuüben. Darüber, daß auch zur Ausübung der in der Sühnegerichtsbarkeit enthaltenen Hochgerichtsbarkeit der Bann erforderlich ist, s. oben S. 12.

Ortsgerichte die niedere Gerichtsbarkeit ausüben. Ja, die Kompetenz dieser neuen Niedergerichte hat sich nach oben erweitert, insofern als es nunmehr gebräuchlich geworden ist, auch Hochgerichtsfälle im Ortsgericht zur Aburteilung zu bringen, nämlich im Wege des Sühneverfahrens. So stehen uns zu Ende des 12. Jahrhunderts auch auf dem Gebiete des Zürichgaues im wesentlichen nur noch zwei Gerichte gegenüber: auf der einen Seite das Ortsgericht, das die gesamte Niedergerichtsbarkeit und unter dem Vorsitz des Vogtes einen Teil der Hochgerichtsbarkeit verwaltet, soweit diese im sühnegerichtlichen Verfahren erledigt werden kann; auf der anderen Seite das Grafengericht, das nun zum bloßen Blutgericht geworden ist.

So gestalteten sich die Gerichtsverhältnisse, als nach dem Aussterben der Grafen von Lenzburg im Jahre 1173 Friedrich I. die Grafschaft im Zürichgau an Graf Albrecht von Habsburg übertrug [88]). Zwar erhielt Graf Albrecht die Grafschaft nicht ganz ungeschmälert. Bereits die Grafen von Nellenburg und nach ihnen die Grafen von Lenzburg werden einzelne der Ortsvogteien veräußert haben. Namentlich war es den Grafen von Nellenburg gelungen, beim Übergang der Grafschaft an die Lenzburger die Ortsvogtei in solchen Ortschaften zurückzubehalten, wo Klöster, über die sie die Kastvogtei inne hatten, das Niedergericht ausübten, oder wo sie selber in ihren eigenen Besitzungen Zwing und Bann verwalteten [89]). Aber das Blutgericht scheinen die Grafen von Lenzburg bis zum Schluß noch in der ganzen Grafschaft ausgeübt zu haben. Nach ihrem Tode wurden die drei Hochgerichtsbezirke der Reichsvogtei Zürich, des Tales Glarus und des Landes Uri von der Grafschaft abgelöst [90]). Aber noch blieb der Kern der Grafschaft dem Grafen erhalten. Von einer Teilung des Zürichgaues unter Habsburg und Kyburg, etwa so, daß Habsburg die Grafschaft in dem südlich der Limmat und des Zürichsees gelegenen Gebiete, Kyburg

---

[88]) Otto v. St. Blasien (Böhmer, Fontes 3, 601; M. G. SS. 20, 314): „Imperator Alberto comiti de Habisburc . . . . concessit Turicensem comitatum".

[89]) Vgl. z. B. Dietlikon unten S. 162 f.

[90]) Aus den Quellen geht nicht hervor, ob der Zürichgaugraf hier das Blutgericht zunächst noch weiter verwaltete oder nicht.

aber die gräfliche Gewalt in dem nördlich dieser Grenze gelegenen Teile der Grafschaft erhalten hätte, wie dies die herrschende Meinung annimmt, ist keine Rede [91]).

Nach dem Tode des Grafen Rudolfs des Alten (1232) gelangte die Grafschaft im Zürichgau an dessen jüngeren Sohn, Rudolf III., den Begründer der Laufenburger Linie des Hauses Habsburg, bei der nun die Grafschaft zunächst verblieb. Aber auch damals scheint wiederum ein Stück von der alten Grafschaft losgelöst worden zu sein: die Grafschaft Rapperswil, deren Entstehung mit diesem Erbfall in zeitliche Verbindung gebracht werden muß. Im übrigen aber fand auch damals noch keine Trennung der südlich der Limmat gelegenen Teile der Grafschaft von denen nördlich der Limmat statt. Noch im Jahre 1259 üben die Grafen von Habsburg-Laufenburg auch auf dem linken Limmatufer die Grafenrechte aus [92]).

Nach dem 1271 erfolgten Tode des Grafen Gottfried scheinen dessen Bruder Graf Eberhard und sein Sohn Graf Rudolf III. [93]) den südlichen Teil der Landgrafschaft an Graf Rudolf von Habsburg veräußert zu haben. Denn bereits im Jahre 1273 finden wir die ältere Linie als Verwalterin der Grafschaft in diesem Teile des Zürichgaus, der in den Urkunden

---

[91]) Die kurze Notiz von Tschudi über die 1245 zu Erendingen erfolgte Siegelung eines Urkundsbriefes des Meiers von Siggingen durch den „nobilis vir dominus de Warta, illustris viri comitis Hartmanni de Kiburg justiciarius in Zurichgouwa" (UB. Zürich 2 Nr. 625) ist bezüglich ihrer Authentizität nicht unverdächtig. Vgl. P. Blumer, Landgrafschaft Thurgau 22 Anm. 3. Es könnte auch wohl sein, daß der kyburgische Justitiar mit der Ausübung der den Kyburgern in zürichgauischen Dörfern zustehenden Sühnegerichtsbarkeit betraut war (vgl. unten S. 117). Auch das Großmünster in Zürich hatte als richterlichen Beamten einen justitiarius (Grimm, Weist. 4, 325 § 21).

[92]) Am 17. Oktober 1259 verkaufen Graf Rudolf v. Habsburg und seine Vettern Rudolf, Gottfried und Eberhard von Habsburg-Laufenburg ihre Höfe, Grundstücke und Rechte in Dietikon und Schlieren an das Kloster Wettingen mit Vorbehalt der Grafschaftsrechte für die jüngere Linie (Comitati et iure ipsius comitatus . . . . nobis videlicet iam dictis tribus fratribus Ruodolfo (II.) et Gotfrido et Ebirhardo comitibus ad manus nostras et dominium reservatis totaliter et exceptis. UB. Zürich 3, Nr. 1079).

[93]) Graf Rudolf II. hatte sich dem geistlichen Stande gewidmet, fiel also bei der Teilung außer Betracht (Schw. Geneal. Handb. 1, 15).

bald als „Reusstal“, bald als „Zürichgau“ bezeichnet wird [94]). Daß aber die jüngere Linie keineswegs den ganzen Zürichgau aufgegeben hat, ergibt sich aus einer Reihe von Urkunden aus den Jahren 1280—1283, in denen uns Graf Eberhard von Habsburg-Laufenburg als Landgraf im Zürichgau entgegentritt [95]). Nach dem im Jahre 1284 erfolgten Tode des Grafen Eberhard scheint die ganze Grafschaft, soweit sie noch bei den Laufenburgern war, an seinen Neffen, den Grafen Rudolf III., übergegangen zu sein, der sich noch 1305 Landgraf im Zürichgau nennt [96]). So ist auch zur Zeit der Abfassung des habsburgischen Urbars die Laufenburger Linie noch im Besitze der Landgrafschaft im nördlichen Zürichgau [97]). Bald nachher aber werden auch hier die Grafenrechte an das Haus Österreich übergegangen sein [98]).

Diese Grafschaft im Zürichgau, wie sie von den Grafen von Habsburg-Laufenburg verwaltet wurde, war aber nicht

[94]) Im Jahre 1282 sitzt der Edle Ulrich von Reussegg „preses Argogie“ einem Gericht vor, das auf der alten zürichgauischen Landgerichtsstätte Rifferswil tagt (UB. Zürich 5, 199). Am 6. August 1274 treffen wir den Edlen Markwart von Wolhausen „vicelangravius de Habspurg in Argogia“ in amtlicher Funktion in dem zürichgauischen Baar (UB. Zürich 4, 274). 1275 VIII. 11. nennt sich der nämliche „Richter des Königs Rudolf im Argau und Zürichgau“ (UB. Zürich 4, 317). In der Urkunde von 1282 I. 30. (UB. Zürich 5, 163) und Urkunde von 1294 VII. 19. (UB. Zürich 6, 253) tritt wiederum Ulrich von Reussegg, diesmal als Landrichter im Zürichgau und im Argau auf. In den Urkunden von 1282 IV. 15. (UB. Zürich 5, 167) und von 1282 VI. 15. (UB. Zürich 5, 177) nennt er sich „vicelangravius seu preses per Argoyam et in Rüsstal“. — Vgl. F. v. Wyß, Abh. 195 ff.

[95]) Urk. v. 1280 I. 25. (UB. Zürich 5, 97): Graf Eberhard von Habsburg „lantgravius Zürichgoie“. Urk. v. 1281 IV. 18. (ibid. 133): Graf E. v. H. „Zurichgoye lantgravius“. Urk. v. 1281 VIII. 4. (ibid. 142): Graf E. v. H. „lantgravius Zurichgoie“. Urk. v. 1283 IX. 25. (ibid. 217): Graf E. v. H. „lantgrave im Turchgowe“ (verschrieben für Zürichgowe). Daß Graf Rudolf III., der Sohn des Grafen Gottfried, in dieser Zeit nicht als Landgraf im Zürichgau erscheint, hängt wohl mit seiner Minderjährigkeit zusammen. Er war 1270 geboren.

[97]) Argovia 8, 120. J. J. Blumer, Demokratien 90.

[97]) So erklärt sich, warum Österreich in dem Regensberger Amt nur zu richten hat über Frevel „ohne was dem Mann an den Leib geht“, so auch das Richten nach Gewohnheit in den anderen nordzürichgauischen Ämtern.

[98]) Vgl. P. Blumer S. 23.

bloß ihrem räumlichen Umfang nach nur noch ein Schatten gegen früher; auch die sachliche Kompetenz des Grafen hatte sich bedeutende Einschränkungen gefallen lassen müssen. Ähnlich wie im Gebiete der Reichsvogtei Zürich sind auch in anderen Teilen des nördlichen Zürichgaues beim Aussterben der Lenzburger die aus der Grafschaft stammenden Ortsvogteien mit der Dieb- und Frevelgerichtsbarkeit nicht beim Grafen geblieben, sondern ihre eigenen Wege gegangen. So ist z. B. die Vogtei im Siggental, d. h. die Vogtei über die Dörfer in jenem Gebiet, welches von Limmat, Are und Rhein umschlossen, den westlichsten Teil des nördlichen Zürichgaues bildete, nicht an die Habsburger, sondern an die nächsten Erben der Lenzburger, die Grafen von Kyburg, übergegangen [99]). Von dem Grafen Hartmann d. Ä. erbte sodann Rudolf von Habsburg diese Vogtei, und es ist nun sehr interessant, zu sehen, wie noch der Verfasser des Habsburgischen Urbars sich der Tatsache bewußt war, daß die Herrschaft Österreich eigentlich keinen Titel auf die Ausübung der Vogtei in dieser Gegend hatte. Hier überall heißt es, die Herrschaft richte von Gewohnheit Dieb und Frevel [100]).

Genau so verhält es sich mit den im mittleren Glatttal gelegenen Dörfern Seebach, Oberhausen, Wallisellen, Neerach, Oberhasli, Winkel, Rüti, Bassersdorf, Schwamendingen, Stettbach, Oerlikon, Kloten, Dietikon, Nassenwil und Dübendorf [101]).

---

[99]) Im Jahre 1245 erscheint hier ein „nobilis vir Rudolfus de Warta, illustris viri comitis Hartmanni de Kiburg justiciarius in Zurichgowa", der für eine Verfügung des kyburgischen Meiers in Siggingen betreffend Güter in Würmlingen und Siggingen siegelt (UB. Zürich 2, 131). Vgl. ferner die Urk. v. 1231 (UB. Zürich 1, 347), wonach die beiden Grafen Hartmann von Kyburg auf das Vogtrecht in dem st. blasischen Hof Kirchdorf verzichten. Das aus den sechziger Jahren des 13. Jahrhunderts stammende Kyburger Urbar (HU. 2, 32 ff.) erwähnt ebenfalls kyburgischen Besitz in den hier gelegenen Dörfern Nußbaumen, Siggingen, Hausen und Aesch sowie die „advocacia Kilchtorf", die nach dem hohen Betrag des zu entrichtenden Vogtrechts (40 Mütt Kernen) mehrere Dörfer umfaßt haben muß.

[100]) So in den Dörfern Siggingen, Kirchdorf, Ober- und Niedererendingen, Ennet-Baden, Würenlingen, Oberendingen, Oberlengnau, Würenlos, Hüttikon, Dänikon, Aesch, Goldbach und Oetwil (HU. 1, 108 ff.

[101]) HU. 1, 243 ff.

Auch die Vogtei in diesem Gebiete stammt aus der kyburgischen Erbschaft[102]). Und es kann keinem Zweifel unterliegen, daß diese Vogteien schon durch Erbgang von den Lenzburgern an die Kyburger gelangt sind. Und auch in diesem Gebiete bezeichnet das Habsburgische Urbar die von der Herrschaft Österreich ausgeübte Dieb- und Frevelgerichtsbarkeit als nur auf Gewohnheit beruhend. Auch hier war man sich also noch zu Beginn des 14. Jahrhunderts bewußt, daß ein eigentlicher Rechtstitel für die Ausübung der Dieb- und Frevelgerichtsbarkeit fehlte, da ja die Grafschaft im Zürichgau noch bei der jüngeren Linie des Hauses Habsburg stand.

Und so haben wir denn auch in den hier gelegenen alten Besitzungen der Zürcher Immunitäten, in Schwamendingen und Rümlang, die Ortsvogtei nicht aus der Immunität, sondern aus der Grafschaft herzuleiten.

Die Vogtei über Rümlang erscheint, wie wir sahen, in den 60er Jahren des 13. Jahrhunderts in den Händen der Grafen von Kyburg, die sie an die Ritter von Manesse ausgeliehen

---

[102]) 1263 hat Graf Hartmann von Kyburg das „jus advocatie“ in Seebach (UB. Zürich 3, Nr. 1204). Das aus der gleichen Zeit stammende kyburgische Urbar (HU. 2, 36) führt eine „advocacia Rümelanch (Rümlang)“ an, aus der die Herrschaft Kyburg ein Vogtrecht von 87 Mütt Kernen bezieht. Diese große Summe läßt darauf schließen, daß noch andere Dörfer zu dieser Vogtei gehören. Und in der Tat ergibt eine Vergleichung des nach dem habsburgischen Urbar im Amte Kloten zu zahlenden Vogtrechts mit den Angaben des kyburgischen Urbars, daß schon die Kyburger die Vogtei in den Dörfern des Amtes Kloten ausübten. Die Rechnung gestaltet sich folgendermaßen: Das habsburgische Urbar (S. 256) gibt als Summe der im Amte Kloten in Kernen zu zahlenden Vogtrechtsabgabe $148^1/_4$ Mütt an. Davon sind aber die $64^1/_4$ Mütt, die in Kloten erhoben werden, erst in der nachkyburgischen Zeit erworben worden. Ferner erwähnt das kyburgische Urbar die vom Hofe Neerach zu entrichtenden 6 Mütt Kernen speziell, so daß auch diese von jenen $148^1/_4$ Mütt in Abzug zu bringen wären. Es ergäbe sich dann folgende Subtraktion

$$\begin{array}{r} 148{,}25 \\ -70{,}25 \\ \hline 78{,}00 \end{array}$$ Mütt Kernen.

Dazu kämen die 10 Mütt Kernen der Vogtsteuer des Dorfes Rümlang, die dem kyburgischen Urbar zufolge an den Ritter Manesse verliehen sind. So ergäbe sich die Gesamtsumme von 88 Mütt Kernen, also fast genau die vom Kyburgischen Urbar festgesetzte Summe (87 Mütt).

hatten [103]). Im Habsburgischen Urbar erscheint Rümlang nicht mehr, was wohl damit zusammenhängt, daß die Vogtei darüber von Habsburg-Österreich an die Äbtissin von Zürich veräußert worden war. Eine Notiz des 14. Jahrhunderts bezeichnet die hohe Gerichtsbarkeit zu Rümlang als ein von der Abtei herrührendes Lehen:

„Aber hat der Herzog von Österreich zu Lechen von unserem Gotshus empfangen über das Blut ze richten ze Rümlang und ze Seebach“ [104]).

In Schwamendingen, wo ein der Probstei gehöriger alter Dinghof lag, übte Habsburg-Österreich zu Beginn des 14. Jahrhunderts die Vogtei mit Dieb- und Frevelgerichtsbarkeit aus. Wir haben nachgewiesen, daß auch diese Vogtei bereits von Kyburg verwaltet worden war und aller Wahrscheinlichkeit nach von den Grafen von Lenzburg und ihrem Ursprunge nach aus der Grafschaft im Zürichgau stammte.

Es erübrigt sich uns nun noch, auf eine Betrachtung der Gerichtsverhältnisse im Lande Uri einzutreten. Wir haben uns diese Untersuchung bis jetzt aufgespart, weil wir sowohl die Grundbesitz-, wie auch die Gerichtsverhältnisse in diesem Tale im Zusammenhange prüfen wollten. Es wird sich zeigen, daß wir auch hier zu einer von der herrschenden Meinung abweichenden Auffassung gelangen.

Mit der curtis Zürich schenkte König Ludwig der Deutsche im Jahre 853 auch den pagellus Uroniae „cum ecclesiis, domibus ceterisque aedificiis, desuper positis, mancipiis utriusque sexus et aetatis, terris cultis et incultis, silvis, pratis, pascuis, aquis aquarumve decursibus, adiacentiis perviis, exitibus et regressibus, quaesitis et inquirendis, cum universis censibus et diversis redibitionibus“ [105]).

Die herrschende Meinung, vertreten hauptsächlich durch F. v. Wyß [106]) und W. Oechsli [107]) nimmt an, es habe der

---

[103]) HU. 2, 36.

[104]) G. v. Wyß, Abtei 2, 28, Urk. Nr. 439. Unter dem „Richten über das Blut“ ist hier, wie wir oben S. 28 f. zeigten, nicht das eigentliche Blutgericht, sondern zunächst nur die im Ortsgericht ausgeübte Sühnegerichtsbarkeit über Hochgerichtsfälle zu verstehen.

[105]) UB. Zürich 1, Nr. 68.

[106]) Beiträge 32.

[107]) Anfänge 30 ff.

königliche Besitz und infolgedessen die Schenkung an die Abtei das ganze Land umfaßt. Das Land Uri sei eine große zusammenhängende Grundherrschaft und die darin angesiedelten Leute Hörige der Abtei gewesen.

Ich will diese Frage auf sich beruhen lassen, obschon gewichtige Gründe gegen die Ansicht sprechen, es sei das Tal Uri im früheren Mittelalter eine Großgrundherrschaft des Königs bzw. der Abtei gewesen[108]). Das aber wird man nicht leugnen können, daß dieser Zustand nicht von langer Dauer war. Sobald uns im 13. Jahrhundert eine größere Menge von Urkunden entgegentritt, sehen wir, daß von einer einheitlichen Grundherrschaft der Abtei keine Rede mehr ist, daß vielmehr eine Reihe anderer Grundherren[109]) daselbst neben der Abtei begütert, ja daß sogar freies Eigen in bedeutenderem Umfang[110]) nachweisbar ist. Eine soweit gehende Zersplitterung des als ursprünglich einheitlich angenommenen Grundbesitzes kann aber nicht das Werk etwa nur eines Jahrhunderts sein. Ihre Anfänge müssen mindestens 2—300 Jahre zurückliegen und wohl noch in das 10. Jahrhundert zurückgehen.

Daran kann allerdings kein Zweifel bestehen, daß die Äbtissin von Anfang an hier die mächtigste Grundherrin war. Noch im 13. und 14. Jahrhundert ist ihr Grundbesitz im Tale Uri bedeutend. Dieser fand seinen Mittelpunkt wohl schon im 9. und 10. Jahrhundert in den vier Höfen zu Altorf, Bürglen, Erstfelden und Silenen.

---

[108]) Die frühere Forschung hatte fast durchweg angenommen, es habe sich die Schenkung nur auf das, was der König im Lande Uri besaß, erstreckt. Dieser Königsbesitz habe aber nicht das ganze Tal umfaßt. Dies ist auch meine Meinung.

[109]) Als Grundherren nennt Oechsli in seinen Anfängen 49 ff.: Die Grafen von Rapperswil, deren Güter durch das ganze Tal zerstreut lagen, die Grafen von Lenzburg, von Habsburg, von Homberg, die Freien von Schnabelburg, von Belp, von Hasenburg, von Grünenberg und Utzingen. Dann das Chorherrenstift Beromünster, St. Blasien und Muri. Ein großer Teil jener den oben genannten Herren gehörigen Besitzungen ging im Laufe des 13. Jahrhunderts an das 1227 gestiftete Kloster Wettingen über.

[110]) Dieses war namentlich im Schächental häufig. Vgl. Oechsli 34 ff. An eine Emanzipation dieser Güter von der Grundherrschaft, zu der sie ursprünglich gehört hätten, vermag ich nicht zu glauben.

Über die Gerichtsbarkeit, die der Äbtissin in der frühesten Zeit in Uri zustand, wissen wir nichts. Eine Urkunde von 955, in welcher die Einwohner von Uri [111]) mit Burchard, dem Vogt des castrum Zürich einen Vertrag über Zehnten von Wildheu abschließen, läßt nicht erkennen, ob dieser Vogt auch Gerichtsrechte in den Urner Besitzungen der Abtei ausübte. Doch ist daran wohl nicht zu zweifeln. Wie in Zürich und den übrigen Besitzungen des Fraumünsters wird sich aber auch hier die Gerichtsbarkeit des Vogtes auf die causae minores beschränkt haben.

Auch noch in der zweiten Hälfte des Mittelalters begegnen wir Beziehungen des zürcherischen Vogtes zum Tale Uri. In einer Urkunde von 1210 ordnet Herzog Berchtold V. von Zähringen, der damals Kastvogt von Zürich war, den Zehntbezug der Abtei auch in Uri. Aber das tut er als K a s t vogt der Abtei, der dafür zu sorgen hat, daß sie keine Einbuße an ihrem Vermögen erleide. Von irgend welcher Vogteigerichtsbarkeit ist auch hier nicht die Rede.

Wenn nun unsere oben aufgestellte Behauptung richtig ist, daß der Zürcher Vogt als solcher die Hochgerichtsbarkeit nicht besessen hat, so müssen wir auch hier in Uri den Grafen als Verwalter der Hochgerichtsbarkeit antreffen. Diese Vermutung wird bestätigt, wenn wir einen Blick auf die Urkunde vom 26. Mai 1231 werfen [112]). In dieser Urkunde teilt König Heinrich VII. allen Leuten von Uri (universis hominibus in valle Uraniae constitutis) mit, daß er sie aus dem Besitze (de possessione) des Grafen Rudolf von Habsburg losgekauft habe (redemimus et exemimus) [113]). Nun wissen wir, daß Uri zum Zürichgau gehörte. Die Grafschaft im Zürichgau aber lag seit 1173 in den Händen der Grafen von Habsburg. So ist also

---

[111]) UB. Zürich 1, Nr. 203. Die „inhabitantes Uroniam" treten hier als Markgenossenschaft, nicht als Angehörige einer Grundherrschaft dem Vogte als Vertreter der Kirche gegenüber.

[112]) UB. Zürich 1, Nr. 467.

[113]) Oechsli a. a. O. Reg.-Nr. 71 übersetzt „zurückgekauft und losgekauft", so daß also vorausgesetzt wäre, daß die Leute von Uri bereits früher direkt unter dem Reiche gestanden hätten, dann aber 1218 nach dem Aussterben der Zähringer unter die Vogtei der Habsburger gekommen wären, zwei Hypothesen, denen eine urkundliche Grundlage fehlt.

mit Bestimmtheit anzunehmen, auch Uri habe bis 1231 unter der Grafschaft des Zürichgaugrafen gestanden [114]).

Erst von 1231 an untersteht das Land Uri der unmittelbaren Gerichtsbarkeit des Reiches, ist es eine Reichsvogtei geworden. Bei dem zeitlichen Zusammentreffen der ersten Nachrichten über den Gotthardweg mit dem Freibrief König Heinrichs ist es höchst wahrscheinlich, daß die Gotthardstraße bei der Befreiung Uris eine Rolle spielte [115]). König Heinrich wollte, wohl im Einverständnis mit seinem Vater, dem Reichsheer den ungestörten Zugang zu dem wichtigen Passe sichern.

Ob nun die Gerichtsbarkeit des Grafen und nach ihm die des Reichsvogts nur die Blutgerichtsbarkeit umfaßte oder ob ihm auch die Dieb- und Frevelgerichtsbarkeit zustand, geht aus den Quellen zwar nicht hervor. Da aber, wie wir sahen, die Gerichtsbarkeit des Zürcher Vogtes sich jedenfalls nicht über das Niedergericht hinaus erhoben hat, kann nur der Graf zur Ausübung jener aus der Hochgerichtsbarkeit stammenden Dieb- und Frevelgerichtsbarkeit berufen gewesen sein. Natürlich wird er sie nicht in Person ausgeübt, sondern Unterrichter hierfür eingesetzt haben. Als einen solchen werden wir wohl den Ammann oder Minister zu betrachten haben, der uns vom Jahre 1234 an in den Urner Urkunden entgegentritt [116]) und

---

[114]) Schon P. Schweizer hat in einem am 20. September 1887 gehaltenen, leider nicht gedruckten Vortrag (zit. bei Oechsli 137 Anm. 2) den Standpunkt vertreten, die vom König Heinrich vorgenommene Exemtion habe sich nicht gegen den Vogt, sondern gegen den Grafen gerichtet. Aber er nimmt eine Gewalt des Grafen nur über die in Uri ansässigen Freien an, während ich das ganze Land als unter der Hochgerichtsbarkeit des Grafen stehend betrachte. — Ich hoffe, später einmal Gelegenheit zu finden, die Gerichtsverfassung der Waldstätte einer zusammenfassenden Untersuchung zu unterziehen. Ich fasse mich daher oben verhältnismäßig kurz und lasse namentlich die niedere Gerichtsbarkeit außer Betracht.

[115]) Oechsli, Anfänge 247.

[116]) Vgl. Oechsli a. a. O. S. 249 ff. Irgendwelche Beziehungen dieses Ammannamtes zur Fraumünsterabtei lassen sich nicht nachweisen. Dagegen nennt 1273 Königin Gertrud den Urner Ammann „ihren“ Ammann (G .v. Wyß, Abtei 212). Die in der gleichen Urkunde genannten übrigen Ammänner sind wohl die Meier des Tales. Ob der Ammann von Anfang an auch die niedere Gerichtsbarkeit im Tale ausgeübt hat, muß dahingestellt bleiben. Die vier Meier der Äbtissin treffen wir nie im Besitze richterlicher Funktionen (Oechsli 40); da-

dessen Amt möglicherweise aus dem alten Centuriat hervorgegangen ist, ähnlich wie der Schwyzer Landammann der Nachfolger des alten Hunnen gewesen zu sein scheint [117]).

Wir wenden uns nunmehr den Gerichtsverhältnissen innerhalb der Stadt Zürich zu [118]).

Der Ausgangspunkt der Siedelung, die sich später zur Stadt Zürich auswuchs, ist das alte Römerkastell auf dem Lindenhof, zu dessen Füßen eine römische Zollstation lag. Nach der Invasion der Alamannen, die dem Wohnen in Städten abgeneigt waren, verfiel die alte römische Siedelung; nur auf dem Kastell (castrum), das mit seiner näheren Umgebung bei der Austeilung des Landes vermutlich dem Herzoge der Alemannen zugeschieden worden war, fristeten helvetisch-römische Bewohner nunmehr als Angehörige eines herzoglichen und später königlichen Fronhofes ihre Existenz weiter [119]). Als Pfarrkirche diente ihnen wie der weiteren Umgebung die alte Märtyrerkirche der hl. Felix und Regula auf dem anderen Limmatufer. Als die Fraumünsterabtei gegründet wurde, erhielt sie einen großen Teil der königlichen curia zugewiesen. Dazu muß teilweise das Gebiet gehört haben, auf dem später die Stadt Zürich gelegen war. Noch im 13. Jahrhundert erscheint die Äbtissin, wenn auch nicht als einzige, so doch als wichtigste Grundherrin in Zürich.

Über die Anfänge der Stadt sind wir durchaus im Dunkeln. Mehrere Urkunden aus dem 10. Jahrhundert, von denen die erste vom Jahre 929 datiert ist, sprechen von einer „Turicina civitas", doch verstehen die Quellen des 10. Jahrhunderts unter civitas durchaus nicht immer eine Stadt im Rechtssinne [120]). Doch ist jedenfalls die Gründung eines Marktes bereits im 10. Jahrhundert erfolgt, wie aus einer Urkunde Ottos III. von

---

gegen befinden sich die Grafen von Rapperswil im Besitze von Twing und Bann für ihre Urner Besitzungen (Urk. v. 1290 IV. 29, Gesch. fr. 41, 31). Ebenso der Meier von Wettingen (Oechsli 56).

[117]) F. v. Wyß, Abh. 241 ff.

[118]) Über die Entstehung Zürichs vgl. F. v. Wyß, Abh. 340 ff. Ich vertrete im folgenden eine von seiner Auffassung in wesentlichen Punkten abweichende Ansicht.

[119]) F. v. Wyß a. a. O. S. 342, 343 und 348.

[120]) Rietschel, Burggrafenamt 66 Anm. 4.

999 für Villingen hervorgeht, in der gesagt ist, daß Störer des Marktfriedens dieselbe Strafe treffen solle, welche diejenigen zu erleiden haben, die den Markt von Konstanz oder von Zürich stören [121]. Es muß also damals ein schon ansehnlicher Markt in Zürich bestanden haben. In diesem Zusammenhang ist auch darauf hinzuweisen, daß um jene Zeit die Herzöge von Schwaben und als erster von ihnen Herzog Hermann I. von Schwaben (926—948) anfangen, in Zürich Münzen mit ihrem Namen zu schlagen [122].

Zweifelhaft ist, ob die Äbtissin schon im 10. Jahrhundert Marktherrin gewesen sei, oder ob nicht vielmehr der Markt ursprünglich als königlicher oder herzoglicher Markt angelegt worden und erst durch königliche Verleihung in den Besitz der Äbtissin übergegangen ist. Wenn wir berücksichtigen, daß wahrscheinlich zu Anfang des Jahres 1000 die bisher von den schwäbischen Herzögen verwaltete Münze an die Äbtissin gelangte [123], so liegt es nahe, die häufig mit der Verleihung des Münzrechts verbundene Verleihung des Marktrechts an die Äbtissin auch in diese Zeit zu verlegen. Wie dem auch sei: auf alle Fälle ist spätestens im Laufe des 11. Jahrhunderts die Äbtissin Herrin des Marktes geworden.

Dahingestellt muß ferner bleiben, ob schon während des 10. Jahrhunderts eine sich um den Markt gruppierende Ansiedelung entstanden ist und diese sich zur Stadt emporgeschwungen hat. Nehmen wir aber auch die Existenz einer solchen Marktansiedelung schon für das 10. Jahrhundert an, so fehlte dieser doch wahrscheinlich die schützende Befestigung [124].

Diese neue Marktansiedelung ist schon rein topographisch von den alten Immunitäten geschieden. Die letzteren lagen außerhalb der ältesten Befestigung, die ursprünglich wohl nur die Ansiedelung auf dem rechten Limmatufer umschloß. Hier

---

[121]) UB. Zürich 1, Nr. 225. F. v. Wyß a. a. O. 365.

[122]) Ibid. 364.

[123]) Ibid. 385. Der letzte auf bekannt gewordenen Denaren erscheinende Herzogsname ist derjenige Hermanns II. (997—1003).

[124]) Die älteste Befestigung scheint erst im 11. oder im Anfang des 12. Jahrhunderts vollendet worden zu sein. Vögelin, Altes Zürich 1, 426.

lag der Markt (die jetzige Marktgasse), hier lag auch später das Rathaus. Gegen Süden reichte die Marktansiedelung bis zur Schoffel- oder zur Kirchgasse, im Osten waren der spätere Neumarkt und im Norden das Niederdorf anfänglich nicht besiedelt und lagen außerhalb der ersten Befestigung [125]), sodaß also auch das Großmünster und die ganze „mindere" Stadt mit Pfalz und Fraumünster von der ältesten Stadt räumlich getrennt war. Sie wurden wohl erst durch die zweite Befestigung, die der mittelalterlichen Stadt ihre definitive Form gab und die gegen Ende des 12. und im Anfang des 13. Jahrhunderts zur Ausführung kam, in den Mauerkreis einbezogen [126]).

Diese Marktansiedelung ist zum großen Teil auf grundherrlichem Boden der Abtei angelegt. Dies geht aus zahlreichen Veräußerungsurkunden über städtische Grundstücke hervor, in denen der Äbtissin der auch sonst häufig vorkommende geringfügige, in der Urkunde von 1274 (s. unten Anm. 128) ausdrücklich als „ius censualis et usualis denarii in recognitionem nostri dominii" bezeichnete Zins von 1 den. vorbehalten wird [127]). Das geht ferner aus dem von der Äbtissin in Anspruch genommenen Recht hervor, daß die Veräußerung von Häusern in der Stadt durch ihre Hand geschehen müsse [128]).

---

[125]) Die sogenannten Rittertürme (Vögelin 2, 427 ff.), deren Lage auf dem Stadtplan in Dändlikers Geschichte von Zürich Bd. 1 ersichtlich ist, mögen im großen und ganzen den Verlauf der alten Mauer bezeichnet haben. Auf dem linken Limmatufer lagen nur 2 solcher Rittertürme, der Müllnerturm und der alte Rote Turm, und zwar beide nicht an der Peripherie, sondern unmittelbar bei der niederen Brücke, dem ältesten Limmatübergang, zu dessen Schutz sie wohl errichtet waren. Dieser Umstand scheint mir ein Beweis dafür zu sein, daß ursprünglich nur das rechte Limmatufer ummauert und wohl auch besiedelt war.

[126]) Vögelin a. a. O. 430 ff.

[127]) Vgl. z. B. folgende Urkunden:
Urk. v. 1225 XII. 18. (UB. Zürich 1, Nr. 432).
Urk. v. 1231 (UB. Zürich 1, Nr. 472).
Urk. v. 1254 III. 19. (UB. Zürich 2, Nr. 885).
Urk. v. 1259 I. 3. (UB. Zürich 3, Nr. 1048) u. a. m.

[128]) Urk. v. 1274 I. 27. (UB. Zürich 4, Nr. 1544): Heinrich Roßberger, Bürger von Zürich, hat zwei Häuser an der Brunngasse dem Kloster Oetenbach übertragen, und zwar durch die Hand der Äbtissin, „quia ex consuetudine antiqua et approbata cives nostri castri domos vel areas suas piis locis largiri cupientes per manum abbatisse . . . . hoc

Sobald die Urkunden wieder etwas reichlicher zu fließen beginnen, begegnet uns als Inhaber der niederen Gerichtsbarkeit innerhalb Zürichs ein von der Äbtissin eingesetzter Schultheiß[129]. Seine Gerichtsbarkeit ging aber über die niedere Jurisdiktion hinaus; denn er besaß auch die Gerichtsbarkeit über städtischen Grund und Boden[130].

Die Vogtei über die Stadt jedoch, die noch bis 1173 bei den Grafen von Lenzburg gestanden hatte, ging nach deren Aussterben an die Herzöge von Zähringen über[131], die sie als Reichslehen verwalteten. Nach dem Tode Berchtolds V. (1218) behielt der Kaiser die Vogtei unmittelbar beim Reiche. Zur Ausübung der in ihr enthaltenen Gerichtsbarkeit setzte er Beamte ein, die er aus der Bürgerschaft nahm und die als advocati bezeichnet werden[132]. So äußerte sich schon darin der Unterschied der Stadtvogtei von der Vogtei über den ländlichen Teil der Reichsvogtei Zürich, der nicht in unmittelbarem Zusammenhang mit dem Reiche blieb, sondern wieder als Lehen ausgetan wurde.

---

perducere dignum duxerint ad effectum". Nach dieser Urkunde hätte es den Schein, als ob sich diese Vermittlung der Äbtissin nur auf die Veräußerungen an „pia loca", also an fremde Klöster beziehe. Daß sie aber auch in anderen Fällen Platz griff, zeigen zahlreiche Urkunden. So heißt es in einer Urkunde von 1252 (UB. Zürich 2, Nr. 853) „domus vel areae castri Turicensis nequaquam ad manus extraneas devolvi debent nisi nostra gratia mediante". Vgl. hierüber auch F. v. Wyß, Abh. 451 ff., der jedoch diese Mitwirkung der Äbtissin aus der ursprünglichen persönlichen Hörigkeit der Einwohner Zürichs herleitet.

[129]) Vgl. F. v. Wyß a. a. O. S. 386. Die vom Herzog Berchtold V. von Zähringen im Jahre 1200 ausgestellte Urkunde (UB. Zürich 1, Nr. 358) erwähnt zwar einen „Rodolfus causidicus noster". Vielleicht hat aber während der Herrschaft der Zähringer der Schultheiß der Äbtissin auch die Gerichtsbarkeit des Reichsvogts verwaltet, und war also auch Beamter des Herzogs von Zähringen, sodaß dieser ihn „seinen" causidicus nennen konnte. Ob der in der Urkunde von 1153 V. 30. (UB. Zürich 1, Nr. 301) genannte Henricus tribunus und der in der Urkunde von 1177 VII. 2. (UB. Zürich 1, Nr. 329) erwähnte Burchardus Albus minister ebenfalls städtische Niederrichter waren, wage ich nicht zu entscheiden.

[130]) F. v. Wyß a. a. O. S. 455.

[131]) Vgl. oben S. 104.

[132]) F. v. Wyß a. a. O. S. 411.

Um den Zusammenhang des Reichsguts mit der Reichsgewalt noch mehr zu kräftigen, setzte König Rudolf I. von ihm abhängige Dienstleute zu Vögten ein, die ihrerseits wiederum die Gerichtsbarkeit durch Untervögte ausüben ließen [133]).

Bis zum Jahre 1400 blieb so die Vogtei beim Reich. König Wenzel übergab in diesem Jahre der Stadt das Recht, den Reichsvogt selbst zu ernennen, ein Recht, das, nachdem die vom Vogte zu beziehenden Einkünfte auf ein Minimum reduziert worden waren, zwar von geringem materiellem Nutzen war, das aber doch der Stadt die Hoheit über ihr Gebiet einräumte [134]).

Der Vogt erscheint im 14. Jahrhundert als Richter über das Blut [135]). Ob er diese Blutgerichtsbarkeit bereits im 13. Jahrhundert oder noch früher ausgeübt, oder ob er sie erst nach dem Untergang der Grafschaft im Zürichgau erworben hat, läßt sich nicht mehr ermitteln [136]). Auf alle Fälle stand dem Vogte bereits in früherer Zeit eine ausgedehnte Sühnegerichtsbarkeit zu [137]). Auf was für Delikte sich diese er-

---

[133]) Ibid. 444.

[134]) Dändliker a. a. O. 1, 179.

[135]) Dies geht z. B. aus dem nach 1336 abgefaßten Zusatz zum Richtebrief I, 16a (Arch. f. schw. Gesch. Bd. 5) hervor. Wenn ein Landmann einen Totschlag begeht und auf handhafter Tat ergriffen wird, so soll man ihn dem Vogt überantworten und über ihn richten „Bar gegen Bar" (Bahre gegen Bahre = jus talionis). Vgl. auch den Schluß dieses Artikels.

[136]) Als Beweis für die Ausübung der Blutgerichtsbarkeit durch den Vogt hat auch die Urkunde Heinrichs V. von 1114 (UB. Zürich 1, Nr. 259) gegolten, in der der König verspricht, einem allfälligen Untervogte den Bann zu verleihen. Allein diese Urkunde bezieht sich auf die Vogtei über die Probstei Zürich, der in der Stadt keinerlei Vogteirechte zustanden. Außerdem braucht, wie wir sahen, die Verleihung des Königsbannes nicht nur die Autorisation zur Ausübung des Blutgerichtes zu bedeuten, sondern auch die hochgerichtliche Bußengerichtsbarkeit scheint an die Verleihung des Bannes geknüpft zu sein.

[137]) Dies ergibt sich unzweideutig aus Richtebrief I, Art. 4. Dieser Artikel handelt vom Totschlag, den ein Bürger an einem anderen begeht. Der Schuldige soll der Stadt als Buße 10 Mark zahlen und außerdem soll man ihm sein bestes Haus niederreißen. Wenn er aber kein Haus in der Stadt hat, so soll er der Stadt 20 Mark schuldig sein. „Mit disen zwenzig marken ist der stat gebüezet, ane die buoze,

streckte, läßt sich nur vermuten. Außer dem im Richtebrief I, 4 (s. Anm. 137) genannten Totschlag wird wohl noch die ganze Kategorie der Verwundungen und der Diebstahl dieser Gerichtsbarkeit des Vogtes unterstanden haben. Aus welcher Quelle aber diese Hochgerichtsbarkeit floß, läßt sich nicht mit Bestimmtheit entscheiden.

Seinen Sitz hatte das Vogtgericht auf dem Rathause [138]). Seine Beisitzer sind im 13. Jahrhundert, nachdem einmal der Rat entstanden war, die Mitglieder des Rates, der ja wohl überhaupt aus dem Vogtgerichte hervorgegangen ist [139]).

Außer dem Schultheißen- und Vogtgerichte gab es in Zürich (abgesehen von den Hofgerichten der Abtei und der Probstei) kein Gericht. Es ist nicht richtig, daß der Rat ein eigenes Gericht verwaltet hat, in dessen Kompetenz die Gerichtsbarkeit über gewisse Stadtfriedensbrüche gefallen wären, wie F. v. Wyß dies annimmt [140]). Wenn im Richtebrief von der Gerichtsbarkeit des Rates die Rede ist, so ist darunter die vom Rate im Vogtgericht ausgeübte Jurisdiktion zu verstehen. Die Zweiteilung der städtischen Gerichte ergibt sich deutlich aus Richtebrief I Art. 38, wo es heißt:

„Nieman der burger ald der landlüte sol vor vogte ald vor dem schultheissen vor gerihte dem andern ze reht stan, wan in dem Rihthuse an der brugge."

Natürlich gibt es Fälle, wo der Rat allein tagt. Das geschieht aber nur dann, wenn er keine gerichtlichen Funktionen ausübt. Sobald er zu Gerichte sitzen will, ruft er den Vogt zum Vorsitz. Das kommt noch in jener Stelle aus der älteren Fassung des Richtebriefs zum Ausdruck, wo es heißt [141]):

„Swer hie vogt ist, der sol an den Rat nit komen noch bi im sizzen als die andern des Rates, wan so si sin bedurfen und nach im senden."

---

die er dem gerichte und dien Klegern schuldig ist". Das hier genannte Gericht kann nur das Vogtgericht sein.

[138]) Richtebrief I, Art. 38: „Es en si danne, daz man grosse witi darzu bedurfi". In diesem Fall wird die Versammlung auf dem Lindenhof stattgefunden haben. F. v. Wyß, Abh. 449.

[139]) Ibid 412 ff. 449.

[140]) Ibid. 463.

[141]) Arch. f. schw. Gesch. 5, 190 Anm. 3.

Des Vogtes bedarf der Rat aber, wann er Gericht abhalten will.

Die niedere Gerichtsbarkeit hat das Vogtgericht im 13. Jahrhundert nicht mehr ausgeübt. Die dahin zielenden Behauptungen F. v. Wyß' in seinen Abhandlungen S. 448 beruhen auf einem Mißverständnis. Richtebrief III, 17 u. 54 sieht vor, daß jemand vor dem Schulheißen oder vor dem Vogte um Geldschuld eingeklagt wird [142]. Das hängt aber damit zusammen, daß das Vogtgericht die zweite Instanz für Urteile des Schultheißengerichtes war [143], und also auf diesem Wege auch causae minores seiner Rechtsprechung unterliegen konnten.

Aus welcher Quelle die vom Vogte verwaltete Vogtgerichtsbarkeit stammte, läßt sich nicht mit Bestimmtheit feststellen. Da wohl anzunehmen ist, daß das Vogtgericht schon seit Bestehen der Stadt, also wohl seit dem 11. Jahrhundert eine gewisse Hochgerichtsbarkeit ausübte, ist deren Ursprung aus der Grafschaft wenig wahrscheinlich. Aber auch mit der Immunität kann diese Hochgerichtsbarkeit nicht zusammenhängen, denn dann bliebe es unerklärt, weshalb die Vogtgerichtsbarkeit in der Stadt größere Kompetenzen erlangt hat als diejenige auf dem Lande, die, wie sich uns ergab, auf die Niedergerichtsbarkeit beschränkt geblieben ist.

§ 9. Einsiedeln.

Das Benediktinerstift Einsiedeln [1] ist auf Allodialboden des Schwabenherzogs Hermann I. errichtet worden und zwar,

---

[142]) Swer umb Gelt dem gerichte überhörig wirt vor dem schultheissen ald vor dem vogte, also das si uf ir eit nement, das si das nit gerichten mügen, die sun es danne dem rate künden.

[143]) Vgl. F. v. Wyß, Abh. 455. Einen speziellen Fall sieht Richtebrief III, 45 vor: Wenn ein Bürger den anderen vor dem Schultheißen um eine Geldschuld einklagt, und der Schuldige schwört, er habe kein Vermögen, dann soll der Kläger, falls er der Überzeugung ist, daß es mit Gefährde geschehen sei, es dem Rate klagen. Deutlich erhellt der Zug vom Schultheißen an den Rat aus III, 19: Wirt ein burger beklagt umbe gelt vor dem schultheissen und er von dem kumt für den Rat ....

[1]) Literatur: Odilo Ringholz, Geschichte des fürstlichen Benediktiner-Stiftes Einsiedeln. 1. Bd. Einsiedeln 1904. —

wenn wir der Überlieferung Glauben schenken dürfen, im Jahre 934 [2]). Damals setzte der ehemalige Straßburger Domprobst Eberhard [3]) an die Stelle der kleinen Eremitenwohnungen ein Klostergebäude und gestaltete die bisherige Einsiedlergemeinde zu einem eigentlichen Konvent nach St. Benedikts Regel um.

Jenes dem Kloster von Herzog Hermann geschenkte Land wird wohl von Anfang an den Umfang des späteren Stiftsgebietes im engeren Sinne gehabt haben. Dieses umfaßte genau das Quellgebiet der Sihl [4]), d. h. ein Gebiet, welches sich zusammensetzte aus dem heutigen schwyzerischen Bezirk Einsiedeln und den Gemeinden Rotenturm, Alptal und Ober- und Unteriberg. Im Verlauf des über Jahrhunderte sich erstreckenden Marchenstreites zwischen Einsiedeln und den Schwyzern ging dann sukzessive das Gebiet der letzteren vier Gemeinden an Schwyz verloren, so daß schließlich die um das Stift gelegene einsiedlerische Grundherrschaft auf ein Gebiet zusammenschrumpfte, das dem heutigen Bezirk Einsiedeln entspricht.

Schon frühe gelangte Einsiedeln auf mannigfache Weise in den Besitz zahlreicher größerer und kleinerer Güter, und zwar zeigten sich namentlich die Ottonen und die schwäbischen Herzöge dem Kloster gegenüber freigebig [5]), so daß wir um das Jahr 1000 einsiedlerischen Besitz nicht nur in der schwyzerischen Nachbarschaft, sondern auch in anderen Gegenden des Zürichgaus, im Thur- und Linzgau, in Rhätien, im Elsaß und im Breisgau antreffen.

J. B. Kälin, Die Schirm- und Kastvogtei über das Gotteshaus Einsiedeln, in Mitt. d. hist. Ver. d. Ktns. Schwyz 1. — Paul Schweizer in HU. 3, 613 ff. — Gallus Morel, Die Regesten der Benediktiner Abtei Einsiedeln in Mohrs Samml., Chur 1848.

[2]) Ringholz 33. Jedenfalls aber vor 947, aus welchem Jahre das Immunitätsprivileg Otto I. stammt.

[3]) Über verwandtschaftliche Beziehungen Eberhards, der wahrscheinlich ein Nellenburger war, zu den Herzögen von Schwaben vgl. Ringholz 33.

[4]) Vgl. Grenzbeschreibung und Karte bei Ringholz 2 ff.

[5]) Ein Verzeichnis der betreffenden Schenkungsurkunden bei Ringholz 45 Anm. 5, des einsiedlerischen Besitzstandes ibid. 46. Ein großer Teil der hier genannten Besitzungen ging dem Kloster bereits früh verloren.

Schon bald nach seiner Gründung gelangte Einsiedeln durch Vermittlung Herzog Hermanns in den Besitz der Immunität. Das bezügliche Privileg (vom 27. Oktober 947)[6]) gewährt dem Kloster (nachdem es jener Schenkung des Schwabenherzogs Erwähnung getan hat):

„privilegium nostre auctoritatis atque munitatem quam ceteris monasteriis concessam habemus"

und befiehlt, daß

„nullus ex iudiciaria potestate constitutus aliquam super eos (sc. monachos) exerceat potestatem vel super eorum causas seu super familias intus vel foris concessas".

Es soll vielmehr der Abt mit seinen Mönchen

„ad illorum necessarios usus firmiter possidere absque ullius contradictione et sub nostra defensione et munitatis tuitione[7]) res illorum perpetualiter permanere".

Aus diesem Privileg ergibt sich für den Inhalt der Immunität, daß diese bereits eine gewisse Gerichtsbarkeit enthielt. Denn das Verbot an den öffentlichen Richter, irgend welche Gewalt über das Kloster und seine Leute auszuüben, worunter doch wohl auch die Gerichtsbarkeit zu verstehen ist (potestas super eorum causas!), setzt die Existenz einer anderen richterlichen Instanz für die Immunität voraus. Als solche begegnet uns später der Vogt. Diese Immunitätsgerichtsbarkeit erstreckte sich, wie aus dem Privileg erhellt, über die „familiae" des Klosters und zwar einerseits über das Hausgesinde (fam. intus concessa), andererseits über die auf dem Grund und Boden des Klosters angesiedelten Gotteshausleute (fam. foris concessa). Und zwar beschränkt die Urkunde Ottos die Immunitätsgerichtsbarkeit auf diejenigen Leute, die mit der Landschenkung Hermanns von Schwaben an das Kloster übergegangen waren. Darauf deutet der Ausdruck „concessae". Es enthält also dieses Immunitätsprivileg nicht ein allgemeines Verbot des Königs an die öffentlichen Richter, sich der Jurisdiktion über alle Leute des Klosters, wo immer sie seien, zu enthalten. Aber in Tat und Wahrheit wird auch

---

[6]) M. G. DD. 1, 177.

[7]) In der Bestätigungsurkunde von 965 (M. G. DD. 1, 391) sind hier die Worte eingeschoben: „predia a nobis seu ab aliis ad prefatum locum tradita omnesque".

hier die Immunität die Kraft besessen haben, den ganzen Klosterbesitz, auch spätere Erwerbungen, soweit sie in die Zeit fielen, wo die alte Immunität noch wirksam war, in ihren Bereich zu ziehen [8]), und so werden wir dem Privileg Kaiser Ottos gleiche Bedeutung beimessen können wie anderen gleichzeitigen Immunitätsverleihungen.

Was nun den Inhalt dieser Immunitätsgerichtsbarkeit und ihre Ausübung betrifft, so besitzen wir hierüber aus der ältesten Zeit, dem 10. und 11. Jahrhundert gar keine Nachrichten. Es ist natürlich nicht daran zu zweifeln, daß auch hier der Vogt der Verwalter der Immunitätsgerichtsbarkeit gewesen ist. Aber wo er sie ausgeübt hat und in welchem Umfange, können wir nur vermutungsweise feststellen.

Wahrscheinlich lag in nächster Nähe des Klosters selbst eine Dingstätte des Vogtgerichts; für die breisgauischen Besitzungen mag der Klosterhof Riegel der Mittelpunkt der Justizverwaltung gewesen sein, und auch am Zürichsee wird eine Dingstätte gelegen haben. Doch ist das, wie gesagt, nur Vermutung. Eines aber können wir mit Bestimmtheit sagen. Wenigstens im 10. Jahrhundert war die Zahl der Vogtgerichtsstätten noch eine verhältnismäßig kleine, da jedenfalls auch hier sich das Immunitätsgericht auf die in einer Mehrzahl von Dörfern gelegenen Immunitätsgüter erstreckte, im Gegensatz zur späteren Vogtei, die sich auf das einzelne Dorf beschränkte.

Über den sachlichen Umfang der Vogtgerichtsbarkeit dieser älteren Zeit läßt sich nur das mit Gewißheit sagen, daß sie zum mindesten die niedere Gerichtsbarkeit umfaßte und von der hohen wohl auch die Rechtsprechung in Grundstücksstreitigkeiten besaß. Ob der Vogt auch die hohe Strafjustiz ausübte, geht aus den Quellen nicht hervor.

Die ersten Inhaber der Vogtei sind wohl die mit den Herzögen von Schwaben verwandten [9]) Grafen von Nellenburg ge-

---

[8]) Jenes Einschiebsel der Bestätigungsurkunde von 965 (siehe Anm. 7) scheint schon die Entwicklung anzudeuten.

[9]) Graf Mangold von Nellenburg (975—987) war (nach der Vermutung G. v. Wyß', Allg. deutsche Biogr. 23, 418 ff.) ein Großneffe der Herzogin Reginlind von Schwaben, der Gattin Hermanns I., so daß die Möglichkeit besteht, die Vogtei sei von Herzog Hermann an die Nellenburger übergegangen.

wesen [10]. Als ihre Nachfolger treten im 12. Jahrhundert die Herren von Rapperswil auf [11]. Ob der in der Urkunde von 1114 [12]) genannte Vogt Ulrich bereits diesem Hause entstammte, muß dahingestellt bleiben; möglicherweise war er identisch mit dem im liber vitae [13]) als Vogt genannten Ulrich von Uster, der seinerseits mit den Rapperswilern verwandt war [14]). Auf jeden Fall aber treffen wir um die Mitte des 12. Jahrhunderts einen Rudolf von Rapperswil als Inhaber der Vogtei. Als solcher widersetzte er sich der Wahl Rudolfs II. (1142—71) zum Abte [15]). Eine bedeutende Rolle spielte der genannte Rudolf von Rapperswil in dem sog. Marchenstreit zwischen Einsiedeln und Schwyz [16]). Im Juli 1143 erschien er mit Abt Rudolf vor Konrad III. in Straßburg und bat den König um Rechtsschutz gegen die Übergriffe Graf Ulrichs von Lenzburg, seiner Miterben und der cives von Schwyz [17]). Im Anfang des 13. Jahrhunderts treten uns dann gleichzeitig zwei Rapperswiler Vögte, Rudolf und Heinrich von Rapperswil, entgegen. Auch sie spielen eine Rolle in dem erneuerten Marchenstreit [18]).

Weitere Nachrichten über die Stellung der Rapperswiler als Einsiedler Kastvögte besitzen wir nicht. Die Urkunde vom 10. Januar 1261 [19]) bezieht sich nicht auf die Kastvogtei über das Kloster, sondern auf die Vogteirechte über Besitzungen

[10]) Gesch. fr. 1, 421.

[11]) Die Nachrichten von dem feindlichen Verhalten Eberhards, des Sohnes Mangolds (gest. 991) gegenüber dem Kloster, das die Entziehung der Vogtei und ihre Übertragung an die Herren von Uster zur Folge gehabt haben soll (Ringholz 1, 58), mögen auf Wahrheit beruhen, lassen sich aber nicht überprüfen.

[12]) Gesch. fr. 43, 326.

[13]) Jahrb. f. schw. Gesch. 10, 353.

[14]) Vgl. Oechsli, Anfänge 139 Anm. 1.

[15]) Annales Einsidlenses in M. G. SS. 3, 147.

[16]) Über diesen vgl. Ringholz 69, 79, 87 und passim; ferner Oechsli, Anfänge 109 ff.

[17]) Gesch. fr. 43, 328.

[18]) Urk. v. 1217 VI. 11. (Gesch. fr. 43, 331 ff.); vgl. Ringholz 87 f.

[19]) UB. Zürich 3, Nr. 1136. Graf Rudolf v. R. bekennt „quod universas advocatias, quas super possessionibus monasterii Heremitarum extra montem, qui vocatur Ezlin, sitis habeo vel a me in feodo habentur, a dicto monasterio feodaliter possideo“.

Einsiedelns jenseits des dem Kloster im Norden vorgelagerten Berges Etzel [20]). Doch scheinen die Rapperswiler nach wie vor auch im Besitze der Kastvogtei gewesen zu sein. Eine Änderung trat erst im Jahre 1283 ein. Damals erlosch das Rapperswiler Haus im Mannesstamm [21]). Diese Gelegenheit scheint König Rudolf benutzt zu haben, sich in den Besitz der erledigten Kastvogtei zu setzen, wie er es damals auch versuchte, die von Einsiedeln zu Lehen rührenden Vogteien im Zürichgau und Aargau an sich zu bringen. Welchen Erfolg er bei dem letzteren Unternehmen hatte, werden wir weiter unten sehen. Daß es ihm gelang, die Kastvogtei dauernd zu erwerben, geht aus dem habsburgischen Urbar hervor [22]).

Zunächst blieb nun die Kastvogtei im Besitze des Hauses Habsburg-Österreich. Am 7. November 1319 verpfändete die Herrschaft Österreich dem Grafen Wernher von Homberg, dem Sohn der Gräfin Elisabeth von Rapperswil aus ihrer ersten Ehe, die Vogtei über Einsiedeln [23]). Nach dessen Tode (1320) scheint seine Witwe Maria, die sich später mit dem Markgrafen Rudolf IV. von Baden verehelichte, ihm in der Pfandschaft nachgefolgt zu sein. Am 23. November 1334 bestätigt der Abt von Einsiedeln, daß die Markgräfin von Baden ihm „die vogteige ze dien Einsidellen, die ir recht phant ist von dien hochgelobten Herrn dien Hertzogen von Oesterrich“ für bestimmte Zeit überlassen habe [24]). 19 Jahre darauf, am 9. Dezember 1353, trat dann die genannte Markgräfin im Einverständnis mit den „Lütten den Tallüten gemeinlichen ze den Einsideln, beidü, frouwen und Manen, die an die selben Vogty hörent zu

---

[20]) Es handelt sich um folgende Vogteien: den Teil der Stadt Rapperswil, der Einsiedeln gehört, die Höfe zu Kaltbrunnen, Stäfa, Erlenbach, Pfäffikon, Wollerau, Neuheim, Aegeri und Dagmersellen (Ringholz 103).

[21]) HU. 3, 613.

[22]) HU. 1, 282: Dü herschaft ist Kastvogt über das gotshus ze den Einsidellen. — Daß Habsburg-Österreich auch die Vogtei über die sog. Waldstatt Einsiedeln an sich genommen hat, geht aus den Verpfändungsurkunden des 14. Jahrhunderts (Ringholz 229) hervor, wenn auch das Habsburgische Urbar die damit verbundene Dieb- und Frevelgerichtsbarkeit nicht erwähnt.

[23]) Kopp, Gesch. 10, 94 und 11, 498 Anm. 4.

[24]) Mitt. d. hist. Vereins Schwyz 1, 95.

den Einsideln“ an die Leute von Einsiedeln „die Kastvogty des Closters ze den Einsideln inwendig und die vogty desselben Tals uswendig gar und gentzlichen“ ab um 200 Mark Silber [25]). Aber auch die Leute von Einsiedeln verpfändeten die Vogtei weiter und zwar an Hans und Rutschmann von Langenhart, von denen sie die Herzöge von Österreich am 22. April 1376 ledigten [26]). Der große Krieg Österreichs mit den Eidgenossen, der in der Schlacht von Sempach (1389) seine Entscheidung fand, war auch bezüglich des Verhältnisses von Österreich zu Einsiedeln nicht ohne Folgen. In dem 20jährigen Frieden vom 16. Juli 1394 mußte Österreich die Vogtei und die Gerichte über die Leute zu den Einsiedeln für die Dauer dieses Friedens an Schwyz abtreten, während die Herzöge sich nur das „Vogtrecht über das Gotteshaus zu den Einsiedeln“ vorbehielten [27]). Auch in den Besitz des letzteren zu gelangen, war nun das ganze Trachten der Schwyzer. Hiezu war ihnen der Zwiespalt zwischen dem Kaiser und dem Hause Österreich förderlich. Am 28. April 1415 verlieh der Kaiser in Anbetracht der treuen und willigen Dienste der Schwyzer denselben u. a. den Blutbann bei den Waldleuten zu Einsiedeln [28]). Die Kastvogtei selbst erlangte Schwyz am 6. Febr. 1424. An diesem Tage verlieh König Sigismund den Schwyzern die Vogtei des Gotteshauses zu Unserer Frau Maria zu Einsiedeln über Leute und Gut samt dem Banne [29]).

Schon dieser kleine historische Überblick hat uns erkennen lassen, daß im späteren Mittelalter die Vogtei über das Kloster selbst, die eigentliche Kastvogtei, deutlich von der Vogtei über die Besitzungen des Klosters, seien diese nun in seiner näheren Umgebung (Waldstatt) oder in größerer Entfernung gelegen, geschieden wird. Dies führt uns darauf, den Ursachen dieser Scheidung auf den Grund zu gehen. Wir finden diese auch hier in jener Umgestaltung der Gerichtsverfassung, die im 10. Jahrhundert einsetzt und die Entstehung der Ortsvogteien im Gefolge hat.

---

[25]) Ibid. 96 ff.
[26]) Ibid. 63.
[27]) Abschiede 1, 330.
[28]) Ringholz 329.
[29]) Ibid. 338.

Diese Entwicklung wird durch drei ineinandergreifende Erscheinungen charakterisiert. Dem Aufkommen der Dorfniedergerichte, auf die nun nicht nur die Fülle der Kompetenzen des alten Centgerichts übergeht, sondern das auch zum Immobiliargericht wird, entspricht der Niedergang des alten Immunitätsgerichts, des Vogtgerichts. Wohl in der ersten Hälfte des 12. Jahrhunderts ist dieser Zusammenbruch des alten Vogtdings überall vollendet. Was uns nachher noch unter dem Namen Vogtding begegnet, ist etwas seiner Entstehung und seinem Wesen nach vollständig neues. Das Vogtding des 12. und 13. Jahrhunderts ist das unter dem Vorsitz des Hochrichters tagende Ortsgericht.

Ob schon im 10. Jahrhundert die Ortsniederlassungen, in denen Einsiedeln begütert war, zum räumlichen Substrat jener neuen Gerichtsbarkeit wurden, wollen wir dahingestellt sein lassen. Doch bestehen Anzeichen dafür, daß dies der Fall war [30]). Ganz bestimmt aber können wir die Existenz von einsiedlerischen Klosterniedergerichten für das 11. Jahrhundert annehmen. Damit war die Voraussetzung für die Entstehung des neuen Vogtgerichts gegeben. Dieser Prozeß wickelte sich natürlich da um so leichter ab, wo Vogtei und Grafschaft in einer Hand sich befanden, wie dies in Einsiedeln der Fall war. Umgekehrt ist es aber auch um so schwieriger, zu ermitteln, ob die vom Vogte ausgeübten Rechte aus der Vogtei oder aus der Grafschaft stammen.

Vom Ende des 10. Jahrhunderts an treffen wir die Grafen von Nellenburg als Inhaber der Vogtei über Einsiedeln an. Gleichzeitig aber besaßen sie auch die Grafschaft im Zürichgau, in dem Einsiedeln gelegen war. Als nun die zürichgauischen Klostergerichte Einsiedelns dazu übergingen, auch hochgerichtliche Sachen vor ihr Forum zu ziehen, haben die Grafen jedenfalls auch hier den Vorsitz im Dorfgericht für solche Fälle beansprucht, wo Delikte zur Aburteilung kamen, die eigentlich vor das Hochgericht gehört hätten. Die Frage, ob sie diesen

---

[30]) In einigen einsiedlerischen Urkunden des 10. Jahrhunderts wird das placitum als Zubehör einzelner Dörfer genannt („cum mancipiis, silvis, pratis . . . p l a c i t i s, servitiis"). Vgl. M. G. DD. 2 (Otto III.), Nr. 24 (972), Nr. 181 (979). Vgl. Pischek, Vogtgerichtsbarkeit 45.

Anspruch in ihrer Eigenschaft als Gaugrafen oder als Vögte geltend machten, beantwortet sich durch die Erwägung, daß ihnen auf Grund ihres Grafenamtes unter allen Umständen die Hochgerichtsbarkeit zustand, während nicht feststeht, ob der Einsiedler Vogt als solcher jemals im Besitze der Hochgerichtsbarkeit gewesen ist, letzteres vielmehr eines besonderen Nachweises bedürfte. Doch hat man diesen Ursprung aus der Grafschaft bald und wohl nicht ohne Absicht vergessen; denn als gegen Ende des 11. Jahrhunderts die Grafschaft im Zürichgau den Nellenburgern genommen und auf die Grafen von Lenzburg übertragen wurde, scheint die Vogtei in den Dörfern, wo Einsiedeln das Niedergericht verwaltete, nicht an die Lenzburger mit übergegangen zu sein. Das hängt wahrscheinlich damit zusammen, daß schon die Grafen von Nellenburg diese Vogteien an Einsiedeln aufgaben und das Kloster sie dann dem jeweiligen Vogt (seit ungefähr 1100 den Herren von Rapperswil) zu Lehen gab. Auf diese Weise besaß hier nun der Klostervogt neben der eigentlichen Schirmvogtei auch die Vogtei in den zürichgauischen Besitzungen des Klosters [31]).

In den Ausgang dieser Übergangszeit fällt eine Urkunde Lothars III. von 1135 [32]), die uns einigen Aufschluß über die Vogteiverhältnisse in diesem Zeitpunkt gibt.

Lothar bestimmt darin, es solle der einsiedlerische Vogt über das Klostergesinde (familia que infra munitatem cottidie servire debet ad usus fratrum) keine Gewalt haben, außer wenn ihn der Abt rufe. Über die Ministerialen und die außerhalb der Immunitäten des Klosters wohnenden, zur familia gehörigen Eigenleute aber stehe ihm nur die Gerichtsbarkeit zu (non nisi iudicio agat). Von den Gerichtseinkünften aber müsse er dem Abt den ihm gebührenden Anteil erstatten. In gleicher Weise habe er rücksichtlich der freien und unfreien Zinsleute (censuales tam liberi quam capitales) zu verfahren. Untervögte aber dürfe er nicht einsetzen.

Es wird in dieser Urkunde zunächst die Gerichtsbarkeit des Vogtes von der sog. engeren Immunität ausgeschlossen.

---

[31]) Vgl. die Urkunde v. 1261 (oben S. 133) Anm. 19), wo der einsiedlerische Vogt Graf R. von Rapperswil vom Kloster mit diesen Vogteien belehnt erscheint.

[32]) Böhmer, Acta 1, Nr. 84.

Es soll der Vogt über das Klostergesinde nicht richten dürfen, es sei denn, der Abt rufe ihn. In welchen Fällen dies der Fall war, wissen wir nicht.

Bezüglich der außerhalb des engeren Klostergebietes angesiedelten Klosterleute [33]) bestimmt das Privileg Lothars III., der Vogt dürfe nur gerichtliche Funktionen über sie ausüben, habe aber von seinen Gerichtsbezügen dem Abt den ihm zukommenden Teil, wohl $^{2}/_{3}$ der Bußen, abzuliefern.

Aus dieser letzteren Bestimmung ergibt sich, daß der Vogt schon damals hochrichterliche Kompetenzen, vermutlich die Gerichtsbarkeit über Dieb und Frevel besessen hat. Daß diese aus der Grafschaft stammte, haben wir bereits oben bemerkt.

Dagegen ist es dem Vogte wohl nicht gelungen, das eigentliche Blutgericht an sich zu bringen. Dieses stand nach wie vor dem Grafen zu.

Wir gehen nunmehr zur eigentlichen Untersuchung des Umfangs und des Ursprungs der vom Vogte ausgeübten Gerichtsbarkeit über. Wir beginnen dabei mit

Kloster und Tal von Einsiedeln.

Wie wir eben sahen, ist um die Mitte des 12. Jahrhunderts der Vogt von der Gerichtsbarkeit im Gebiete des Klosters selbst ausgeschlossen. Die Jurisdiktion über die Kleriker und die im Kloster selbst wohnenden Klosterleute stand nur dem Abte zu, der aber wohl in schwereren Fällen den Vogt zuzog.

Dagegen übte der Vogt in der sog. Waldstatt, d. h. dem Gebiete der Talschaft Einsiedeln, die Dieb- und Frevelgerichtsbarkeit aus, wie aus der Offnung von 1332 [34]) hervorgeht. Twing und Bann stand hier dem Abte zu. Dagegen hören wir nichts davon, daß dem Vogte auch das eigentliche Blutgericht

---

[33]) Das Privileg Lothars befaßt sich an dieser Stelle nur mit den in der näheren Umgebung des Klosters, der sog. Waldstatt, angesiedelten Leuten, nicht mit den Gotteshausleuten überhaupt.

[34]) Gesch. fr. 45, 129 ff.: Des Gotteshauses sind Zwing und Bann, Einung und Ursätze und alle Gerichte, ausgenommen Dieb und Frevel, das soll ein Vogt richten.

zugestanden habe [35]). Dieses übte nach wie vor der Inhaber der öffentlichen Gewalt aus.

Dies war anfänglich natürlich der Zürichgaugraf, in dessen Grafschaft ja Einsiedeln gelegen war. In den Jahren 1232 oder 1233 scheint aber der südöstliche Teil des Zürichgaus aus der Verbindung mit der übrigen Grafschaft losgelöst worden zu sein, und es müssen damals den Herren von Rapperswil die Grafschaftsrechte in diesem Gebiete vom Könige übertragen worden sein. In den Urkunden bis 1232 nennen sich die Herren von Rapperswil stets nur „advocati de Rapreswilare" [36]). Da, unmittelbar nach dem Tode Albrechts von Habsburg (1232), der auch Graf im Zürichgau gewesen war, erfolgt eine Standeserhöhung. Bereits in der Urkunde vom 8. März 1233 [37]) nennt sich der bisherige Vogt Rudolf „G r a f". Ja, er tut sogar in dieser Urkunde der Standeserhöhung Erwähnung mit den Worten „quoniam placuit divine pietati nos a l t i u s h o n o r a r e et iam prefatam civitatem (Rapperswil) f i r m i u s et i u r e p o c i o r i cum appendiciis suis possedisse". Die letzten Worte deuten entschieden darauf hin, daß Rudolf von Rapperswil nicht nur in den Grafenstand erhoben wurde (eine solche Standeserhöhung ohne gleichzeitige Verleihung eines zugrunde liegenden Amtslehens gab es damals noch nicht), sondern daß ihm auch Grafen r e c h t e in einem gewissen Bezirk verliehen wurden [38]). Dieser Bezirk dürfte im wesentlichen mit dem Gebiete der nachmaligen „Grafschaft" Rapperswil zusammenfallen, deren Umfang aus den Verkaufsurkunden aus der Mitte des 14. Jahrhunderts erhellt. In den Jahren 1354 und 1358 verkauften nämlich die Grafen Johann

---

[35]) Die oben zit. Offnung enthält als späteren Zusatz hinter den Worten Dieb und Frevel die Worte „ad sanguinem". Daß dieser Zusatz nicht das Blutgericht bedeutete, haben wir oben S. 28 ff. ausgeführt.

[36]) Urk. v. 1212 (UB. Zürich 1, Nr. 375), 1213 (Nr. 376), 1229 (Nr. 450) und 1232 VIII. 28. (Nr. 475).

[37]) UB. Zürich 1, Nr. 481.

[38]) Dies geht auch aus jenen unten angeführten Verkaufsurkunden von 1354 und 1358 und namentlich aus einer Urkunde von 1354 hervor, in der Graf Johann von Habsburg-Rapperswil König Karl IV. die ihm verliehene „Grafschaft" aufsendet, damit er sie dem Herzog von Österreich leihe (Gesch. fr. 1, 82).

und Gottfried von Habsburg-Laufenburg-Rapperswil einerseits die Stadt und Herrschaft Neu-Rapperswil, andererseits die Burg Alt-Rapperswil, die March, das Wäggital, die Dinghöfe zu Pfäffikon, Wollerau und Bäch usw. mit der ganzen Grafschaft an Habsburg-Österreich [39]).

Die in dieser Verkaufsurkunde angeführten Örtlichkeiten bilden ohne Zweifel einen Teil des Substrats jener „Grafschaft" Rapperswil, die nach dem Tode Albrechts von Habsburg durch die Verleihung der Blutgerichtsbarkeit an die Herren von Rapperswil geschaffen wurde. Ich sage ausdrücklich einen Teil des Substrats, denn auch das Gebiet Einsiedelns muß seiner geographischen Lage nach zu dieser Grafschaft gehört haben, von der es ebensowenig wie in früherer Zeit von der Grafschaft im Zürichgau gänzlich eximiert war.

Damit gelangten die Vögte von Einsiedeln auch in den Besitz der Blutgerichtsbarkeit über das Kloster und die Waldstatt. Eine Vereinigung der Blutgerichtsbarkeit mit der Vogtei, d. h. mit der vom Vogte im Ortsgerichte ausgeübten Gerichtsbarkeit erfolgte aber nicht. So erklärt es sich, daß, als Österreich 1394 die Vogtei und die Gerichte über die Waldstatt an Schwyz abtrat, die Schwyzer das Blutgericht nicht mit erwarben, sondern ihnen dieses erst 1415 vom Kaiser verliehen werden mußte.

Die Frage, aus welcher Quelle die vom Vogte in der Waldstatt ausgeübte Hochgerichtsbarkeit stammte, haben wir bereits oben beantwortet. Die Wahrscheinlichkeit spricht dafür, daß sie ihre Quelle in den Gerichtsrechten des Zürichgaugrafen gehabt habe. Der Umstand, daß die Vogtei im späteren Mittelalter nicht mehr mit der Grafschaft in Verbindung steht, sondern vom Kloster zu Lehen rührt, erklärten wir damit, daß die Grafen von Nellenburg diese Vogtei dem Kloster aufgetragen haben. Den Anlaß dazu wird der zu Ende des 11. Jahrhunderts erfolgte zwangsweise Übergang der Grafschaft im Zürichgau an die Grafen von Lenzburg gegeben haben.

Läßt sich so die vom Vogt im Klostergericht ausgeübte Dieb- und Frevelgerichtsbarkeit ohne weiteres aus der Graf-

---

[39]) Gesch. fr. 1, 82 ff.

schaft ableiten, so ist es umgekehrt unwahrscheinlich, daß jene Dieb- und Frevelgerichtsbarkeit aus der Immunität stamme. Wir haben oben gesehen, daß in Einsiedeln der Vogt erst im 15. Jahrhundert in den Besitz der Blutgerichtsbarkeit gelangte und diese aller Wahrscheinlichkeit nach bis dahin stets dem Grafen zustand. Das zwingt uns aber zu der Annahme, daß an einen Ursprung der Dieb- und Frevelgerichtsbarkeit aus der Immunität nicht zu denken ist.

Das gleiche wie für die Waldstatt Einsiedeln selbst gilt für die übrigen zürichgauischen Besitzungen Einsiedelns. Hier überall müssen wir den Ursprung der Dieb- und Frevelgerichtsbarkeit des Vogtes in der Grafschaft suchen.

Zu den einzelnen Besitzungen ist in Kürze folgendes zu sagen:

1. Die sogenannten Höfe, d. h. die am oberen Zürichsee gelegenen Höfe Wollerau, Pfäffikon und Bäch waren alteinsiedlerischer Besitz[40]). Nach der Offnung von 1332 stand dem Abt hier Zwing und Bann zu und alle Gerichte, ausgenommen Dieb und Frevel, über die der Vogt zu richten hat. Die Vogtei stand den Herren von Rapperswil zu als den Nachfolgern der Grafen von Nellenburg, und zwar trugen sie die Vogtei vom Abte von Einsiedeln zu Lehen[41]), ebenso wie die Vogteien Rapperswil, Erlenbach, Stäfa, Kaltbrunnen, Neuheim, Aegeri, Brütten und Dagmersellen.

1283 erlosch, wie wir sahen, das Haus der Rapperswiler im Mannesstamm. Elisabeth, die Schwester des letzten Grafen, war mit dem Grafen Ludwig von Homberg verehelicht. Sie versäumten es jedoch, bei dem Abte von Einsiedeln die Lehen des rapperwilischen Hauses zu muten. Mittlerweile hatte der Abt diese Lehen seinem Bruder Rudolf von Güttingen übertragen. König Rudolf aber zog die Lehen an sich und fand den von Güttingen mit 200 Mark Silber ab. Sodann verlieh er die einsiedlerischen Lehen seinen Söhnen, den Herzögen von Österreich. Auf Drängen der Gräfin Elisabeth wurden ihr schließlich die vier Höfe Stäfa, Erlenbach, Pfäffikon und

---

[40]) Sie sind bereits im 10. Jahrhundert an Einsiedeln gekommen. Ringholz 46. Offnung von 1332 s. Gesch. fr. 45, 129 ff.

[41]) Vgl. oben S. 133.

Wollerau (und wohl auch Bäch) mit den dazu gehörigen Vogteien als Lehen von Einsiedeln zurückerstattet [42]).

1354/58 ging dann mit der Grafschaft Rapperswil auch die Vogtei über die „Höfe" an Habsburg-Österreich über.

2. Ebenfalls alteinsiedlerischer Besitz waren die zürichgauischen Höfe in Erlenbach, Stäfa, Hombrechtikon und Uerikon [43]). Wie wir oben sahen, trugen auch hier die Grafen von Rapperswil die Vogtei von Einsiedeln zu Lehen. Doch läßt sich auch hier der Ursprung der Dieb- und Frevelgerichtsbarkeit des Vogtes aus der Grafschaft annehmen. Lagen doch auch diese Dörfer im Zürichgau. Was die eigentliche Blutgerichtsbarkeit betrifft, so stand diese wohl immer dem Grafen im Zürichgau zu. Wenigstens hören wir nichts davon, daß der Vogt das Blutgericht besessen hätte, und zur Grafschaft Rapperswil gehörten diese Dörfer auch nicht.

Gegen Ende des 13. Jahrhunderts (1295 oder 1296) vermählte sich die Inhaberin dieser Vogteien, die Gräfin Elisabeth von Rapperswil in zweiter Ehe mit dem Grafen Rudolf von Habsburg-Laufenburg, dem Inhaber der Grafschaft im Zürichgau [44]). Nach ihrer beiden Tode 1309 bzw. 1315 vereinigte ihr Sohn Graf Johannes I. von Habsburg-Laufenburg-Rapperswil diese Vogteien mit den ihm gebliebenen Resten der Grafschaft im Zürichgau [45]), so daß Vogtei und Blutgericht von da an in einer Hand sich befanden. Später ist dann die Vogtei in den Ortschaften Stäfa, Hombrechtikon und Uerikon samt der Blutgerichtsbarkeit an Habsburg-Österreich übergegangen, das sie mit dem Amte Grüningen vereinigte [46]). Erlenbach war schon

---

[42]) Über diese Vorgänge vgl. Ringholz 116 f., 160; HU. 3, 613.

[43]) Die oben zitierte Offnung von 1332 galt auch für Erlenbach und Stäfa. Hombrechtikon und Uerikon waren in älterer Zeit nach Stäfa dingpflichtig. — In Männedorf, wo Einsiedeln auch begütert war, hatte Pfäffers das niedere Gericht. Zur Ausbildung einer einsiedlerischen Gerichtsherrschaft war es hier nicht gekommen.

[44]) Ringholz 160.

[45]) S. oben S. 116.

[46]) Dändliker, Gesch. v. Zürich 2, 17. Im Gegensatz zu Dändliker nehme ich oben an, daß die genannten 4 Ortschaften ursprünglich nicht zur Grafschaft Rapperswil gehört haben und daß also Rapperswil vor 1295 hier das Blutgericht nicht ausgeübt hat, dieses vielmehr Habsburg-Laufenburg gehörte.

1335 an den Grafen Kraft von Toggenburg versetzt und 10 Jahre später dem Grafen Friedrich von Toggenburg verkauft worden, wohl mit samt dem Blutgericht [47]).

3. Kaltbrunnen (im äußersten Südosten des Zürichgaues an der Grenze Rhätiens gelegen). Hier besaß Einsiedeln seit alters einen Hof, über den 1261 Rapperswil die Vogtei als Lehen Einsiedelns inne hatte. Der Vogt übte die Dieb- und Frevelgerichtsbarkeit aus, während der Abt Twing und Bann besaß [48]). Wer im 13. und 14. Jahrhundert das Blutgericht ausübte, wissen wir nicht. Vermutlich stand es dem Grafen im Zürichgau zu. Die Vogtei riß, wie wir oben sahen, 1283 Rudolf von Habsburg an sich. Da im Laufe des 14. Jahrhunderts auch die Grafschaft in diesem Teil des Zürichgaues an Österreich fiel, war der österreichische Vogt im Besitze der gesamten Hochgerichtsbarkeit.

Auch in Kaltbrunnen läßt sich wie in den übrigen zürichgauischen Besitzungen Einsiedelns die vom Vogte ausgeübte Hochgerichtsbarkeit aus der Grafengerichtsbarkeit herleiten.

4. Ebenfalls im Zürichgau gelegen waren die alteinsiedlerischen Besitzungen in Aegeri und Neuheim [49]). Die Vogtei in diesen Höfen stand zu Anfang des 14. Jahrhunderts der Herrschaft von Habsburg-Österreich zu [50]). Über den Umfang der von Habsburg-Österreich hier ausgeübten Gerichtsbarkeit gibt

---

[47]) Ringholz 212. Bütler, Friedrich von Toggenburg 15 f. Am 15. November 1400 verpfändete der Graf von Toggenburg die Vogtei Erlenbach an die Stadt Zürich (Dändliker a. a. O. 2, 13).

[48]) Am 10. November 1327 hielt Ritter Eberhard von Eppenstein, Pfleger zu Kyburg und Glarus auf Veranlassung Herzog Albrechts eidliche Umfrage bei den Leuten zu Kaltbrunn über die dortigen Rechtsverhältnisse und erfuhr, daß daselbst Twing und Bann und alle Gerichte des Gotteshauses zu Einsiedeln seien mit Ausnahme der Gerichte über Dieb und Frevel, die den Herzögen von Österreich als den Vögten zukämen. Blumer, Urkundensammlung z. Gesch. v. Glarus I Nr. 52.

[49]) Schon der liber heremi erwähnt Besitzungen Einsiedelns zu Aegeri (Gesch. fr. 1, 391). Für den Einsiedlerhof zu Aegeri besitzen wir keine Offnung (dagegen für einen ebenfalls dort gelegenen Fraumünsterhof. Grimm, Weist. 1, 159 f.). Die mehrfach zitierte Einsiedler-Offnung von 1332 galt auch für Neuheim.

[50]) Daß die Vogtei über Aegeri und Neuheim früher Rapperswil zugestanden habe, wie Ringholz 103 behauptet, geht aus den Quellen nicht hervor.

uns das habsburgische Urbar [51]) Auskunft. In Neuheim, wo ein Dinghof Einsiedelns lag, beschränkte sich die Gerichtsbarkeit des Vogtes (in Übereinstimmung mit der Offnung von 1332) auf Dieb und Frevel. Bei Aegeri sagt das Urbar, die Herrschaft habe über den Einsiedler Hof Twing und Bann und richte überall Dieb und Frevel. Hier ist es also dem Kloster nicht gelungen, in den Besitz der niederen Gerichtsbarkeit zu gelangen. Über die Blutgerichtsbarkeit und deren Ausübung schweigen die Quellen. Diese stand zweifellos der Herrschaft von Österreich als Inhaberin der Grafschaft im Zürichgau zu.

5. In Boppelsen, südwestlich von Regensberg, am Fuß der Lägern, besaß Einsiedeln ebenfalls einen Hof, über den 1285 Lütold VI. von Regensberg die Vogtei als Lehen von Einsiedeln inne hatte [52]). Mit der ganzen Herrschaft Regensberg ging wohl auch die Vogtei Boppelsen um 1290 an Habsburg-Österreich über. Aus dem Habsburgischen Urbar [53]) erfahren wir genau den Umfang der zur Vogtei gehörigen Gerichtsbarkeit. Sie ist nach unten unbegrenzt: Habsburg hat Twing und Bann. Nach oben aber findet sie ihre Begrenzung in der Hochgerichtsbarkeit des Grafen: der Vogt richtet alle Frevel, „âne das, das dem man an den lib gât". Hier haben wir also einen Fall, wo die Vogtgerichtsbarkeit keine hochrichterlichen Kompetenzen, dafür aber die in Twing und Bann enthaltene Niedergerichtsbarkeit umfaßt. Dies läßt sich aber leicht daraus erklären, daß diese Vogtei wahrscheinlich gar nicht von den Nellenburgern herrührt, sondern eine Schenkung der Regensberger aus verhältnismäßig später Zeit war. In den ältesten Aufzeichnungen über Einsiedler Besitzungen fehlt der Hof in Boppelsen. Erst 1285 wird er als Eigentum Einsiedelns erwähnt [54]).

Aber auch in den übrigen, nicht-zürichgauischen Besitzungen Einsiedelns läßt sich die vom Vogte ausgeübte Hochgerichtsbarkeit ohne Schwierigkeit aus der Grafschaft herleiten.

---

[51]) 1, 152.
[52]) Regesten von Einsiedeln 13.
[53]) 1, 240.
[54]) Vgl. Anm. 52.

1. Alt-einsiedlerischer Besitz war das im Thurgau gelegene Brütten[55]) (mit Illnau). Als 1283 der letzte Graf von Rapperswil starb, der offenbar den Hof von Brütten mit dem Meieramt von Einsiedeln zu Lehen getragen hatte, lieh das Kloster den Hof nicht wieder aus. Dagegen erhob die Schwester des Verstorbenen, die Gräfin Elisabeth, Einsprache. Doch fruchtete diese nichts. Im Jahre 1293 mußte sie von ihren Ansprüchen auf den Meierhof zu Brütten abstehen[56]).

Die Vogtei mit der Dieb- und Frevelgerichtsbarkeit stand dem habsburgischen Urbar zufolge[57]) der Herrschaft Österreich zu, Diese verwaltete aber auch die Landgrafschaft im Thurgau. Es wird daher auch die Dieb- und Frevelgerichtsbarkeit aus der Landgrafschaft herzuleiten sein.

Was das ebenfalls im Thurgau gelegene Eschenz[58]) betrifft, so waren hier wohl schon im 13. Jahrhundert die Herren von Klingen Vogt[59]). Über den Umfang ihrer Gerichtsbarkeit ist aus gedruckten Quellen nichts in Erfahrung zu bringen[60]). Auf jeden Fall war Eschenz nicht von den hohen Gerichten der Grafschaft eximiert.

Wann der Kelnhof Kempten[61]) im Zürichgau an Einsiedeln gelangte, läßt sich nicht mehr feststellen. Doch gehörte vermutlich auch er zum alten einsiedlerischen Besitz. Die Vogtei darüber war wohl schon im 13. Jahrhundert im Besitze der Grafen von Habsburg-Laufenburg, die noch 1321 als Vögte in Kempten auftreten. Über den Umfang der von ihnen ausgeübten Gerichtsbarkeit teilen uns die Quellen nichts mit. Da jedoch Habsburg-Laufenburg im 13. Jahrhundert im Besitze

---

55) Es werden schon im 10. Jahrhundert Güter Einsiedelns in Brütten genannt. UB. Zürich 1, Nr. 220 u. 223.

56) Reg. v. Eins. Nr. 119.

57) 1, 288, 290 f. Eine wohl aus dem 14. Jahrhundert stammende Offnung (Grimm 1, 144 ff.) bestimmt: Die penen und streffinen die sinnd eines vogts von Kyburg.

58) Eschenz figuriert schon 958 unter den Schenkungen Otto I. an Einsiedeln. Die Offnung von 1296 (Ztschr. f. Schw. R. 1, 81 ff.) enthält keine Angaben über die Kompetenzen des Vogtes.

59) 1304 erscheint Ulrich von Klingen als Vogt. Ringholz 1, 158.

60) Auch Ringholz erwähnt darüber nichts.

61) Ringholz 160, Anm. 2.

der Grafschaft im Zürichgau war, ist es sehr wahrscheinlich, daß sie in Kempten auch die Blutgerichtsbarkeit besaßen.

2. Im Argau besaß Einsiedeln zu Dagmersellen einen Dinghof, der mit Twing und Bann (nicht mit der Vogtei) vom Kloster den Grafen von Rapperswil verliehen war. Von den Grafen von Rapperswil aber hatten die Herren von Trostberg den Hof zu Lehen. Auch als König Rudolf dem Erben der Grafen, Graf Werner von Homberg und seiner Gattin Elisabeth, das Lehen entrissen hatte, blieben die von Trostberg im Besitze des Afterlehens [62]). Von Habsburg-Österreich erhielten sie nun auch die Vogtei mit der Dieb- und Frevelgerichtsbarkeit zu Lehen [63]). So verwalteten denn die Herren von Trostberg im 14. Jahrhundert die gesamte Gerichtsbarkeit in Dagmersellen, mit Ausnahme allerdings des Blutgerichtes. Dieses war den Herzögen von Österreich als Inhabern der Grafschaft im Argau vorbehalten [64]), aus der auch die hier ausgeübte Dieb- und Frevelgerichtsbarkeit herzuleiten ist.

Ferner lag im Argau das Dorf Ettiswil, wo Einsiedeln ebenfalls seit alters einen Hof hatte. Die Vogtei darüber war Lehen der Herrschaft von Österreich, die dem habsburgischen Urbar (1, 182) zufolge hier Dieb und Frevel zu richten hatte. Diese Dieb- und Frevelgerichtsbarkeit kann aber nur aus der Grafschaft herrühren.

3. Die Gerichtsverhältnisse von Sierenz im Oberelsaß, wo Einsiedeln ebenfalls seit dem 10. Jahrhundert einen Dinghof besaß [65]), sind nicht ganz durchsichtig. In der ersten

---

[62]) Urbar des 14. Jahrhunderts (Gesch. fr. 42, 39); s. auch das Urbar von 1332 (ibid. 45, 69 u. 73). Ringholz 258.

[63]) Schon das habsburgische Urbar schreibt der Herrschaft Österreich zu Dagmersellen Dieb und Frevel zu (1, 186).

[64]) Offnung der Herrschaft Trostberg zu Dagmersellen von 1346 (Segesser 1, 664 ff.): „Item aber ist ze wüssen, das die herschaft in dien gerichten und umb alle ding und sachen ze richten hatt denn allein umb den tod." Habsburgisches Lehensverzeichnis von 1361 (HU. 2, 560 f.): (Die Herren von Trostberg) „hant och alle frävele und uber das Bluot ze richten, ân daz an den tot gât, ze Tagemersellen . . ." Lehnsbrief v. 1374: Herzog Leopold leiht den Herren von Trostberg „die vogtei über des gotzhus lüte und güter von den Einsiedel . . . zu Dagmersellen . . . und ouch twing und ban und alle gericht, groß und klein, ân was an den tot gat" (Segesser 1, 663).

[65]) Ringholz 46.

Hälfte des 13. Jahrhunderts war ein gewisser Heinrich von Butenheim Vogt in Sierenz [66]), der die Vogtei wohl von Österreich zu Lehen trug. Denn nach dem habsburgischen Urbar (1, 28) hat Habsburg-Österreich in Sierenz über Dieb und Frevel zu richten, und zwar wie überall in der Landgrafschaft Elsaß auf Grund der Grafschaft [67]). Die niedere Gerichtsbarkeit hat nach der Sierenzer Offnung von ca. 1340 [68]) der Meier des Klosters. Das eigentliche Blutgericht stand bei der Grafschaft.

4. Von den breisgauischen Besitzungen Einsiedelns war die wichtigste der Dinghof zu Riegel [69]). Früher im Besitze der Herzöge von Zähringen, war die Vogtei nach deren Aussterben an die Herren von Uesenberg übergegangen [70]). Aus der Offnung von Riegel von ca. 1330 [71]), die $^2/_3$ der Bußen dem Abte und $^1/_3$ dem Vogte zuweist, läßt sich schließen, daß letzterer hochgerichtliche Kompetenzen, vermutlich die Dieb- und Frevelgerichtsbarkeit besaß. Da die Herzöge von Zähringen bis gegen Ende des 11. Jahrhunderts die Grafschaft im Breisgau verwalteten [72]), ist es wahrscheinlich, daß auch hier

---

[66]) In einer Urkunde von 1248 VII. 22. (UB. Zürich 2, Nr. 739) tritt eine Frau Ita von Balm auf, die in erster Ehe mit Heinrich von Butenheim, Vogt in Sierenz, verheiratet gewesen war.

[67]) Bemerkenswert ist in dieser Hinsicht folgender Passus aus der Offnung von Sierenz (s. unten Anm. 68): „Ouch sun die hoflüt den lantgrafen von dem hof hinderen tür verhueten, die vorderen sol er selb verwarten".

[68]) Abgedruckt bei Trouillat 3, 516 ff. und darnach bei Burckhardt, Die Hofrödel von Dinghöfen am Oberrhein 191 ff.

[69]) Zwischen 952 und 972 von Otto I. dem Kloster E. geschenkt. M. G. DD. II. 1, Nr. 24; 2, Nr. 4; III. 1, Nr. 77. — Über die breisgauischen Besitzungen war im 10. Jahrhundert ein dort ansässiger Herr namens Dietrich als Vogt gesetzt, dem später sein Sohn Hesso folgte (Liber heremi im Gesch. fr. 1, 109 und 422). Nach Heyck, Gesch. d. Herz. v. Zähr. 572 und Ringholz 47 stammten von diesen die Herren von Uesingen ab, die im 13. Jahrhundert wieder als Vögte von Riegel erscheinen.

[70]) ZGOR. 36, 126; 4, 253; 17, 253. Ringholz 92. Die Herren von Uesenberg hatten sie vielleicht schon früher von den Herzögen von Zähringen zu Lehen getragen. S. oben Anm. 69.

[71]) Ungedruckt. Auszug bei Ringholz 202 ff.

[72]) Fehr, Entstehung der Landeshoheit im Breisgau 12 ff.

die Dieb- und Frevelgerichtsbarkeit nicht aus der Immunität, sondern aus der Grafschaft stammte.

Ebenfalls im Breisgau lagen die Dörfer Ebnet und Eschbach. Hier hatte der Abt um 1330 alle Gerichte außer über Diebstahl und Frevel, über die der Vogt richtete. Dieser bezog von den Bußen ein Drittel [73]). Das Blutgericht war auch hier nicht mit der Vogtei verbunden. Wem die Dieb- und Frevelgerichtsbarkeit zustand, geht aus den Quellen nicht hervor.

5. Ob das in der Grafschaft Ratoldesbuch [74]) gelegene Dorf Hippetsweiler (hohenzollerisches Amt Sigmaringen) ebenfalls alteinsiedlerischer Besitz ist, läßt sich nicht ermitteln. Erst zu Anfang des 14. Jahrhunderts (1317) wird hier ein einsiedlerischer Hof erwähnt [75]). Der Vogtei über Hippetsweiler begegnen wir 1367 zum ersten Male. Damals verkaufte Graf Eberhard von Nellenburg die Vogtei zu Hippetsweiler über Leute und Gut mit Twing und Bann und Gerichten als ein Lehen von Einsiedeln [76]). Die Gerichtsbarkeit des Vogtes umfaßte, einem Weistum aus der ersten Hälfte des 15. Jahrhunderts [77]) zufolge, die Gerichtsbarkeit über Diebstahl und „Frevel, die das Blut antreffen". Daß darunter nicht das eigentliche Blutgericht zu verstehen ist, sahen wir oben. Der Ursprung dieser Vogtgerichtsbarkeit läßt sich nicht mehr ermitteln. Da aber dem Vogte das Blutgericht nicht zustand, ist ein Zusammenhang der Dieb- und Frevelgerichtsbarkeit mit der Immunität wenig wahrscheinlich.

§ 10. **Allerheiligen** [1]).

Um das Jahr 1050 [2]) gründete Graf Eberhard III. von Nellenburg [3]), Graf im Zürichgau, neben seinem Marktflecken

---

[73]) Offnung von ca. 1330, ungedruckt. Auszug bei Ringholz 204.

[74]) Die spätere Grafschaft Sigmaringen. Baumann, Gaugrafschaften 78.

[75]) Ringholz 149.

[76]) Ibid. 258.

[77]) Fürstenb. UB. 6, 215 ff.

[1]) Literatur: K. Henking, Das Kloster Allerheiligen zu Schaffhausen in Festschrift des Kantons Schaffhausen zur Bundesfeier 1901. Schaffhausen 1901. S. 131 ff. (zit. Henking). — C. A. Bächtold,

Schaffhausen das Kloster Allerheiligen. Bei der Gründung behielt er sich, wie das bei Eigenklöstern die Regel war, die Vogtei vor, in deren Besitz er ca. 1065 durch eine Bulle Alexanders II. [4]) bestätigt wurde. Während Graf Eberhard den Rest seiner Tage in dem von ihm gegründeten Kloster als Mönch zubrachte, verwaltete sein Sohn Burkhard (1073 bis ca. 1091) als sein Nachfolger die Vogtei über Allerheiligen. In die Zeit seiner Amtsführung fällt der welthistorische Kampf um die Befreiung der Kirche vom Arme der weltlichen Gewalt, der bei den Reformklöstern die Gestalt des Kampfes um die Befreiung von der Vogtei annahm. Zu diesen Reformklöstern gehörte Allerheiligen seit 1080. Damals wurde das nach dem Muster von Cluny gegründete Kloster durch Abt Wilhelm von Hirsau nach dem Vorbild von Hirsau umgestaltet. Der Preis, um welchen diese Reform durchgeführt wurde, war der Verzicht des Grafen Burkhard, „qui sibi in monasterio quasdam proprias condiciones vendicabat“ auf „omnis secularis potestas“ [5]), also wohl auf seine privatrechtlichen Ansprüche an das Kloster und auf die Vogtei.

Im Anschluß an diesen Verzicht widerruft Papst Gregor VII. die Bulle seines Vorgängers und gesteht dem Abt freie Vogtwahl und das Recht zu, einen mißliebigen Vogt abzusetzen. Doch scheint sich trotz jenem Verzicht Burkhards und dem päpstlichen Privileg an der tatsächlichen Stellung des Vogtes nichts geändert zu haben. Von einer Wahl des Vogtes durch

---

Wie die Stadt Schaffhausen ihre Landschaft erwarb in Festschrift der Stadt Schaffhausen zur Bundesfeier 1901. Schaffhausen 1901 (zit. Bächtold). — Hans Werner, Verfassungsgeschichte der Stadt Schaffhausen im Mittelalter. Berner Diss. Schaffhausen 1907. — Hans Hirsch, Studien über die Privilegien süddeutscher Klöster in MIOeG. 7. Erg.-Bd. 497 ff., 517 ff. — A. Heilmann, Klostervogtei 41 ff. — Rueger, Chronik der Stadt und Landschaft Schaffhausen. Schaffhausen 1884 u. 1892. — Die wichtigsten auf Schaffhausen bezüglichen Urkunden sind durch F. L. Baumann in Quellen zur Schweizer Geschichte 3 herausgegeben.

[2]) Über die Datierung vgl. Hirsch a. a. O. 517 ff.

[3]) Über die noch nicht geklärte Genealogie der Nellenburger vgl. Stälin, Wirt. Gesch. 1, 553. Fickler, Quellen und Forschungen LXXX.

[4]) Erwähnt in der Bulle Gregors VII. vom 3. V. 1080 (Quellen 3, 21).

[5]) Quellen 3, 20 ff.

den Abt hören wir nie etwas, noch weniger etwas von einem Vogtwechsel, der nicht im Wege des Erbganges erfolgt wäre. Vielmehr bleibt Burkhard I. weiter im Besitze der Vogtei, die sich auch fernerhin in der Familie des Stifters ruhig weiter vererbt [6]). Der Nachfolger des ums Jahr 1091 freiwillig auf die Vogtei verzichtenden Grafen Burkhard ist dessen nächster Erbe, Graf Adalbert von Mörsburg, ein Großneffe des Grafen Eberhard III.

Wohl zum Schutze gegen die Übergriffe dieses gewalttätigen Vogtes erlangte das Kloster im Jahre 1111 von Kaiser Heinrich V. eine Bestätigung der ihm von den Päpsten gewährten Freiheiten, insbesondere das Recht, den Vogt frei zu wählen, und ihn eventuell wieder abzusetzen. Immerhin solle der Absetzung eine Beschwerde beim Reichshofgericht vorangehen. Wenn sich diese als begründet erweise, solle das Gericht dem Abte bei der Absetzung behilflich sein [7]).

Nach dem Tode des Grafen Adalbert von Mörsburg gelangte die Vogtei über Allerheiligen an dessen Neffen Eberhard (gest. 1170), der sich wiederum Graf von Nellenburg [8]) nannte. Ihm folgte als Vogt sein Schwiegersohn Graf Manegold I. von Veringen-Nellenburg. Mit ihm beginnt die dritte Linie der Grafen von Nellenburg, die in der fünften Generation als Inhaber der Landgrafschaft im Hegau erscheinen [9]). Schon zu Lebzeiten dieses Grafen Manegold, aber erst nach 1179 [10]), wurden Kloster und Stadt von Kaiser Heinrich VI., wenn nicht

---

[6]) Die Vogtliste von Allerheiligen ist bis ca. 1180 folgende: 1. Graf Eberhard III. von Nellenburg (ca. 1050 bis ca. 1073); 2. Graf Burkhard von Nellenburg (von ca. 1073 bis ca. 1091); 3. Graf Adalbert von Mörsburg (ca. 1091 bis ca. 1127); 4. Graf Eberhard v. Nellenburg (gest. 1170); 5. Graf Manegold I. von Veringen-Nellenburg, zu dessen Lebzeiten die Vogtei ans Reich kam. Vgl. Heilmann 43. Henking 151.

[7]) Quellen 3, 78. Eine andere Urkunde Heinrichs V. vom Jahre 1111 (ibid. 79) ist, wie Hirsch 500 ff. dargetan hat, unecht und erst nach 1145 entstanden. Als Muster diente ihr die Urkunde Konrads III. von 1145. Das Gleiche gilt für eine Urkunde Heinrichs V. von 1120 (Quellen 3, 95). Vgl. Hirsch 510 ff.

[8]) Werner, Verfass.-Gesch. 89.

[9]) Ibid. 89 f.

[10]) Im Jahre 1179 befiehlt Kaiser Friedrich I. dem Grafen Manegold von Veringen, Vogt von Schaffhausen, die Rechte des Klosters Allerheiligen zu achten. Werner a. a. O. 90 u. 120.

schon, was ich vermuten möchte, von Kaiser Friedrich I.[11]) unter den Schirm des Reichs genommen und die Vogtei darüber in eine Reichsvogtei verwandelt[12]). Nach dem Tode Heinrichs VI. erhielt Herzog Berchtold V. von Zähringen diese Reichsvogtei zu Lehen[13]). König Friedrich II. zog nach dem Aussterben der Zähringer die Vogtei wieder ans Reich. 1249 wird sie namens des Reichs von Markward von Wolhusen, der „Burgundie, Thuregi et Scafuse procurator" genannt wird, verwaltet[14]). Bis zum Jahre 1330 scheint dann die Vogtei beim Reiche geblieben zu sein. In diesem Jahre versetzte Ludwig der Bayer die Stadt Schaffhausen den Herzögen von Österreich, in deren Besitz die Vogtei 85 Jahre lang blieb. Im Jahre 1415 gelangte Schaffhausen ans Reich zurück, und 1418 verpfändete der König die Vogtei der Stadt Schaffhausen selbst, bei der sie nun endgültig blieb[15]).

Es ist zunächst die Frage zu erörtern, ob das Kloster Allerheiligen als verhältnismäßig späte Gründung noch der Immunität teilhaftig geworden sei. Ein eigentliches Immunitätsprivileg aus der Gründungszeit besitzen wir nicht, sei es, daß es früh verloren ging, bzw. vernichtet wurde, sei es, daß ein solches überhaupt nicht bestanden hat. Für die ursprüngliche Existenz eines solchen Privilegs spricht jedoch die älteste uns erhaltene Königsurkunde, das Diplom Konrads III. von 1145[16]), das die Freiheit, „die schon die Vorfahren des Königs dem Orte zugewandt hätten", erwähnt. Vor allen Dingen aber spricht der Umstand, daß man noch im 15. Jahrhundert das um den Randen gelegene Gebiet, das den Kern der alten Klosterherrschaft bildete, als „Mundat" bezeichnete[17]), für das Bestehen einer eigentlichen Immunität. Doch scheint diese auf

---

[11]) S. Anm. 12.

[12]) Werner a. a. O. 92 ff. Urk. v. 1090 oder 1091, abgedruckt bei Werner 93. Das an den Konvent und die Bürger gerichtete Schreiben Heinrichs verspricht „ex commendatione patris Friderici piae memoriae", weder Kloster noch Stadt je dem Reiche zu entfremden.

[13]) Werner a. a. O. 95. 1189 wird Graf Otto von Kirchberg als Vogt von Schaffhausen erwähnt. Werner 91 f. Er ist wohl Reichsvogt.

[14]) Werner a. a. O. 96 ff.

[15]) Ibid. 152 ff.

[16]) Quellen 3, 113.

[17]) Vgl. Bächtold 126 ff.

das in der näheren Umgebung Schaffhausens gelegene Gebiet beschränkt gewesen zu sein und nicht mehr alle Besitzungen des Klosters umfaßt zu haben. So haben denn auch sämtliche Schriftsteller, die sich bisher mit den Schaffhauser Verhältnissen beschäftigt haben, angenommen, Allerheiligen sei mit der Immunität begabt gewesen [18]).

Auf dieser Immunität beruhte nun die vom Vogte ausgeübte Immunitätsgerichtsbarkeit, wie sie uns in einer Urkunde von 1122 [19]) entgegentritt. Der Inhalt dieser Urkunde ist ein Vergleich zwischen Vogt und Abt. Sie enthält wichtige Bestimmungen über das Verhältnis des Vogtes zum Kloster. Die Stelle, die sich mit der Gerichtsbarkeit des Vogtes beschäftigt, lautet folgendermaßen:

„Tria [20]) autem sunt loca suis placitis designata".

Diese drei Dingstätten sind der Urkunde zufolge:

1. Büsingen, wohin die Ortschaften Bibern, Wiesholz, Wylen, Ramsen, Riedhausen, Gennersbrunn, Thayngen, Schwende und Buchtalen dingpflichtig sind.

2. Hemmental „cum locis in confinio Randen": Steppach, Büsslingen, Merishausen, Berslingen, Griesbach und Beringen.

3. Hallau mit Guntmadingen, Hunninghofen, Wutach, Eberfingen und Dangstetten [21]).

An diesen drei Orten soll dem Vogt das gleiche „servitium" entrichtet werden, wie dem Konstanzer Vogt in Neukirch. „Si autem impeditus aliquo negotio ad horum IIII [22]) placitorum edictum non venerit nec abbati et fratribus justiciam fecerit servitium ei non detur".

---

[18]) Vgl. z. B. Werner 47 ff. Bächtold 27 f.

[19]) Urk. v. 1122 V. 30. (Quellen 3, 100 ff.).

[20]) Weiter oben führt die Urkunde dann noch als 4. Dingstätte Schaffhausen auf.

[21]) Von diesen Dörfern lagen Steppach, Büslingen, Berslingen, Griesbach, Beringen, Hallau, Guntmadingen, Hunninghofen, Wutach, Eberfingen und Dangstetten im Klettgau, die übrigen im Hegau. Die Stadt Schaffhausen wurde von der Grenze des Hegaus und Klettgaus durchschnitten, so daß die Urkunden diese Stadt mit Recht bald dem Hegau, bald dem Klettgau zuweisen konnten. Quellen 3, 5 Anm. 2.

[22]) Die vierte Dingstätte ist in Schaffhausen. S. Anm. 20. Wir beschäftigen uns im folgenden zunächst ausschließlich mit den Verhältnissen auf dem Lande.

Wir lernen aus dieser Urkunde zunächst den räumlichen Umfang der vom Vogte ausgeübten Gerichtsbarkeit kennen. Diese erstreckte sich nicht weiter, als wie ungefähr das Gebiet des heutigen Kantons Schaffhausen reicht. Wie sich die Verhältnisse in den entfernter gelegenen Besitzungen Allerheiligens gestaltet haben, wer dort die Vogtgerichtsbarkeit ausgeübt hat, erhellt aus den Quellen nicht. Da im späteren Mittelalter die Besitzungen des Klosters auf die nähere Umgebung Schaffhausens beschränkt erscheinen, können wir jene entfernteren aus dem Rahmen unserer Untersuchung weglassen [23]).

Dieses Gebiet zerfiel nun wieder in drei Unterbezirke mit je einer Gerichtsstätte des Vogtgerichts, nämlich in Büsingen im Osten, Hemmental im Randengebiet und Hallau im Westen. Diese drei Dörfer waren aber auch gleichzeitig die Mittelpunkte der Schaffhauser Grundherrschaft in dieser Gegend. In Büsingen, Hemmental und Hallau lagen die drei großen, dem Kloster gehörigen Fronhöfe [24]). In den übrigen hier gelegenen Dörfern hatte Allerheiligen jeweilen nur einige Hufen [25]), aber nirgends einen Hof.

Wenn daher diese Dörfer mit jenen drei Vogtgerichtsstätten in Zusammenhang gebracht werden, so dürfen wir uns natürlich nicht vorstellen, daß die gesamte Einwohnerschaft der betreffenden Dörfer am Vogtgericht des Schaffhauser Vogtes dingpflichtig gewesen wäre, sondern nur derjenige Teil, der sich im Bereiche von Schaffhauser Immunitätsland befand.

Was den s a c h l i c h e n Umfang der vom Klostervogte zu Anfang des 12. Jahrhunderts in den ländlichen Besitzungen von Allerheiligen ausgeübten Gerichtsbarkeit betrifft, so ent-

---

[23]) Vgl. den Güterbeschrieb von ca. 1150 (Quellen 3, 125 ff.). Eine Zusammenstellung gibt Fickler, Quellen und Forschungen XLVI ff.

[24]) Vgl. den Güterbeschrieb S. 126 u. 128. In Hallau und Hemmental wird je eine curtis erwähnt, in Büsingen eine terra salica. Alle drei stammten von den Nellenburgern und waren gegen Ende des 11. Jahrhunderts in den Besitz des Klosters gelangt (Quellen 3, 17, 18, 126 u. 128).

[25]) So in Gennersbrunn 5 Hufen (Quellen 3, 128), in Büslingen eine Hufe (ibid. 133), in Merishausen eine halbe Hufe (ibid. 133), in Berslingen 5 Hufen (ibid. 133), in Griesbach 3 Hufen (ibid. 137), in Guntmadingen 5 Hufen (ibid. 127). Für die übrigen Dörfer fehlen uns Nachrichten über den Umfang des klösterlichen Besitzes.

halten die Urkunden nichts, was uns den Schluß gestattete, der Klostervogt habe die Hochgerichtsbarkeit hier ausgeübt. Ganz im Gegenteil.

Während sonst fast in allen Urkunden dieser Zeit, die sich mit dem Verhältnis zwischen Kloster und Vogt befassen, auch die Verteilung der Bußen, von denen das Kloster $^{2}/_{3}$, der Vogt $^{1}/_{3}$ erhält, geregelt wird, ist in jener Urkunde von 1122, die ebenfalls die Rechte des Vogtes festsetzt, vom Bezuge von Bußen durch den Vogt keine Rede. Abgesehen von dem meist in Naturalien zu entrichtenden [26]) servitium scheint er überhaupt keine Einkünfte aus seiner Vogtei bezogen zu haben. Jenes vom Vogte bezogene Bußendrittel ist stets ein sicherer Beweis dafür, daß er die Hochgerichtsbarkeit ausgeübt habe [27]). Hat er dieses Drittel nicht, so läßt sich indirekt darauf schließen, daß er auch die Hochgerichtsbarkeit nicht besessen habe.

Erst eine Urkunde Konrads III. von 1145 [28]) erwähnt das Bußendrittel. Aber gerade diese Urkunde ist ein schlagender Beweis dafür, daß auf dem L a n d e dem Vogt das Drittel nicht zusteht. Diese Urkunde befaßt sich ebenfalls mit den Prärogativen des Vogtes. Er soll nicht das Recht haben, auf dem Grundbesitz des Klosters eine Burg zu bauen, nicht die Herbergspflicht des Abtes mißbrauchen, keine Zinse (precariae) oder F r i e d e n s g e l d e r (f r e d a) oder Steuern (redibitiones) fordern oder Leistung von Pferdediensten verlangen und ohne Erlaubnis des Abtes keinen Untervogt einsetzen, sondern sich zufrieden geben mit dem ihm eingeräumten Rechte (concesso sibi iure) und dem dritten Teil der Bußen, die ihm nach M a r k t r e c h t zufallen (earum rerum, que de litium compositionibus f o r i j u r e accrescunt).

Schon das Verbot, freda (worunter wir wohl ganz allgemein die Strafgelder zu verstehen haben) zu fordern, weist darauf hin, daß dem Vogte hier keinerlei Bußengerichtsbarkeit zustand. Diese Auffassung findet ihre Bestätigung in jener

---

[26]) Der Reichenauer Kastvogt z. B. erhielt als servitium 5 Scheffel Getreide.

[27]) Brunner RG. 2, 309. Schröder RG. 133, 204. Waitz VG. 4, 168 ff.; 7, 351 und 361.

[28]) Quellen 3, 113.

Schlußbestimmung, der Vogt solle sich mit der „tertia pars earum rerum" begnügen, „que de litium compositionibus fori jure accrescunt". Damit erscheint seine Sühnehochgerichtsbarkeit mit aller Bestimmtheit auf die Stadt beschränkt.

Wohl noch im 11. Jahrhundert hat auch hier jene mehrfach gekennzeichnete Entwicklung in der Gerichtsverfassung eingesetzt, deren Wesen darin bestand, daß nunmehr die einzelnen Ortschaften zum räumlichen Substrat der Niedergerichtsbarkeit wurden. Indem nun aber diese territorial geschlossene Niedergerichtsbarkeit nicht dem Vogtgerichte vorbehalten blieb, sondern in der Regel den grundherrlichen Gerichten übertragen wurde, mußte das Vogtgericht, da es auf die Niedergerichtsbarkeit beschränkt war, dem klösterlichen Niedergerichte weichen.

Zunächst machte sich dies natürlich für diejenigen Ortschaften geltend, wo Allerheiligen nur geringen Besitz hatte, so in Merishausen, Thayngen, Guntmadingen, Berslingen und an anderen Orten. Hier kam das Niedergericht an Grundherren, die bedeutenderen Grundbesitz am Orte hatten, als Allerheiligen.

In Merishausen z. B., wo St. Gallen seit alters großen Besitz hatte, übte nun dessen Meier die niedere Gerichtsbarkeit aus; in Thayngen teilten sich St. Blasien und Petershausen in Twing und Bann.

In jenen drei Ortschaften aber, wo Allerheiligen der wichtigste Grundherr und wo auf seinen Höfen das alte Vogtgericht abgehalten worden war, war es dem Abte von Allerheiligen gelungen, Twing und Bann über den ganzen Ort an sich zu bringen und den Vogt zu verdrängen. Nach der allgemeinen Klosteroffnung [29]) aus der ersten Hälfte des 14. Jahrhunderts richtet der Abt oder sein Vertreter in den Frondinghöfen des Klosters um Erb und Eigen und um alle Sachen, die vor ihn gebracht werden (mit Ausnahme derjenigen Sachen, die an die blutige Hand gehen), und diese Gerichtsbarkeit erstreckt sich auf das ganze Dorf.

---

[29]) Auszug bei Bächtold 83 f. Auf Grund dieser Offnung wurde eine etwas jüngere Offnung erstellt, welche die allgemeinen Bestimmungen der älteren auf Hallau anwendet.

Da der Vogt, wie wir sahen, keinerlei Hochgerichtsbarkeit ausübte, wurde seine Gerichtsbarkeit durch die Konkurrenz des Klostergerichtes auf ein Minimum reduziert, und wenn nicht der Bezug des servitium an das Erscheinen des Vogtes im Vogtding geknüpft gewesen wäre, so hätte der Vogt wohl schon früher die Ausübung seiner Gerichtsbarkeit aufgegeben. Immerhin muß das alte Vogtgericht seine Tagungen schon vor 1180 eingestellt haben. Denn als um das Jahr 1180 Kaiser Friedrich I. die Vogtei über Schaffhausen ans Reich nahm, erstreckte sich diese nicht mehr auf das Land hinaus.

Während so die alte Vogtgerichtsbarkeit im Absterben begriffen ist, entsteht eine neue, der die Zukunft gehören soll. Wir haben gesehen, wie überall jene neu entstandenen Ortsniedergerichte es verstanden haben, einen Teil der sonst vor dem Hochgerichte abzuurteilenden Fälle vor ihr Forum zu bringen. Wir haben aber dabei betont, daß es doch Usus blieb, bei der Erledigung dieser Sachen den Hochrichter, in dessen Kompetenz sie fielen, beizuziehen, und daß dieser letztere schon der ihm gebührenden Bußen wegen darauf hielt, am Niedergerichte mitzuwirken, sobald hochgerichtliche Fälle dort verhandelt wurden. Diese unter dem Vorsitz des Hochrichters erledigte Justiz umfaßte in der Regel die sogenannte Dieb- und Frevelgerichtsbarkeit. Den Inbegriff der so dem Hochrichter in den einzelnen Ortschaften zustehenden obrigkeitlichen Befugnisse haben wir als „Ortsvogtei" bezeichnet.

Es erhebt sich nun die Frage, wer im Gebiete dieser von Allerheiligen verwalteten Ortsniedergerichte der Hochrichter gewesen sei und somit den Anspruch erhoben habe, bei der Erledigung von hochgerichtlichen Fällen mitzuwirken. Hätte der Schaffhauser Vogt in denjenigen Ortschaften, die seinem Vogtgerichte unterstanden, die hohe Gerichtsbarkeit ausgeübt, so hätte er unzweifelhaft das Recht besessen, nun auch im Ortsgericht bei hochgerichtlichen Fällen den Vorsitz zu führen. Wir sahen aber oben, daß die Immunitätsgerichtsbarkeit des Vogtes vor der Hochgerichtsbarkeit Halt machte und nur die niedere Gerichtsbarkeit umfaßte. Dann muß aber der Inhaber der öffentlichen Gewalt, also der Graf als Inhaber des Grafschaftsgerichtes berufen gewesen sein, jene „Ortsvogtei" auszuüben.

Die nähere Untersuchung wird diese Vermutung bestätigen.

Eine ganz exakte Beweisführung ist natürlich nicht möglich, weil bereits frühe zahlreiche Ortsvogteien ihre Besitzer wechselten und in den meisten Fällen urkundliche Nachrichten hierüber nicht erhalten sind. Der Beweis muß als gelungen gelten, wenn nachgewiesen werden kann, daß etwa vom 13. Jahrhundert an der Kastvogt von Allerheiligen als solcher keinerlei Gerichtsbarkeit mehr in diesen Ortschaften ausübt und daß das Blutgericht daselbst nicht dem Inhaber der Kast- oder der Ortsvogtei, sondern dem Landgrafen zusteht.

Als um das Jahr 1180 Kaiser Friedrich I. die Vogtei über Allerheiligen ans Reich nahm, umfaßte diese nur noch Kloster und Stadt. Warum die Stadt noch der Gerichtsbarkeit des Kastvogtes unterstand, werden wir später sehen. Hier ist nur darauf hinzuweisen, daß die ländlichen Besitzungen Allerheiligens schon ums Jahr 1180 nicht mehr der Gerichtsbarkeit des Kastvogtes unterstanden. Und so blieb es. Das Schicksal der ländlichen Vogteien ist von dem der Reichsvogtei durchaus getrennt, eine Tatsache, die sich am einfachsten erklären läßt, wenn man annimmt, es habe sich die Gewalt des Klostervogtes schon gegen Ende des 12. Jahrhunderts nicht mehr auf das Land hinaus erstreckt.

Was sodann die Ausübung der Blutgerichtsbarkeit in jenen Dörfern, wo das Kloster Allerheiligen Twing und Bann hatte, betrifft, so stand diese bestimmt in Büsingen, wahrscheinlich aber auch in Hemmental und Hallau dem Landgrafen und nicht dem Kastvogt zu.

Büsingen ist niemals gänzlich von der Landgrafschaft im Hegau eximiert gewesen. Noch im 18. Jahrhundert stand das Blutgericht daselbst dem Inhaber der Landgrafschaft zu [30]). Die Vogtei daselbst wird im 15. Jahrhundert zum ersten Male erwähnt. Sie befindet sich 1446 im Besitz der Brüder von Klingenberg, welche sie von Herzog Albrecht von Österreich zu Lehen tragen [31]). Wann Österreich die Vogtei erwarb, wissen wir nicht; doch wohl erst nach 1306, da das Habs-

---

[30]) Tumbült in MIÖG. 3. Erg.-Bd. 662.

[31]) Bächtold 103. Rueger 409 Anm. 9 u. 10.

burgische Urbar nach keine Rechte in Büsingen erwähnt. Da Büsingen, wie wir sahen, auch späterhin stets zur Landgrafschaft gehörte, ist die, auch von Bächtold[32]) geteilte Vermutung wohl begründet, Habsburg-Österreich habe diese Vogtei direkt vom Landgrafen erworben. Der Umfang der vom Vogte ausgeübten Gerichtsbarkeit erhellt aus dem oben angeführten allgemeinen Klosterrecht. Danach war seine Gerichtsbarkeit auf die Hochgerichtsfälle beschränkt[33]).

Die Vogtei zu Hemmental gehörte im Jahre 1302 dem Freiherrn Lütold von Regensberg, der Witwe des Grafen Mangold von Nellenburg und ihrem Sohn Eberhard sowie dem Johanniterhause zu Bubikon zur gesamten Hand[34]). Der Mitbesitz der nellenburgischen Familie, die damals auch das Grafenamt im Hegau verwaltete, läßt vermuten, daß auch diese Vogtei aus der Grafschaft stammte. Der allgemeinen Klosteroffnung zufolge umfaßt die Gerichtsbarkeit des Vogtes alle diejenigen Fälle, die an die blutige Hand gehen, d. h. die gesamte Sühnehochgerichtsbarkeit[35]). Jene oben genannten Gesamthänder veräußerten 1302 die Vogtei an den Bischof von Konstanz, der seinerseits im Jahre 1346 die Vogtei über Leute und Güter zu Hemmental an das Kloster Allerheiligen verkaufte[36]), das auf diese Weise zu der Niedergerichtsbarkeit auch die Dieb- und Frevelgerichtsbarkeit hinzu erwarb. Ob schon damals mit der Vogtei das Blutgericht verbunden war, geht aus den Quellen nicht hervor. Auf alle Fälle behaupteten im 15. Jahrhundert der Abt von Allerheiligen und seine Rechtsnachfolgerin, die Stadt Schaffhausen, Anspruch auf das Blutgericht zu haben. Wir werden bei der Besprechung der Mundat darauf zurückkommen.

Über den Ursprung der Hochgerichtsbarkeit des Vogtes im klettgauischen Hallau (Ober- und Unterhallau) läßt sich nichts Sicheres feststellen. Wir müßten da vor allen Dingen über die Verhältnisse der Landgrafschaft im Klettgau während des 12. und 13. Jahrhunderts besser orientiert sein. Wie wir

---

[32]) A. a. O.

[33]) Siehe oben S. 155.

[34]) Bächtold 81 und 99.

[35]) Siehe oben S. 155.

[36]) Bächtold 99.

aber oben in dem Kapitel über Rheinau bereits bemerkten, fehlen uns hier für das 11. bis 13. Jahrhundert auch nur die dürftigsten Nachrichten.

Im Jahre 1294 verkaufte Freiherr Lütold von Regensberg die Burg zu Balm an seinen Oheim, den Grafen Rudolf III. von Habsburg-Laufenburg. In diesem Verkauf war auch die halbe Vogtei zu Ober- und Niederhallau begriffen. Wie aus einer Urkunde von 1302 hervorgeht, war der andere Teil der Vogtei in den Händen der Nellenburger und des Johanniterhauses Bubikon [37]). Es haben also hier schon frühe Veräußerungen der Vogtei und ihrer Teile stattgefunden, so daß sich nicht mehr feststellen läßt, wo die Vogtei ihren Ursprung gehabt habe, in der Grafschaft oder der Kirchenvogtei.

Über die Gerichtsbarkeit des Vogtes in Hallau gibt uns die bereits oben zitierte Offnung aus der ersten Hälfte des 14. Jahrhunderts Auskunft [38]). Danach hat der Vogt zu richten über Klagen, „die die blutige Hand angehen". Daß wir darunter nicht das eigentliche Blutgericht, sondern die Sühnegerichtsbarkeit des Vogtes über hochgerichtliche Fälle zu verstehen haben, ist in der Einleitung gezeigt worden. Dafür spricht auch die Bestimmung der Offnung, daß dem Vogte ein Drittel der Bußen zufallen solle.

Im Laufe des 15. Jahrhunderts hat dann aber der Bischof von Konstanz als Vogt auch das Blutgericht in Hallau für sich beansprucht [39]). Da die Landgrafen im Klettgau seine Ansprüche nicht gelten ließen, kam es zu einem langwierigen Prozeß, dem im Jahre 1497 ein Schiedsspruch ein Ende machte. Dieser Schiedsspruch bestimmte, daß der Bischof von Konstanz das hohe Gericht, die Landgrafen von Sulz aber als Klettgaugrafen die Zölle und das Geleit erhalten, der Wildbann aber beiden gemeinsam bleiben solle. Durch diese Teilung der landesherrlichen Befugnisse qualifiziert sich dieser Spruch als einen lediglich auf die tätsächliche Übung, nicht auf die zugrunde liegende Berechtigung abstellenden Entscheid. Es liegt also durchaus im Bereich der Möglichkeit und ist sogar sehr

---

[37]) Bächtold 81 f.
[38]) Bächtold 83.
[39]) Henking 331 ff.

wahrscheinlich, daß ursprünglich das Blutgericht auch hier dem Landgrafen zustand und vom Bischof durch Usurpation erworben wurde.

Nachdem wir so gezeigt haben, daß in den drei Ortschaften, in denen noch im Jahre 1122 der Schaffhauser Kastvogt sein Gericht abhält, im späteren Mittelalter kein Zusammenhang mehr mit der Kirchenvogtei nachzuweisen ist, daß ferner dem Vogte in diesen Dörfern das Blutgericht nicht zustand, so daß anzunehmen ist, daß die hier ausgeübte Ortsvogtei nicht aus der Kirchenvogtei, sondern aus der Grafschaft stammt, wollen wir noch in Kürze eine Untersuchung der Vogteiverhältnisse in denjenigen Ortschaften vornehmen, in denen im 12. Jahrhundert Allerheiligen zwar begütert war, wo aber Twing und Bann in anderen Händen lagen.

Von den in der Urkunde von 1122 erwähnten Ortschaften lagen Bibern, Wiesholz, Wylen, Ramsen, Gennersbrunn, Thayingen, Buchtalen, Büßlingen und Merishausen im Hegau, Beringen und Guntmadingen im Klettgau[40]).

Wir beschäftigen uns zunächst mit den im H e g a u[41]) gelegenen Ortschaften.

In den Dörfern Bibern, Wiesholz, Ramsen, Wylen, Gennersbrunn, Büßlingen und Thayingen übt noch 1723 die Landgrafschaft das Blutgericht aus[42]), so daß anzunehmen ist, daß

[40]) Die Ortschaften Riedhausen, Schwende, Steppach und Berslingen waren wohl schon im 13. Jahrhundert abgegangen. In Hunninghofen, Wutach, Eberfingen und Dangstetten hat Allerheiligen bereits 1150 keinen Besitz mehr.

[41]) Über den H e g a u vgl. Tumbült, Die Grafschaft des Hegaus in MIÖG. 3. Erg.-Bd. 621 ff. W. Schultze, Gaugrafschaften des alamannischen Badens 167 ff. Franck, Landgrafschaften 72 ff. Im 11. und 12. Jahrhundert erscheinen die Grafen von Pfullendorf als Landgrafen im Hegau. Nach ihrem Aussterben um 1180 nahm Kaiser Friedrich die Grafschaft ans Reich. Doch scheinen sie die Staufer bald wieder verliehen zu haben und zwar an die Grafen von Nellenburg. 1275 nennt sich Graf Mangold von Nellenburg Landgraf im Hegau. Tumbült 629. Das Haus Nellenburg (-Veringen) erlosch im Mannesstamme 1422 mit Graf Eberhard und die Landgrafschaft kam an Eberhards Schwestermann, Hans von Tengen, Freiherrn von Eglisau, dessen Sohn 1465 die Landgrafschaft an Herzog Siegmund von Österreich verkaufte. Tumbült a. a. O.

[42]) Tumbült 662.

auch die Vogteien in diesen Dörfern der Grafschaft entstammen [43]). Für Buchtalen läßt sich dieser Beweis schlagend erbringen. Hier war die Vogtei noch im 15. Jahrhundert ein Lehen der Landgrafschaft im Hegau. Im Jahre 1466 verkauft Adam Cron der jüngere seinem Vetter Lorenz Cron „die Vogtei des Dorfes Buchtalen mit Gerichten, Zwingen und Bännen, wie das alles Lehen ist von der Herrschaft Österreich als von wegen der Grafschaft Nellenburg" [44]), welche Österreich im Jahre 1465 erworben hatte.

Auch für Merishausen läßt sich ein Zusammenhang der Vogtei und der Landgrafschaft nachweisen. Jene stand noch im Jahre 1337 dem Landgrafen zu [45]).

Von den im Klettgau [46]) gelegenen Ortschaften fehlt mir für Eberfingen das urkundliche Material. Für die übrigen drei Dörfer läßt sich ein direkter Zusammenhang mit der Landgrafschaft insofern nicht nachweisen, als an keinem dieser drei Orte die Landgrafen die Vogteien inne haben. Immerhin stand in Beringen und Guntmadingen bis zum Jahre 1656 das Blutgericht noch bei der Landgrafschaft [47]), ein Hinweis darauf, daß ein Ursprung der Vogteien aus der alten Vogtgerichtsbarkeit ausgeschlossen erscheint.

In Beringen lag die Vogtei 1403 in der Hand der Hünen von Beringen [48]). Bächtold [49]) vermutet, daß diese sie als Lehen der Landgrafschaft inne hatten.

Von der Guntmadinger Vogtei hören wir erst im Jahre 1459. Damals erscheint Konrad von Fulach, Bürger von Zürich, als Inhaber der Vogtei in Guntmadingen [50]).

Die bisherigen Ausführungen haben gezeigt, daß die Ansicht, die Vogtei in denjenigen Dörfern, die zur Grundherr-

---

[43]) Dies ist auch die Ansicht Henkings a. a. O. 321, 322, 341 und 343.

[44]) Bächtold 103 f., 208. Henking 322. Rueger 411 Anm. 6.

[45]) Bächtold 97. Henking 323.

[46]) Über den Klettgau vgl. oben S. 90 f. Die Landgrafschaft war im 14. Jahrhundert im Besitz der Grafen von Habsburg-Laufenburg. Nach deren Aussterben gelangte sie an die Grafen von Sulz. Vgl. ferner Rueger a. a. O. 80 ff.

[47]) Henking a. a. O. 424.

[48]) Bächtold 100.

[49]) A. a. O.

[50]) Bächtold 101.

schaft von Allerheiligen gehört hatten, rühre aus der Immunität her, in den Quellen nicht nur keine Unterlage findet, sondern daß im Gegenteil sich ein positiver Zusammenhang zwischen der vom Vogte im Ortsgericht ausgeübten Hochgerichtsbarkeit und der Grafschaft nachweisen läßt.

Es existiert aber noch eine Urkunde, deren Inhalt man als Beweis dafür bezeichnet hat, daß der Vogt von Allerheiligen als solcher das Blutgericht besessen habe [51]). Der Inhalt dieser Urkunde ist kurz folgender:

Im Jahre 1124 schenkte Graf Adalbert von Mörsburg dem Kloster Allerheiligen seinen im Zürichgau gelegenen Hof Illnau. In diesen Hof gehörte eine Vogtei über „rura tributaria" in Dietlikon. Diese Vogtei hatten bisher Heinrich von Wittlisberg und seine Vorfahren vom Grafen Adalbert als Lehen inne gehabt. Auf Veranlassung des Grafen überträgt nun auch der Abt diese Vogtei dem Wittlisberger. Durch Vermittlung des Grafen und in seiner Gegenwart empfängt dann Heinrich von Wittlisberg vom König Heinrich V. den Königsbann über jene Vogtei [52]).

Wir wollen hier die Frage außer Acht lassen, ob dem Vogte durch die Bannleihe wirklich das Blutgericht in Dietlikon übertragen wird. Im späteren Mittelalter ist Dietlikon durchaus nicht von der Grafschaft eximiert. Aber auch angenommen, es sei die Verleihung des Königsbannes gleichbedeutend mit der Verleihung der Blutgerichtsbarkeit, so wäre diese hier doch auf keinen Fall auf die Immunität zurückzuführen. Illnau und das dazu gehörige Dietlikon waren nicht altes schaffhauserisches Immunitätsland gewesen, sondern stammten aus dem Besitze der Grafen von Nellenburg. Erst vom Jahre 1124 an trat Dietlikon unter die Grundherrschaft des Klosters. Damals war aber die Immunität nicht mehr so wirksam, daß sie noch Neuerwerbungen ihrer Gerichtsbarkeit unterwerfen konnte. Wir müssen also annehmen, bereits die Grafen von Nellenburg hätten in Dietlikon die Hochgerichts-

---

[51]) Vgl. z. B. Heilmann, Klostervogtei 45. Pischek, Vogtgerichtsbarkeit 74.

[52]) UB. Zürich 1, Nr. 266: „Super ipsam autem advocatiam idem Heinricus, Adelberto comite agente ipsoque presente, a quinto Heinrico rege regale bannum suscepit".

barkeit ausgeübt. Diese kann dann nur aus der Grafschaft im Zürichgau stammen, die ja bis gegen Ende des 11. Jahrhunderts im Besitze der Grafen von Nellenburg gewesen war.

So müssen wir es ablehnen, in dieser Urkunde einen Beweis dafür zu sehen, daß die Immunität des Schaffhauser Klosterlandes zur völligen Exemtion von der Grafschaft geführt habe. Diese Urkunde können wir vielmehr als ein typisches Beispiel dafür ansehen, auf welche Weise die Klöster vom 11. Jahrhundert an in den Besitz von Ortsvogteien mit hochgerichtlichen Kompetenzen gelangt sind.

Es erübrigt sich noch, über Entstehung und Bedeutung der sogenannten Mundat am Randen einige Worte zu sagen. Es ist dies ein im Gebiete des Hohen Randen gelegener Bezirk, in dem in der zweiten Hälfte des 15. Jahrhunderts der Abt von Allerheiligen bzw. die Stadt Schaffhausen das Blutgericht beanspruchten. Der Ursprung dieser Mundat, deren Name ja schon auf einen Zusammenhang mit der alten Immunität hinweist, wird allgemein in der Immunität gefunden. Die Mundat ist nach der herrschenden Meinung ein auf der Immunität beruhender alter Blutbannbezirk. Bächtold begründet das so, es habe sich das ursprüngliche Immunitätsrecht über alle Klosterleute und Klostergüter im Laufe der Zeit in einen Immunitätsbezirk umgewandelt, in welchem das Gotteshaus kraft der Immunität den Blutbann ausübte über alle, die innerhalb dieses Bezirkes wohnten, seien es seine Leute oder nicht [53]).

Die nähere Prüfung der Quellen läßt uns zu einem anderen Resultate gelangen.

Da ist zunächst schon auffällig, daß die erste Nachricht, die uns über die Mundat erhalten ist, erst aus dem Jahre 1422 stammt. Damals klagte Graf Hans von Lupfen, der Inhaber der Grafschaft Stühlingen (Albgau) [54]) dem Kaiser Sigismund, daß unfern von seiner Herrschaft Stühlingen zwischen den vier Grafschaften Nellenburg (Hegau), Fürstenberg (Baar), Habsburg (Klettgau) und Stühlingen (Albgau) eine freie Pirsch und

---

[53]) Bächtold 126.

[54]) Dem Inhaber der Grafschaft im Albgau stand jedenfalls von Rechts wegen kein Anspruch auf die Mundat zu. Diese war vielmehr im Gebiete der Grafschaften Klettgau und Hegau gelegen.

Fleck am Randen liege, genannt die Muntat, die niemand zustehe und darin niemand gestraft werde, wo daher viel Räuberei, Mord und anderer Unfug verübt würden [55]). Er bat den Kaiser, er möchte, damit solch Übel abgestellt werde, ihm diese freie Pirsch verleihen. Sigismund willfahrte dieser Bitte und stellte den gewünschten Lehensbrief aus. Als dann aber die Söhne des Grafen Hans begannen, im Gebiete dieser Mundat die gesamte Landeshoheit mit Hochgericht, Zöllen, Geleiten und Wildbännen auszuüben, wurde man in Schaffhausen stutzig. Das Kloster und seine Vögte, Bürgermeister und Rat von Schaffhausen (namentlich wohl diese) erhoben Einspruch gegen die Ausübung jener Hoheitsrechte durch die Grafen von Lupfen, und es kam zum Prozeß. Auf schaffhauserischer Seite stützte man sich in der Hauptsache auf zwei Urkunden. Die eine war ein Diplom Heinrich IV. von 1067, in der dieser dem Grafen Eberhard von Nellenburg den Wildbann auf dem Randen, im Rheinhart und im Lauferberg verlieh [56]). Die andere war eine Urkunde des Grafen Burkhard von 1092, in der dieser den „forestum Randa" dem Kloster Allerheiligen schenkte [57]). Es steht zu vermuten, daß in dieser letzteren Schenkung auch die Übertragung des Wildbannes enthalten war. Von irgend welcher Gerichtsbarkeit ist in beiden Urkunden nicht die Rede.

Da nun aber diese Schenkung dem Kloster Allerheiligen und nicht der Stadt gemacht war, die Stadt aber mit Rücksicht auf ihre bedeutenden Besitzungen im Gebiete der Mundat ein vitales Interesse hatte, den Stühlinger Grafen nicht im Gebiete des Randens festen Fuß fassen zu lassen (der Erwerb der Landeshoheit im Randengebiet war eine Existenzfrage für Schaffhausen), einigte man sich dahin, daß der Abt die Stadt als Teilhaberin an den Mundatsrechten annehmen solle. Es kam dann schließlich 1451 ein Vertrag zustande, dessen wichtigste Bestimmung die war, daß die hohen Gerichte in der Mundat vom Kloster an die Stadt abgetreten wurden [58]).

---

[55]) Bächtold 131.
[56]) Quellen 3, S. 13.
[57]) Ibid. S. 18.
[58]) Bächtold 132 f.

Der Prozeß zwischen den Grafen von Lupfen und den Schaffhausern zog sich dann Jahre lang hin. Von verschiedenen Seiten wurden Vermittlungsversuche gemacht. Auch die Eidgenossen verwendeten sich in verschiedenen Schreiben an die Grafen von Lupfen und an den Kaiser kräftig für ihr neues Bundesglied. Erst im Jahre 1491 erfolgte ein Schiedsspruch, dem sich beide Teile unterwarfen und der im großen und ganzen einen Sieg der Schaffhauser Interessen bedeutete. Die Hochgerichtsbarkeit Schaffhausens wurde in einem Bezirke bestätigt, der die Dörfer Beringen, Löhningen, Siblingen, Schleitheim, Beggingen, Bargen, Hemmental und Merishausen umfaßte [59]).

Bei der unbefangenen Lektüre aller dieser Streitigkeiten gewinnt man den Eindruck, als sei die ganze Sachlage im Jahre 1491 noch ebenso ungeklärt gewesen wie bei Beginn des Streites im Jahre 1422. Bei ihrer Beurteilung muß man zunächst davon ausgehen, daß irgend ein schriftliches Dokument, durch welches etwa dem Kloster Allerheiligen die Blutgerichtsbarkeit für seine Immunität oder auch nur im Gebiete des Randen verliehen worden wäre, nicht existiert. Im Gegenteil ergibt sich aus den Quellen, daß zum mindesten in einem Teile der sogenannten Mundat Allerheiligen die Blutgerichtsbarkeit bis ins 14. Jahrhundert hinein sicher nicht besessen haben kann. In Hemmental nämlich, das im Kern der Mundat gelegen ist, erwarb das Kloster die Vogtei erst im Jahre 1346 vom Bischof von Konstanz, der sie wiederum 1302 vom Hegauer Landgrafen gekauft hatte. Es ist nun nicht anzunehmen, daß Allerheiligen bis zum Erwerbe der Hemmentaler Vogtei im Jahre 1346 in Hemmental das nackte Blutgericht ausgeübt habe.

Dafür, daß das Kloster das Blutgericht im Gebiete der Mundat erst im Laufe des 14. oder 15. Jahrhunderts erlangt hat, spricht auch folgende Erwägung. Hätte dem Kloster schon im 12. Jahrhundert, etwa auf Grund jener Schenkung des Forstes Randen das Blutgericht in der Mundat zugestanden, so hätte in damaliger Zeit nicht der Abt, sondern der Vogt diese Blutgerichtsbarkeit ausgeübt. Dann hätte aber dieser

---

[59]) Bächtold 134 ff.

Bestandteil der Schaffhauser Vogtei damals, als der Kaiser die Vogtei ans Reich nahm, auch mit ans Reich übergehen müssen. Wir müßten also von dieser Zeit an den Reichsvogt auch als Blutrichter in der Mundat antreffen. Das ist aber nicht der Fall. Seine Gerichtsbarkeit beschränkt sich durchaus auf die Stadt. Dieser Umstand zeigt deutlich, daß der Abt von Allerheiligen erst nachträglich in den Besitz der Blutgerichtsbarkeit im Mundatsgebiet gelangt ist. Gegen einen Zusammenhang dieser Blutgerichtsbarkeit mit der Immunitätsgerichtsbarkeit spricht auch der Umstand, daß sie vom Abte und der Stadt Schaffhausen nur in denjenigen Ortschaften beansprucht wurde, in denen sie die Vogtei besaßen, nicht aber in allen denjenigen Dörfern, die ursprünglich zur Schaffhauser Immunität gehört hatten.

Wenn dieser Blutgerichtsbezirk also im Volksmunde als Mundat bezeichnet wurde, so kann sich darin nur die Erinnerung widerspiegeln, daß vor Zeiten in den zur Mundat gerechneten Dörfern die Schaffhauser Immunität ihre räumliche Grundlage hatte. Doch war auch diese Erinnerung trügerisch, insofern als z. B. das Dorf Schleitheim wahrscheinlich niemals zur Immunität gehört hatte, ebenso wie die später ebenfalls zur Mundat gerechneten Ortschaften Grimmelshofen, Füetzen und Eppenhofen, in denen Schaffhaufen übrigens erst 1509 das Blutgericht erlangte [60]).

So sehen wir also, daß auf dem Lande die Immunität als solche nicht zu einer Exemtion vom Blutgericht der Grafschaft geführt hat, ja, daß das alte Vogtgericht überhaupt keinen hochgerichtlichen Charakter gehabt haben kann. Eine Reihe von Ortschaften, wo Schaffhausen schon im 11. Jahrhundert Besitz hatte, der der Immunität teilhaftig war, ja sogar Ortschaften, wo das Immunitätsgericht getagt hatte, gehörten noch im späteren Mittelalter zur Landgrafschaft. In einigen Dörfern allerdings übte wenigstens im 15. und 16. Jahrhundert der Abt von Allerheiligen bzw. die Stadt Schaffhausen als seine Rechtsnachfolgerin das Blutgericht aus. Doch sahen wir, daß diese Blutgerichtsbarkeit unmöglich mit der alten Immunität zusammenhängen kann, sondern wohl erst im Laufe des

---

[60]) Tumbült, Albgau 153 Anm. 1.

14. und 15. Jahrhunderts erworben, wenn nicht sogar usurpiert worden ist.

Wir fanden ferner, daß auf dem Lande draußen die alte Immunitätsgerichtsbarkeit des Vogtes überhaupt verschwunden ist und der im Ortsgerichte ausgeübten Niedergerichtsbarkeit des Abtes Platz gemacht hat.

Auf dem Lande draußen also hat der Vogt seine alte Stellung eingebüßt, nicht dagegen in der Stadt Schaffhausen selber. Auf die Rechtsverhältnisse in der Stadt aber wollen wir nunmehr eintreten.

Wie wir oben sahen, ist das Kloster Allerheiligen auf Allodialboden des Grafen Eberhard III. von Nellenburg angelegt worden und zwar in engem räumlichen Anschluß an das ebenfalls auf nellenburgischem Boden [61]) gelegene Dorf Schaffhausen. Die dem Verkehr günstige Lage dieser Ansiedlung [62]) veranlaßte den Grafen, einen Markt daselbst anzulegen. Wann diese Marktgründung erfolgte, vermögen wir nicht genau zu sagen. Daß der Markt bereits in der ersten Hälfte des 11. Jahrhunderts existierte, darauf läßt die Verleihung des Münzrechts an den Grafen durch Heinrich III. im Jahre 1045 [63]) schließen. Dagegen ist das Aufsteigen dieser Marktansiedelung zur Stadt wohl erst in späterer Zeit erfolgt.

Als im Jahre 1080 Graf Burkhard von Nellenburg auf seine privatrechtlichen Ansprüche ans Kloster verzichtete [64]), trat er diesem die „villa" Schaffhausen ab „cum publica moneta, mercato et omnibus pertinentiis suis", unter Verzicht auf „proprietas, potestas, hereditarium ius et advocatia" [65]). Der Verzicht auf die Vogtei ist wohl so zu verstehen, daß es dem Kloster freigestellt sein sollte, den Vogt selbst zu wählen. Wir

---

[61]) Ursprünglich war auch Graf Adalbert von Heigerloch daselbst begütert. Durch Tausch brachte Eberhard von Nellenburg dessen Besitz an sich (Quellen 3, 126).

[62]) Die auf dem Rhein transportierten Waren mußten hier des Rheinfalls wegen vom Schiffe auf Wagen umgeladen und per Achse bis unterhalb des Falles geführt werden.

[63]) Quellen 3, S. 4.

[64]) Siehe oben S. 149.

[65]) Quellen 3, 20 ff.

sahen oben, daß die Wahl natürlich auf den Schenker fiel; denn wir finden diesen auch später noch im Besitze der Vogtei über Schaffhausen.

Aus der mehrfach zitierten Urkunde von 1122[66]) erfahren wir, daß in Schaffhausen eine der vier Dingstätten des Vogtgerichtes lag. Während aber die drei ländlichen Dingstätten je zu einem mehrere Ortschaften umfassenden Bezirk gehörten, erstreckte sich die Zuständigkeit des Schaffhauser Vogtgerichts auf den einen Ort Schaffhausen.

Wir haben bereits oben darauf hingewiesen, daß die städtische Gerichtsbarkeit des Vogtes, im Gegensatz zu der von ihm auf dem Lande ausgeübten, über das Niedergericht hinausging und auch die Sühnehochgerichtsbarkeit umfaßte. Dies geht schon aus der Urkunde Konrads III. von 1145[67]) hervor, in der es heißt, der Vogt solle sich mit dem dritten Teile der ihm nach Marktrecht zufallenden Bußen zufrieden geben. Dieser Bezug des Bußendrittels durch den Vogt ist ein sicherer Beweis dafür, daß seine Gerichtsbarkeit Hochgerichtscharakter besaß.

Ob der Vogt in der Stadt schon im 12. Jahrhundert das Blutgericht besaß, geht aus den Quellen nicht hervor. Der Umstand, daß er den Königsbann besitzt[68]), beweist dafür nichts, denn in dieser Zeit ist die Bannleihe noch nicht identisch mit der Verleihung der Blutgerichtsbarkeit. Im 14. Jahrhundert allerdings erscheint der Schaffhauser Vogt als Blutrichter[69]). Seit wann er dies ist, muß dahingestellt bleiben.

Neben der Gerichtsbarkeit des Vogtes hat sich aber eine konkurrierende Stadtgerichtsbarkeit des Abtes herausgebildet, mit deren Ausübung in der Mitte des 12. Jahrhunderts ein villicus[70]) oder, wie er in der Urkunde Kaiser Friedrichs I. von 1179[71]) heißt, ein officiatus betraut ist.

---

[66]) Quellen 3, 100 ff.

[67]) Quellen 3, 113 ff.

[68]) Urk. v. 1120 (Quellen 3, 95): Porro abbas villicum, quem maluerit, in loco Scafhuse instituat, cui advocatus bannum sui juris... concedat. Die Urkunde ist zwar unecht und erst nach 1145 entstanden (Hirsch a. a. O. 510 ff.), doch fällt mit der Echtheit der Urkunde nicht auch die Tatsache dahin, daß der Vogt den Bann besessen hat.

[69]) Werner 209 ff., 215, 221.

[70]) Urk. v. 1120 (Fälschung aus der Zeit nach 1145). Quellen 3, 95.

[71]) S. unten Anm. 74.

Vom 13. Jahrhundert an führt er den Titel Schultheiß [72]). Er scheint die Vertretung des (wohl selten in Schaffhausen anwesenden) Reichsvogts gehabt zu haben [73]). Darauf deutet schon jene gefälschte Urkunde von 1120 [74]), in der dem Vogte aufgegeben wird, dem Villicus seinen Bann zu leihen, damit dieser „secundo loco ab eo presideat". Daß diese Vertretung sich aber nur auf die Sühnehochgerichtsbarkeit bezog, geht aus dem Zusatze hervor, es solle der Villicus dem Abte für die Herausgabe der diesem gebührenden zwei Drittel der Bußen haften.

Nach dem Anlaßbrief von 1367 unterstanden dem Schultheißengericht alle Frevel und Unzucht außer Totschlag und solchen Missetaten, „die jeman an sin lip ald an ein gelide sines libes gant [75]). Diese zur Hochgerichtsbarkeit gehörenden Delikte wurden von Vogt und Rat gerichtet, die darüber sowohl kriminell wie auch im Wege des Sühnegerichtsverfahrens zu befinden hatten [76]).

Die Schaffhauser Verhältnisse lassen uns am deutlichsten erkennen, daß die städtische Hochgerichtsbarkeit des Vogtes nicht aus der Immunität fließen kann. Jene Urkunde Konrads III. von 1145 läßt keinen Zweifel daran aufkommen, daß die Immunitätsgerichtsbarkeit als solche nicht über die Niedergerichtsbarkeit hinausgegangen ist; denn sonst wäre der Vogt nicht auf den Bezug der im Stadtgericht gefällten Bußen beschränkt gewesen. Wenn daher die städtische Vogtgerichtsbarkeit auch das Hochgericht umfaßte, so müssen hier noch andere Momente als die Immunität mitgewirkt haben. Die Frage, was für Momente dies gewesen seien, läßt sich nur im Zusammenhang mit einer Prüfung der Verhältnisse in einer größeren Anzahl von Städten beantworten.

---

[72]) Werner 118 ff.

[73]) Ibid. 100 ff.

[74]) S. oben Anm. 68. Vgl. auch auch die Urkunde v. 1179 (Fickler, Quellen und Forschungen 62): . . . bannum debet advocatus officiato quem abbas illic cum fratribus suis instituerit sine contradictione concedere.

[75]) Werner 215.

[76]) Ibid. 219 ff.

III. § 11. Schluß.

Wir stehen am Schlusse unserer Untersuchung und wollen in kurzen Zügen noch einmal die gewonnenen Resultate zusammenfassen.

Zunächst ergab sich uns mit aller Deutlichkeit, daß der Vogt als solcher in den hier besprochenen Immunitäten bis ins 14. Jahrhundert hinein das Blutgericht nicht ausgeübt hat [1]). Wir fanden im ganzen durchforschten Gebiet nicht ein Blutgericht, welches wir mit Sicherheit auf das Immunitätsgericht hätten zurückführen können. In Gossau, wo eine wichtige Dingstätte des alten st. gallischen Vogtgerichtes war, stand noch im 15. Jahrhundert das Blutgericht dem Landrichter im Thurgau zu, und es wurde nicht am Orte selbst, sondern im Landgericht ausgeübt. Und auch in denjenigen Ortschaften, wo noch im Jahre 1122 der Schaffhauser Vogt sein altes Ding abhielt, stand ihm schon vom Ende des 12. Jahrhunderts an keinerlei Gerichtsbarkeit mehr zu. Das Blutgericht wird auch hier vom Landgrafen im Landgericht ausgeübt.

Für die Ausübung des Blutgerichtes durch den Vogt spricht auch nicht der Umstand, daß ihm vom Könige der Bann geliehen wird. Wir sind der Bannleihe in unseren Urkunden mehrfach begegnet, so bei Zürich, Rheinau und Allerheiligen. Aber wir sahen, daß mit dem Banne nicht ausschließlich die Blutgerichtsbarkeit verliehen zu werden braucht. Die Bannleihe bedeutet nicht die königliche Autorisation zur Ausübung des Blutgerichtes oder überhaupt zur Ausübung eines bestimmten Maßes von Gerichtsbarkeit, sondern sie gibt dem Beliehenen lediglich das Recht, eine in seinem Gerichtslehen

[1]) Bestimmt nachweisbar ist ein Blutgericht für die Zeit vor dem 14. Jahrhundert nirgends.

enthaltene höhere Gerichtsbarkeit, umfasse sie nun das Blutgericht oder nicht, auszuüben.

Dies ist auch der Sinn jenes Reichsweistums von 1149, welches bestimmt,

quod nullus posset causas vel lites quae ad advocatorum jus pertinerent, audire vel terminare vel placita advocatiae tenere nisi qui bannum de manu regia recepisset [2]).

Hier wird schlechthin für die Ausübung jeder Vogtgerichtsbarkeit die Verleihung des Königsbannes verlangt und kein Unterschied gemacht, ob der Vogt auch das Blutgericht besitze oder nur auf die Sühnehochgerichtsbarkeit beschränkt war [3]). Erst das Ende des 12. und das 13. Jahrhundert kennen die Bedeutung des Bannes als des ausschließlichen Blutbannes. Erst damals hat sich jene Motivierung der Bannleihe herausgebildet, die im Stadtrecht von Straßburg Art. 11 und im Schwabenspiegel (L.) Art. 92 ihre klassische Ausprägung gefunden hat.

Es würde uns zu weit abführen, wollten wir hier noch näher auf das Wesen und die Bedeutung der Bannleihe eingehen. Doch möchte ich versuchen, wenigstens anzudeuten, aus welchen Gründen man es für nötig erachtete, daß derjenige, dem von einem geistlichen Herrn Vogtgerichtsbarkeit verliehen war, zu ihrer Ausübung einer besonderen königlichen Ermächtigung bedurfte.

Als im Jahre 1166 Graf Rudolf von Pfullendorf die Vogtei über das Kloster und die Stadt St. Gallen erhielt, schloß Abt Werner mit ihm einen Vertrag über die Rechte des Vogtes. In der hierüber aufgesetzten Urkunde [4]) sagt Abt Werner von der Vogtei, daß er sie „potestativa manu libere tenere". Die Vogtei steht also im Eigentum des Klosters. Ein Lehnszusammenhang mit dem Reiche ist nicht vorhanden. Ähnlich muß es auch in den übrigen von uns behandelten Immunitäten gewesen sein.

Was hier von der Klostervogtei gesagt ist, gilt auch von den Ortsvogteien. Auch diese treten, wenn sie von einer

---

[2]) M. G. LL. Const. 2, 564.
[3]) Vgl. G. Meyer, Königsbann 26.
[4]) W. 3, Anh. Nr. 17.

Kirche erworben werden, in deren Eigentum [5]). Sie treten also, falls sie bisher als Pertinenz der Grafschaft mit dieser vereinigt gewesen sind, aus dem Reichslehenskonnex heraus. Sie können zwar wieder weiter verliehen werden, allein sie gelten nicht mehr als rechte Lehen [6]).

Nun galt im 12. Jahrhundert noch immer der Satz, daß alle Hochgerichtsbarkeit vom Könige ausgehen müsse. Für die Grafen und die von ihm Beliehenen lag diese Autorisation zur Ausübung der Hochgerichtsbarkeit im Landgericht oder in den einzelnen ihnen gehörigen, innerhalb der Grafschaft gelegenen Ortsvogteien bereits in der Gerichtsleihe durch den König [7]). Für die von einem geistlichen Herrn verliehenen Vogteien gab es eine solche nicht. Der geistliche Herr trägt das Gericht nicht vom König zu Lehen. Er empfängt daher auch nicht mit dem Erwerb einer einzelnen Ortsvogtei die Autorisation zur Ausübung der in ihr enthaltenen Gerichtsbarkeit. Der von ihm beliehene Hofrichter bedarf daher einer besonderen Ermächtigung seitens des Königs zur Ausübung seines Hochgerichtes. Und diese Ermächtigung war der Bann [8]).

Also auch in jenen seit dem 11. Jahrhundert entstandenen Ortsvogtgerichten übt der Vogt zunächst nicht das Blutgericht aus. Das hängt schon mit der ganzen Entstehung dieser Ortsvogteien zusammen. Die ältesten Nachrichten über die Ausübung der Blutgerichtsbarkeit in einem Ortsgericht traten uns erst im 14. Jahrhundert entgegen, in jenen Offnungen für die dem Züricher Chorherrenstift gehörigen Besitzungen in Albisrieden und Fluntern. Daß es sich hier keinesfalls um althergebrachte Zustände handeln kann, zeigt uns das habsburgische Urbar, das wenigstens Albisrieden noch als in der Landgrafschaft gelegen bezeichnet.

---

[5]) So erwirbt z. B. Allerheiligen 1124 das Eigentum an der Vogtei Illnau.

[6]) Schwsp. L. 92: Ein vogetei ist niht reht lehen. Vgl. Schröder, RG. 407.

[7]) Fehr, Fürst und Graf 94.

[8]) Ich muß mich leider auf die obigen Andeutungen über das Wesen der Bannleihe in Süddeutschland beschränken. Erschöpfend könnte die ganze Frage nur für ein größeres Gebiet, etwa das des Herzogtums Schwaben, erörtert werden.

Da nun, wie sich uns ergab, das alte Vogtgericht niemals das Hochgericht besessen haben kann, erhob sich die Frage, wer denn berechtigt gewesen sei, den Vorsitz in den im 10. und 11. Jahrhundert zur Entstehung gelangten Ortsgerichten für sich zu beanspruchen, falls dort Hochgerichtsfälle zur Entscheidung kamen. Das Resultat unserer Untersuchung war, daß dies, so weit es sich einwandfrei feststellen ließ, nicht der alte Klostervogt, sondern der Graf gewesen ist.

Häufig befanden sich noch im 13. und 14. Jahrhundert die betreffenden Ortsvogteien im Besitze des Grafenhauses derjenigen Grafschaft, in welcher jene Vogteien gelegen waren. Dies trat uns besonders schön bei den elsässischen Besitzungen Basels, den thurgauischen Besitzungen Rheinaus u. a. m. entgegen. Hier standen dem Kloster auch keinerlei Lehnsrechte an diesen Vogteien zu. Diese galten vielmehr offenbar noch als Pertinenz der Grafschaft und gingen bei einem Besitzwechsel mit der Grafschaft auf den neuen Inhaber über [9]).

Nicht anders war die Stellung der Ortsvogteien in solchen Gebieten, welche vom König auf Grund seines Exemtionsrechtes von der alten Grafschaft abgetrennt und entweder als besondere Grafschaften neu ausgetan (Rapperswil, Pfirt, Hauenstein) oder aber als Reichsvogteien (Zürich, Glarus, St. Gallen, Uri) beim Reiche behalten wurden [10]). Als älteste unter diesen durch königlichen Erlaß neu geschaffenen Hochgerichtsbezirken haben wir die Reichsvogtei Zürich und diejenige über das Tal Glarus zu betrachten, deren Ursprung in das Jahr 1173 anzusetzen ist.

Schon aus dem verhältnismäßig späten Datum ihrer Entstehung ist zu entnehmen, daß wir es hier nicht mit Gebilden

[9]) So müssen z. B. die thurgauischen Vogteien über Rheinau im Jahre 1264, als der Thurgau von den Grafen von Kyburg an Rudolf von Habsburg überging, mit der Grafschaft an Habsburg gelangt sein. Die Beispiele ließen sich beliebig vermehren.

[10]) Der Unterschied zwischen jenen neuen Grafschaften und den nicht auf eine Stadt beschränkten Reichsvogteien scheint darin bestanden zu haben, daß bei jenen auch die Grafenrechte mit Einschluß des Landgerichts auf den neuen Inhaber übergingen. Die Reichsvogteien jedoch scheinen nur die Summe der zu einem gewissen Bezirke gehörigen Ortsvogteien umfaßt zu haben.

zu tun haben, die aus der Immunität hervorgegangen sind oder deren Schöpfung auf der Verleihung eines lokalen Bannes (im Sinne jener kleineren lokalen Dorfbänne) beruhte. Dies und der Umstand, daß die erste Erwähnung dieser neuen Hochgerichtsbezirke stets unmittelbar auf einen Wechsel in der Inhaberschaft der Grafschaft erfolgt [11]), zeigt deutlich, daß ihre Entstehung darauf zurückzuführen ist, daß der König einzelne territorial geschlossene Teile (wohl alte Hundertschaften) von der Gesamtgrafschaft ablöste, um sie entweder weiter zu verleihen oder aber in unmittelbare Verwaltung des Reiches zu nehmen.

Letzteres geschah hauptsächlich unter der Regierung Friedrichs I., der sich überhaupt dadurch auszeichnete, daß er das Reichsgut nach Kräften zu mehren suchte.

Aber nicht nur vereinigte er solche von der Grafschaft abgelöste Hochgerichtsbezirke wieder unmittelbar mit dem Reich, sondern er nahm auch die Vogtei über einzelne Kirchen ans Reich. So wurde die Vogtei über die zürcherischen Immunitäten und diejenige über Säckingen im Jahre 1173 zur Reichsvogtei, 1180 diejenige über St. Gallen, auch Rheinau, Allerheiligen und wohl auch Basel wurden um diese Zeit ans Reich genommen.

Diese Kirchenvogtei umfaßte nun aber, wie wir sahen, außer der Vogtei über das Gotteshaus selbst nur noch die Vogtei über die im räumlichen Anschluß an den Bischofssitz oder das Kloster angelegte Stadt [12]). Der Grund, warum nur noch die Vogtei über die Stadt mit der Kastvogtei verbunden

---

[11]) a) 1173 starben die Grafen von Lenzburg, die Inhaber der Grafschaft im Zürichgau, aus: 1177 ist die Vogtei Zürich, 1196 die von Glarus beim Reich.

b) 1180 starb Graf Hartmann III., Graf im Thurgau: 1180 nimmt Kaiser Friedrich den südöstlichen Teil des Thurgaus ans Reich.

c) 1232 starb Graf Rudolf II. von Habsburg: 1232 nennt sich Rudolf von Raperswil Graf von Raperswil.

d) Um 1250 starb der letzte Graf von Küssenberg, der die Grafschaft im Albgau inne hatte: zwischen 1250 und 1254 verlieh König Konrad dem Grafen Rudolf von Habsburg die Grafschaft Hauenstein.

[12]) Es ist wohl kein Zufall, daß in unserem Gebiet einzig die Vogtei über das mit keiner Stadt räumlich verbundene Kloster Einsiedeln nicht ans Reich kam.

war, ist darin zu erblicken, daß nur hier der Vogt, insofern er der Nachfolger jenes alten advocatus ecclesiae war, von Anfang an hochgerichtliche Funktionen besaß, in deren Ausübung er vom Niedergericht des Ortsherrn nicht verdrängt werden konnte.

Es frägt sich nun, welche Gründe dazu geführt haben können, daß lediglich in den Städten die Gerichtsbarkeit des Kirchenvogtes sich auch auf die Hochgerichtsbarkeit erstreckte. In der Immunität kann dieser Grund nicht gelegen haben; denn sonst müßte auch auf dem Lande der Vogt das Hochgericht ausgeübt haben.

Es kann nun nicht meine Aufgabe sein, hierauf im Rahmen dieser Arbeit eine erschöpfende Antwort zu geben. Dazu müßte ein viel weitschichtigeres Material, als wir es hier zusammengetragen haben, als Grundlage dienen.

Doch werden wir wohl nicht fehl gehen, wenn wir die Ursache dieser Ausnahmestellung des städtischen Vogtes in dem besonderen Charakter des Marktes erblicken. Die Marktverleihungsurkunden des 9. und 10. Jahrhunderts enthalten in mannigfachen Wendungen das immer wiederkehrende Gebot, daß im Gebiete der Marktansiedelung niemand Recht sprechen dürfe außer dem Vogt [13]. Und so hat sich denn bis zum Anfang des 13. Jahrhunderts der gewohnheitsrechtliche Satz ausgebildet, daß der Marktherr für seinen Markt und infolgedessen der Stadtherr für seine Stadt die gesamte Jurisdiktion ausüben dürfe, wenn auch häufig die Exekution dem öffentlichen Richter des Landes vorbehalten war [14]. So wurde diese Exemtion der Stadt von den hohen Gerichten des Landes geradezu ein Bestandteil des ius fori, des Marktrechtes. Und so heißt es denn auch in jener berühmten Radolfzeller Marktgründungsurkunde von 1100 (Keutgen Nr. 100):

„ut idem forum s u b n u l l o d i s t r i c t u c o n s t a r e t, sed iusticiam et l i b e r t a t e m Constantiensem, q u o d i u s f o r i e s t, semper obtineret“.

---

[13]) Vgl. z. B.: das Diplom für Gandersheim von 990 (Keutgen Nr. 8), für Eslingen und Stade von 1038 (ibid. Nr. 57) usw.

[14]) Siehe Reichsweistum von 1218 oben S. 89.